Peter Chamberlain

Lehrbuch GOLF

Vom kurzen Spiel
zum korrekten Schlag

Sonderausgabe

BLV

Die Deutsche Bibliothek – CIP-Einheitsaufnahme

Lehrbuch Golf:
vom kurzen Spiel zum korrekten Schlag / Peter Chamberlain.
[Nils Hermanson (Photos); Reg Hager (Zeichn.).
Übers.: Carl August Frhr. von Thüna]. –
Sonderausg., 2. Aufl. – München; Wien; Zürich: BLV, 1992
Einheitssacht.: Good golf <dt.>
ISBN 3-405-13709-8
NE: Chamberlain, Peter; Hermanson, Nils; EST

BLV Verlagsgesellschaft mbH
München Wien Zürich
8000 München 40

Bildnachweis:
Nils Hermanson (Photos)
Reg Hager (Zeichnungen)
Umschlaggestaltung: Reitz Design, München

Übersetzung: Carl August Freiherr von Thüna

Titel der englischen Originalausgabe: *Good Golf*

Zweite Auflage

Satz: Typodata GmbH, München

Printed in Italy by Graphicom, Vicenza

ISBN 3-405-13709-8

Inhaltsverzeichnis

Vorwort des Übersetzers

Mit seinem Buch »Good Golf« gibt Peter Chamberlain dem am »Königlichen und Alten Spiel«* interessierten Noch-nicht-Golfer wie auch dem vom Golf-Bazillus bereits angesteckten Anfänger einen Leitfaden in die Hand, der sich – in wohltuendem Gegensatz zu manchen anderen Publikationen – nicht nur auf mehr oder weniger leicht verständliche golftechnische Ausführungen beschränkt.
Mit diesem Buch als Anleitung kann der Leser sich selbst ein Programm zur Entwicklung, zu Auf- und Ausbau seines eigenen Golfs gestalten und seine Fortschritte in Schwung- und Schlagtechnik dabei genauso festhalten, wie er seine zunehmende Freude am Spiel und das so wichtige Erfolgserlebnis registrieren wird.
Die beiden letzten Kapitel – sie erscheinen mir für den Anfänger genauso wertvoll wie für den alten Hasen – zeigen, wie man sich psychisch und physisch auf dieses Spiel einstellen und wie man die eigenen Fähigkeiten entwickeln und stärken kann; Voraussetzungen, die für gutes Golf unabdingbar sind.

Wenn man seit frühester Jugend Golf spielt und an zahlreichen nationalen und internationalen Turnieren teilgenommen hat, dann weiß man, daß für einen sechs- bis siebenstündigen Kampf über 36 Löcher eine standfeste psychische Kondition fast noch wichtiger ist als körperliche Fitness. Beides sollte ein Golfer von seiner ersten Begegnung mit dem kleinen weißen Ball an systematisch entwikkeln und trainieren.
Dann wird die erste vollendete Runde über 18 Löcher für Sie genauso faszinierend sein wie der erste große Turniergewinn, und dann werden Sie eines Tages als »the oldest member of the club« am Kamin begeisterten jungen Spielern schildern, wie schön ein Golfer-Leben sein kann.

Carl August Freiherr von Thüna

* »The Royal and Ancient Game«

Einleitung

In seinem 1887 erschienenen klassischen Werk über das Golfspiel, »Die Kunst des Golfs«, äußerte sich Sir Walter Simpson über die seltsame, als Golfschwung bezeichnete Bewegung wie folgt: »Kann ich also annehmen«, so mag der Leser sich fragen, »daß jedermann den gleichen Schwung haben sollte?« Aber nein, im Gegenteil! Wenn Sie oder ich einen Meister nachahmen würden, so wäre das genauso sinnvoll, wie Hamlet in der Hoffnung zu kopieren, damit selbst ein Shakespeare zu werden. »Auf der anderen Seite gibt es kaum einen zuverlässigeren Weg zu schlechtem Golf, als anzunehmen, daß es für jeden Golfer einen für ihn allein optimalen Stil gäbe, den er für sich finden muß, wenn er Erfolg haben will. Ganz allgemein könnte man sagen, daß jeder Spieler einen Stil haben sollte – und im Zweifel auch hat –, der seine eigene Persönlichkeit widerspiegelt, seine physischen und psychischen Gegebenheiten, sein Alter, in dem er mit Golf begann und seine früheren Hobbys.«

Simpsons Buch war eine der ersten von zahlreichen Publikationen, die alle darauf abzielten, die stetig zunehmenden Probleme der Golfenthusiasten zu erleichtern. Schätzungsweise 900 Bücher dieser Art sind inzwischen erschienen. Einige von ihnen geben vor, das »Geheimnis« des Golfs zu lüften; andere, von erfolgreichen Spielern geschrieben, schildern deren individuellen Weg zum Erfolg; nur wenige basieren auf einer gründlichen Analyse des Spiels. Eines der bedeutendsten der zuletzt genannten Kategorie enthält den Bericht über eine im Auftrag der Golf Society of Great Britain (G.S.G.B.) 1963 durchgeführte Untersuchung mit dem Titel »Die Suche nach dem idealen Schwung«. Die Autoren, eine Gruppe von Golfexperten, machten bei Sir Walter insofern eine Anleihe, als sie nicht zuerst die Spieler und danach den Schwung analysierten. Sie beschäftigten sich vielmehr mit dem physischen Einsatz des Golfers beim Schlagen des Balles. Aus den dabei gewonnenen Erkenntnissen konzipierten sie einen »Modellschwung«. Dann kam aber erst die Hauptarbeit, nämlich dieses Modell dem menschlichen Wesen anzupassen. Das Ergebnis all dieser Bemühungen war, kurz gesagt, eine Anzahl solider Fakten, die seither für alle Golflehrer wie auch für die Spieler selbst eine große Hilfe bedeuten.

Die fast ein Jahrhundert alten Beobachtungen Sir Walter Simpsons stimmen mit den Erkenntnissen der G.S.G.B. völlig überein: So lange wir Golfer Angehörige der menschlichen Rasse bleiben und fortfahren, uns in bezug auf Alter, physische Voraussetzungen, geistige Fähigkeiten, Erziehung etc. zu unterscheiden, so lange wird unsere Art, Golf zu spielen, eine höchst persönliche sein.

Der ideale Golfschwung liegt am Ende des Regenbogens – Sie aber tragen Ihr eigenes Schwungkonzept schon irgendwo in sich. Das für Sie beste Golf zu entdecken, ist schon eine faszinierende Herausforderung, deren Ergebnis zu einem großen Teil von Ihrem persönlichen Ehrgeiz und von der Zeit abhängt, die Sie für Üben und Spielen einsetzen können.

Sie werden dieses Buch vielleicht lesen, weil es ein Geschenk Ihrer verständnisvollen Frau oder eines wohlmeinenden Freundes war; möglicherweise aber haben Sie es sich auch aus ehrlicher Begeisterung von Ihrem eigenen, sauer verdienten Geld gekauft. Wie immer es auch sein mag, wir wollen keine Zeit verlieren, sondern an die »Arbeit« gehen und dabei das alte schottische Sprichwort bedenken: »Golf ist keine Frage von Tod und Leben, es ist eine viel ernstere Angelegenheit.«

»Nichts ist so erfolgreich wie der Erfolg«

Kapitel 1

Der Golfschwung

»Nichts ist so erfolgreich wie der Erfolg« – eine These, die Sie sich in der ersten Phase unseres Lernprozesses vergegenwärtigen sollten. Lassen Sie mich den Grund erklären. Das Lernen und Üben kann Ihnen nur dann Spaß machen, und Fortschritte sind nur dann möglich, wenn Sie ab und zu einen Erfolg sehen. Die meisten von uns lieben eine Herausforderung, ermüden aber schnell, wenn die Fehlschläge überhand nehmen und wir nirgendwo einen starken Rückhalt verspüren. Deshalb wollen wir unser Spiel Schritt für Schritt aufbauen. Wir fangen dabei mit einem »für uns« natürlichen Golfschwung an. Dabei soll jeder Schritt in diesem Aufbauprozeß von einem erkennbaren Erfolg gekrönt werden, der dann seinerseits unser Selbstvertrauen stärkt.

Schritt 1

Wir fangen am Ende an: Der Schwung beim Putten

Das Ziel allen Strebens im Golf liegt doch wohl darin, zu sehen, wie der Ball im Loch verschwindet. Das gibt Ihnen ein Erfolgserlebnis (oder sogar ein Gefühl der Erleichterung), und das wiederum stärkt Ihr seelisches Gleichgewicht. Wir nehmen also den leichtesten aller Schläger – den Putter – und ein halbes Dutzend Bälle mit zum Putting Grün.
Während des gesamten Aufbauprogrammes für den Schwung müssen körperliches Gleichgewicht und eine gänzlich unverkrampfte Haltung unbedingte Priorität haben. Ein in jeder Beziehung »natürlicher« Stand des Spielers ist für den Aufbau des auf ihn abgestimmten, einfachen Schwunges absolute Vorbedingung.
Viele Bestandteile unseres endgültigen Schwunges sind bereits in der einfachen Bewegung enthalten, mit der wir jetzt beginnen; und es ist wesentlich einfacher, sie gleich richtig zu lernen, als erst zu einem späteren Zeitpunkt. Also noch mal – leicht, locker und ohne jegliche Verkrampfung, und nicht vergessen – es soll Spaß machen!
Entspannung und Freude sollten aber nicht allein Ihr Spiel bestimmen, sondern auch der Rhythmus. Er ist der rote Faden, der sich durch das ganze Aufbauprogramm des Schwunges zieht. Jeder Bewegungsablauf ist leicht zu erlernen und zu behalten, wenn er vom Rhythmus bestimmt wird. So tanzen viele von uns einen Walzer vielleicht nur ein oder zweimal im Jahr; sobald wir aber den Rhythmus dieser Musik hören und fühlen, leitet unser »Muskel-Gedächtnis« ganz von selbst die richtige Bewegung ein. Diese Bewegung ist in unserem Gedächtnis fest »programmiert«.
Rhythmus und Entspannung sind sozusagen Freunde und ergänzen sich großartig. Rhythmus und Verkrampfung passen dagegen überhaupt nicht zusammen. Die Auswirkungen von physischen und psychischen Verkrampfungen werden wir zu einem späteren Zeitpunkt untersuchen. Jetzt wollen wir uns erst einmal gegen die Gefahr von Verkrampfungen wappnen, indem wir unser Trainingsprogramm systematisch auf ein Erfolgserlebnis ausrichten.

1. Stufe

Halten Sie den Schläger mit der linken Hand waagerecht vor Ihren Körper (als Links-

Haben Sie den Schläger eine Weile gehalten, so ergibt sich ganz automatisch der optimale Griff mit der geringsten Anspannung Ihres Unterarmes.

händer in gleicher Weise mit der rechten Hand. Alle Instruktionen in diesem Buch sind für Rechtshänder gedacht, so daß ein Linkshänder sie entsprechend umsetzen muß). Sie greifen den Schläger so, daß Sie sein Gewicht auf eine ganz natürliche und möglichst sichere Weise abfangen.

Dabei liegt der Daumen ausgestreckt auf dem abgeflachten Teil des Schlägergriffes.

Die letzten drei Finger sorgen
für den festen Griff.

Jetzt senken Sie den Schläger auf den Boden, so daß die Sohle des Schlägerblattes flach aufliegt. Wichtig ist, daß Sie bei diesem ganzen Vorgang, dem sogenannten Ansprechen des Balles, locker und gut ausbalanciert stehen. Bei dem Absenken des Schlägers und dem Aufsetzen des Schlägerblattes auf dem Boden muß sich Ihr Oberkörper leicht nach vorn neigen und ein neues Gleichgewicht suchen, wobei sich Ihr Körpergewicht nach vorn auf die Fußballen verlagert.

Sie gleichen das durch ein leichtes Kniebeugen aus. Das ergibt eine »sitzende« Körperhaltung, bei der das Gewicht gleichmäßig zwischen linkem und rechtem Fuß wie auch zwischen Zehen und Absatz verteilt ist. Keinesfalls darf dabei die Stellung des Schlägers die Körperhaltung bestimmen. »Sitzen« Sie so bequem wie möglich, und lassen Sie den linken Arm entspannt hängen, ohne dabei den Griff am Schlägerschaft zu lockern. Dabei müssen Sie das Schlägerblatt vielleicht etwas heranziehen oder wegschieben; aber das ist ganz in Ordnung, weil die Körperhaltung beim Ansprechen des Balles eben nicht von der Position des Schlägerblattes bestimmt wird, sondern umgekehrt.

2. Stufe

Legen Sie sechs Bälle mit jeweils 15 cm Abstand in einer Linie aufs Grün. Sprechen Sie dann den am nächsten liegenden Ball mit dem »Sweet Spot« (Zentralpunkt, idealer Treffpunkt) des Putters an, so daß das Schlägerblatt etwa einen Zentimeter hinter dem Ball steht (Sweet Spot siehe rundes Photo). Schwingen Sie nun den Arm und Schläger etwas zurück und dann durch den Ball hindurch, und halten Sie am Ende des Schlages 2–3 Sekunden an, bevor Sie den nächsten Ball ansprechen.

Ich gratuliere! Das war soeben Ihr erstes Erfolgserlebnis im Golf. Sie haben hintereinander sechs Bälle getroffen, ohne einen auszulassen. Und was noch mehr zählt – Sie haben die Bälle wahrscheinlich mit der idealen Schlagstelle des Schlägerblattes, dem Sweet Spot, getroffen oder zumindest ganz nahe davon. Tolle Leistung, werden Sie sich vielleicht im Stillen sagen; aber vergessen Sie nicht, wie hart es andererseits ist, mit dem Driver jeden zweiten Schlag auszulassen, dabei die Erdoberfläche zu ramponieren und den einen oder anderen Muskel zu verzerren.

Golf zu erlernen macht Spaß, wenn Sie logisch vorgehen und das Krabbeln vor dem Laufen und das Laufen vor dem Rennen kommt. In diesem Sinn also jetzt zu Stufe 3 und dem nächsten Erfolg.

Versuchen Sie, den Ball immer wieder mit derselben Stelle des Schlägerblattes zu treffen (siehe Seite 66/67).

Bisher haben wir

1. gesehen, wie der Schwung vom linken Arm geführt wird;
2. das erste Gefühl für ein Timing im Rück- und Durchschwung bekommen;
3. den Schwung durch den Ball hindurch in Richtung auf das Ziel geübt.

Diese drei Punkte sind wichtige Faktoren des Golfschwunges – vom kleinsten Putt bis zum längsten Drive.

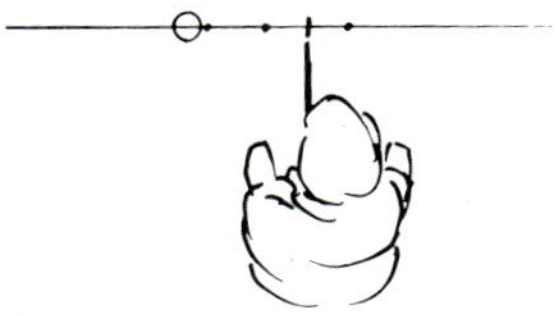

3. Stufe

Legen Sie einen Ball ca. 25 cm von der Lochkante entfernt aufs Grün. Nehmen Sie dann zwei Ballmarkierer oder Münzen, und legen Sie die eine auf der halben Entfernung zwischen Ball und Lochrand aufs Grün und die andere auf die Mitte des Ihnen zugekehrten Lochrandes. Damit haben Sie jetzt eine gerade Linie zwischen Ball, Münzen und Mitte des hinteren Lochrandes.

Mit der Pendelbewegung von Schläger und linkem Arm, die Sie in der zweiten Stufe gelernt haben, rollen Sie jetzt den Ball auf dieser Linie in Richtung des hinteren Lochrandes, wobei Sie den Schwung an der Außenseite des linken Fußes anhalten. Machen Sie das mit den sechs Bällen, bis sie alle im Loch verschwunden sind.

Beim nächsten Schritt (Stufe 4) wollen wir die rechte Hand in die soeben gelernte Schwungbewegung integrieren. Dabei sollten Sie das Gefühl haben, daß der rechte Ellbogen leicht abgewinkelt ist und daß der rechte Arm den linken gewissermaßen unterstützt, eine Rolle, die er bei jedem Golfschlag spielen sollte. Die besondere Kraft des rechten Armes eines rechtshändigen Spielers wird immer durch den linken Arm kontrolliert. Der Golfschwung ist also sozusagen ein zweiseitiger Bewegungsablauf – die linke Seite agiert, während die rechte reagiert. Wiederholen Sie nun mit beiden Händen am Puttergriff die Übungen aus der 3. Stufe. Registrieren Sie dabei, wie der linke Arm führt und wie rechte Hand und rechter Arm den Bewegungsablauf unterstützen. Achten Sie aber darauf, daß rechte Hand und rechter Arm dabei nicht die Oberhand gewinnen. Wiederholen Sie als nächstes dann die Übung aus einer Entfernung von 50 cm vom Loch. Dabei werden Sie wahrscheinlich weiter zurückschwingen müssen. Der Rückschwung sollte aber eigentlich noch eine Zeitlang

4. Stufe

Die rechte Schulter wird abgesenkt, ohne nach außen zu gehen, so daß die Linie quer über die Schultern etwa parallel zu derjenigen der Hüften und Füße verläuft.

Als erstes das Ansprechen des Balles, wobei der rechte Arm locker herunterhängt. Senken Sie die rechte Schulter so weit, daß die rechte Hand sich unter der linken an den Schlägerschaft legen kann. Bleiben Sie weiter ganz entspannt, und greifen Sie nun den Schlägerschaft mit der rechten Hand genauso wie mit der linken, indem der rechte Daumen auf dem Schaft liegt.

Übungsprogramm 1

Übung	*Entfernung vom Loch*	*Erfolg (Par)*	*Bemerkungen*
1	30 cm	6	nur mit linkem Arm und linker Hand
2	30 cm	6	mit beiden Armen – der linke führt
3	60 cm	5	mit beiden Armen für alle restlichen Übungen
4	120 cm	4	die restlichen 2 nicht weiter als 15 cm vom Loch
5	180 cm	2	die restlichen 4 nicht weiter als 15 cm vom Loch
6	275 cm	1	die restlichen 5 nicht weiter als 20 cm vom Loch

eher konstant bleiben. Auf der folgenden Tafel wird gezeigt, wie Sie trainieren müssen, um diesen ersten Teil Ihres Schwungaufbaus erfolgreich abzuschließen.

Ihr »Anfangs-Griff«

Ziehen sie die rechte Hand am Schaft so weit hoch, bis sie sich mit der linken richtig zusammenfügt und mit ihr eine Einheit bildet. Für die ersten beiden Stufen des Schwung-Aufbauprogramms wird dieser Griff ausreichen.

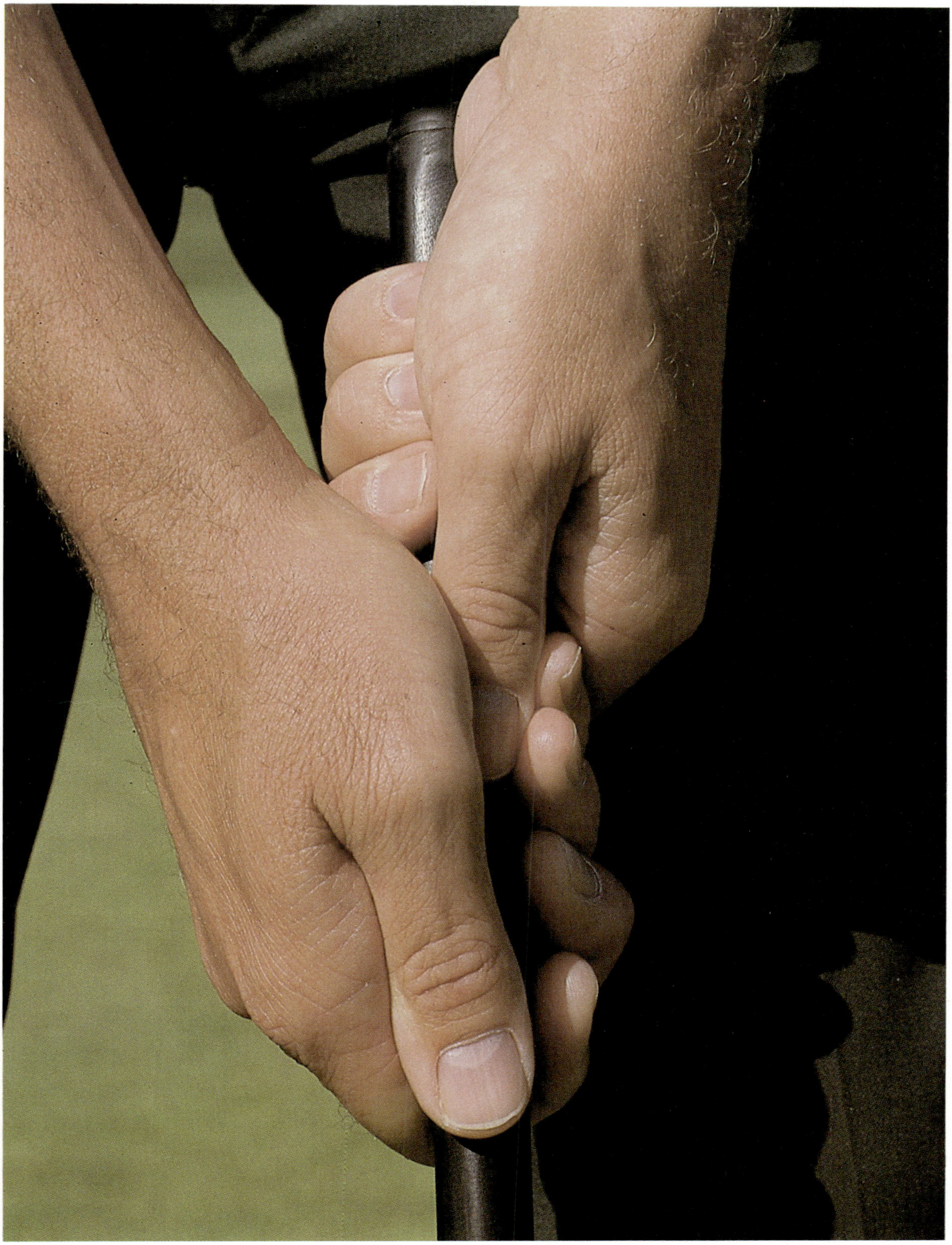

1. Beim Eisen 9 oder Wedge haben Sie die gleiche Körperhaltung wie beim Putter. Wegen des flacheren Auflagewinkels müssen Sie beim Eisen 9 nur etwas weiter vom Ball entfernt stehen.

3. Halten Sie den Schläger, wie beim Putter, mit den Händen als einer Einheit und mit beiden Daumen auf dem Schaft. Ihr Griff ist dann irgendwie ringförmig; aber Sie sollten ihn vorerst doch einmal so beibehalten. Verlagern Sie die Hände dann etwas mehr nach links als beim Putter (siehe Abb. Seite 14), also über die Stelle, wo später der Ball liegen wird.

2. Setzen Sie das Schlägerblatt dann hinter der Stelle auf, wo der Ball liegen wird – wie beim Putter –, mit der Sohle flach auf dem Boden.

Sie sehen jetzt, daß der Winkel des Schlägerblattes (der Loft) des Eisen 9 den Ball leicht in die Luft bringen wird.

4. Als nächstes ein paar Übungsschwünge: Das Schlägerblatt etwa 15 cm über den rechten Fuß hinaus zurückschwingen – aber bitte ganz langsam!
5. Dann der Ab- und Durchschwung, wobei die Sohle des Schlägerblattes genau da über den Boden streicht, wo später der Ball liegen wird. Ende des Durchschwunges etwa 15 cm über den linken Fuß hinaus. Bei all dem immer an die goldene Regel denken: »Der linke Arm führt – der rechte dient lediglich zur Unterstützung.«

Wiederholen Sie das erst ein paarmal ohne Ball und dann mit einem Ball. Versuchen Sie aber bitte nicht, den Ball in die Luft zu heben – das macht nämlich der Loft des Schlägerblattes ganz allein. Sie sollen lediglich die Pendelbewegung mit Arm und Schläger wiederholen – also auf, zurück und durch den Ball hindurch – und Sie werden überrascht sein, daß er, wie von Zauberhand gesteuert, in die Luft geht. Damit haben wir also das nächste Erfolgserlebnis!

Schritt 2

Der kurze Schwung

Die einfache Pendelbewegung beherrschen Sie jetzt, und Sie werden diese auch zu Beginn der nächsten Stufe Ihres Schwung-Aufbauprogramms praktizieren, allerdings mit einem anderen Schläger. Bisher haben Sie nur den Putter benutzt, der schon allein wegen seiner geringen Schaftlänge von allen Schlägern am leichtesten zu beherrschen ist. An dem Schlägerdiagramm auf Seite 32 ist zu erkennen, daß bezüglich Länge und Kontrolle des Schlägers drei Eisen nach dem Putter kommen, und zwar Eisen 9, Eisen 10 (der Pitching Wedge) und der Sand Wedge, auch Sand Iron genannt. Für die folgenden Übungen nehmen wir das Eisen 9 oder den Pitching Wedge, je nachdem, welcher Ihnen besser liegt.
Diese beiden Schläger unterscheiden sich vom Putter hauptsächlich durch Art und Aufbau ihres Schlägerblattes. Mit dem Putter wollen wir den Ball flach über das Grün rollen – mit Eisen 9 und Pitching Wedge aber soll er steil in die Luft gehen. Und dazu sind diese beiden Schläger und der Sand Wedge bestens geeignet. Bewirkt wird das in erster Linie durch den starken Winkel des Schlägerblattes, den sogenannten »Loft«, so daß also identische Schläge mit dem Putter und dem Pitching Wedge total

Mit steifen Hüften und Beinen werden Sie einen Ball nicht sehr weit werfen.

Können Sie Hüften und Beine aber frei bewegen, so wird das Ergebnis wesentlich besser sein.

verschiedene Resultate ergeben; der Putt wird rollen,
der Pitch dagegen hoch in die Luft gehen. Und um den Ball in die Luft zu bekommen, bedarf es keiner besonderen Bemühung Ihrerseits, auch keiner Veränderung des Schwunges – der Schläger macht das für Sie ganz von selbst.
Wiederholen Sie nun die auf den beiden vorhergehenden Seiten beschriebenen Übungen!
Was bisher an Leistung aufgebracht wurde, resultierte aus dem Zusammenwirken zwischen der Einheit Arme/Hände und dem Schläger. Die in einem Zug ablaufende Schwung- oder Hebelbewegung war genau das richtige, um den Ball zu schlagen. Der Loft des Schägerblattes brachte den Ball in die Luft, aber das Ergebnis war keineswegs atemberaubend. Ein kurzer, hoher Ball, der am Schluß ein paar Meter rollte – also nicht gerade das, was Sie sich bei Ihrer Entscheidung für dieses Spiel darunter vorgestellt haben. Aber haben Sie bitte Geduld – es wird gleich spannender. So wollen wir die Pendelbewegung allmählich verlängern und damit die Bälle weiter fliegen lassen. Ich möchte aber noch einmal darauf hinweisen, daß die in einem Zug ablaufende Ein-Phasen-Bewegung der sicherste Schwung ist und bleibt.

Schritt 3

Der Ball soll weiter fliegen

Voraussetzung für einen weiteren Flug des Balles ist eine höhere Geschwindigkeit des Schlägerkopfes, ohne daß der präzise Kontakt zwischen Schlagfläche und Ball darunter leidet. Mit anderen Worten – der stärkere Schlag darf nicht die Kontrolle über den Schlägerkopf gefährden, so daß der Ball womöglich nicht mehr genau mit dem Sweet Spot, das heißt dem idealen Punkt der Schlagfläche getroffen wird. (Bei einem guten Schläger liegt der Sweet Spot ziemlich genau in der Mitte der Schlagfläche, und das ist gleichzeitig das Stabilitätszentrum des Schlägerkopfes.)
»Beine und Hüften sind die Triebkräfte des Schwunges – Arme und Hände das Transmissionssystem.« Dieses Zitat stammt aus der auf Seite 7

Falsch
Jegliches »Werfen« oder Hauen aus den Händen heraus würde am Ende der Schnur nicht zu der notwendigen Kraftentfaltung führen.

Richtig
Stellen Sie sich vor, Sie haben ein Gewicht an einer Schnur. Um diesem Gewicht Geschwindigkeit zu verleihen, müssen Sie es aus den Armen heraus nach unten ziehen.

erwähnten wissenschaftlichen Studie und beschreibt etwas allgemein, aber ganz treffend die beiden Aufgabengebiete, aus denen unser Schwung-Aufbauprogramm besteht. Die Hände halten den Schläger; Arme und Hände zusammen führen den Schlag aus; die dazu nötige Kraft kommt aus dem korrekten Stand und Einsatz des ganzen Körpers. Ein einfaches Experiment kann das illustrieren.
Stellen Sie sich aufrecht hin, die Füße etwa 25 cm auseinander, und werfen Sie einen Golfball so weit wie Sie können, ohne dabei die Beine und Hüften zu bewegen. Werfen Sie nun einen zweiten Ball, diesmal aber bei freier Bewegung von Beinen und Hüften, allerdings bei unveränderter Stellung der Füße (Sie dürfen sie nur etwas vom Boden abheben). Sie werden den zweiten Ball wesentlich weiter werfen, und der ganze Bewegungsablauf wird im Zusammenwirken von Armen und Körper viel natürlicher sein. Dieser Wurf eines Balles ähnelt in vielem dem Golfschwung, und ich werde diesen Vergleich im weiteren Verlauf des Schwung-Aufbauprogramms noch häufig heranziehen.

Die Zwei-Hebel-Bewegung

Richten Sie beim Üben Ihren Schwungrhythmus nach der Uhr aus Großvaters Zeiten aus, also »hin und her« oder »eins und zwei«. Das kann gleichermaßen für Arme und Knie gelten, so daß beide harmonisch zusammenwirken. Sie werden nun feststellen, daß Ihr Schwung nach beiden Seiten – Aufschwung und Durchschwung – weiter geworden ist, daß die ganze Bewegung aber trotzdem irgendwie steif und eingeengt erscheint. Damit ist der Zeitpunkt gekommen, die Handgelenke ins Spiel zu bringen, so daß der Schlägerkopf in einem natürlichen Bewegungsablauf sowohl weiter zurück- als auch weiter durchgeschwungen werden kann. War unser Golfschwung bisher eine einfache Hebelbewegung, so wird er jetzt zu einer zweifachen. Den ersten Hebel bilden der linke Arm und der ihn unterstützende rechte bis hinunter zu den Handgelenken. Die Handgelenke sind der Angelpunkt für den zweiten Hebel, der durch die Hände hindurch bis zum Ende des Schlägers reicht.
Wir wollen unserem Programm mal ein bißchen vorgreifen und uns die Wirkung dieses Zwei-

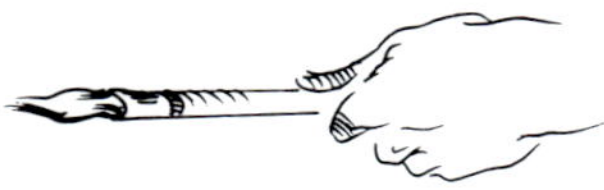

Daumen und Zeigefinger »erfühlen« den Schläger. Die restlichen Finger halten ihn.

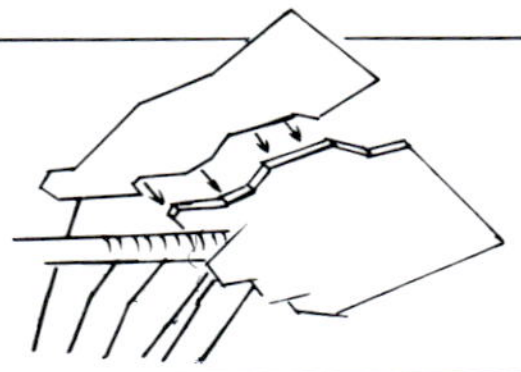

Die beiden Hände fügen sich zusammen wie zwei Teile eines Puzzles.

Der Harry-Vardon-Griff: Halten Sie den Schläger mit der linken Hand waagerecht vor dem Körper. Legen Sie nun die rechte Hand auf den Schaft, und ziehen Sie sie so weit nach oben, bis der linke Daumen sich in die rechte Handfläche einschmiegt.

Der erste Kontakt zwischen den Händen muß so erfolgen, wie es die Abbildung zeigt.

Hebel-Systems am Ende eines Rückschwunges anschauen. Die Angelpunkte, das heißt die Handgelenke, dürfen nur soviel Spannung haben, daß sie das Gewicht des Schlägers bis zum Ende des Rückschwunges halten und kontrollieren können.
Eine zu starke Spannung blockiert den Angelpunkt, eine zu schwache nimmt dem Schwung seinen Halt. Diese feine Dosierung der Spannung erfolgt durch die Hände bereits beim Ansprechen des Balles. Um diese »Angelfunktion« richtig zu erfüllen, müssen die Hände als eine Einheit wirken und sich dabei so harmonisch wie möglich zusammenfügen. Da wir alle unterschiedliche Hände und Finger haben, wird der bisher angewandte Griff (beide Hände am Schaft, eine dicht unter der anderen) wahrscheinlich nicht mehr praktikabel sein. Versuchen Sie also den auf den Abbildungen dargestellten Griff.

Der Griff

Der Griff erscheint Ihnen zuerst ungewohnt. Aber Sie finden ihn bald ganz natürlich und angenehm, weil er den Schwung ohne falsche Anspannung gut zusammenhält. (Ein unnatürlich fester Griff verspannt die Handgelenke und durch sie dann auch Arme und Schultern.)
Der Golfgriff, bei dem der kleine Finger der rechten Hand über dem Zeigefinger der linken liegt, heißt logischerweise »Überlappungsgriff«. Man nennt ihn auch Harry-Vardon-Griff, nach einem der größten Golfer aller Zeiten, dem Engländer Harry Vardon. Haben Sie sehr große Hände und besonders lange Finger, dann mag es am Anfang etwas schwierig sein, das optimale Zusammenwirken der Hände zu erreichen, so daß der kleine Finger der rechten Hand beide Hände sozusagen verbindet, die linke aber trotzdem die unbestrittene Führung des Schwunges behält.
Und je weiter und stärker Ihr Schwung wird, desto mehr müssen Sie daran denken, diesen zentralen Drehpunkt nicht übermäßig zu belasten, weil der Hebel-Schwung sonst leicht aus seiner Bahn kommen und den Ball nicht mehr richtig treffen könnte.
Liegen beide Hände nebeneinander am Schlägerschaft ohne ein Überlappen des kleinen Fingers der rechten Hand, so spricht man vom Baseball-Griff (Zweihände-Griff). Ein dritter Griff ist noch zu erwähnen, und wäre es auch nur, weil er von einem der erfolgreichsten Golfer der Welt, Jack Nicklaus, angewandt wird. Es ist der »interlocking grip« (»Verschluß-Griff«), der beide Hände fest miteinander verbindet, indem der kleine Finger der linken Hand und der Zeigefinger der rechten Hand fest ineinandergelegt werden. Für Spieler mit kleinen Händen und kurzen Fingern mag dieser Griff anstelle des Baseball-Griffs ganz geeignet sein.
Der Griff ist für den Golfschwung von großer Bedeutung, verbindet er doch die beiden Hebelwirkungen auf eine feste, wenn auch unverkrampfte Art. Der obere Hebel (der linke Arm und der unterstützende rechte Arm) ist von Natur fest mit den

Schließen Sie die Finger um den Schaft. Heben Sie den kleinen Finger der rechten Hand vom Schaft ab.

Ziehen Sie die rechte Hand an die linke heran, und legen Sie den kleinen Finger der rechten auf den Zeigefinger der linken Hand.

Verschieben Sie die Hände ein paarmal leicht gegeneinander, bis Sie das Gefühl haben, den Schläger richtig zu halten.

Schultern verbunden. Beim kurzen Schwung konnten Sie jedoch feststellen, daß mit dem Zurückschwingen des linken Armes die linke Schulter sich wie in einem Kreis um den Zentralpunkt des Schwunges dreht, nämlich um den Mittelpunkt der oberen Brusthälfte.

Dieser Punkt ist äußerst wichtig, weil er (vorausgesetzt, daß er selbst im Zentrum bleibt) einen zentralen, festen Drehpunkt für unser ganzes Hebel-System darstellt.

Schauen Sie noch mal auf die Abbildungen des Hebel-Systems und wie es sich beim kleinen Schwung auswirkt. Der obere Hebelarm führt den unteren nach hinten, ohne daß sich am Anfang die Handgelenke merklich beugen. Erst wenn der obere Hebelarm weiter zurückschwingt, winkeln die Handgelenke sich ab und bilden so den Angelpunkt zwischen den beiden Hebelarmen.

Spieler mit kleinen Händen und Fingern werden sich wahrscheinlich leichter tun, wenn sie die beiden Hände so, wie oben gezeigt, zusammenfügen (linker Daumen in der rechten Hand), und dabei alle Finger am Schaft bleiben. Das ist der Baseball-Griff.

Der »Verschluß-Griff«. Was immer Sie tun, wichtig ist, daß die Hände Ihnen als eine Einheit erscheinen und auch so wirken.

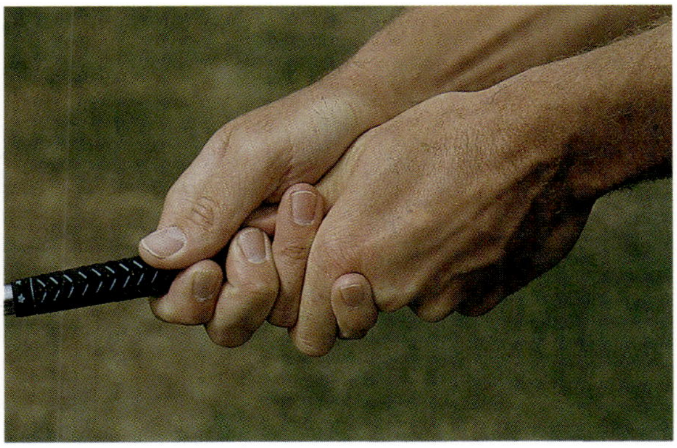

Stellen Sie sich zum Ansprechen an den Ball, aber ohne Schläger. Lassen Sie die Arme locker herunterhängen, und bringen Sie dann Ihre Hände zusammen.

Schwingen Sie die Arme so weit wie vorher zurück, lassen Sie aber diesmal das linke Knie dem rechten folgen, so wie es vom linken Arm herumgezogen wird.

Halten Sie in dieser Stellung an! Wichtig ist dabei das Zusammenwirken von linkem Arm und Knie, wobei das rechte Knie leicht nach hinten ausweicht, um den Armen den Weg frei zu machen.

Der halbe Rückschwung

Um unseren Schwung systematisch aufzubauen, werden wir auf halber Höhe des Rückschwunges anhalten, wenn der linke Arm etwa parallel zum Boden gestreckt ist.

Beachten Sie dabei, daß der unterstützende rechte Arm quasi eingezogen wird und daß sich die rechte Schulter als Folge der rotierenden Hebelwirkung zurückdreht.

Achten Sie darauf, daß linke Hand und linker Arm gerade so stark angespannt sind, daß sie den Schläger in dieser Lage halten können. Der Winkel zwischen linkem Arm und Schäger (unterer und oberer Hebelarm) ist von Spieler zu Spieler verschieden, sollte aber so etwa zwischen 130 und 140 Grad betragen. Aber nicht vergessen, daß dieser Winkel am Ende des Rückschwunges nur noch 90 Grad ausmacht. Hier, auf der halben Höhe des Rückschwunges, sollten Sie sich auf den Abschwung einstellen, wobei, so wie vorher, linker Arm und linkes Knie, ja eigentlich die ganze linke Körperhälfte als eine Einheit wirken müssen. Die Geschwindigkeit am Ende des unteren Hebelarmes – dem Schlägerkopf – wird dabei langsam zuneh-

Beginnen Sie jetzt mit dem Abschwung, wobei linker Arm und linkes Knie harmonisch zusammenwirken.

Das sollte alles ganz natürlich und ohne große Überlegungen ablaufen. Durchschwung durch die Stelle, an der der Ball liegen würde.

Und Halt! Der Schwung hat Ihr rechtes Knie mitgezogen.

men, so wie der obere Hebelarm (linker Arm und unterstützender rechter Arm) ihn nach unten und durch den Ball hindurchziehen wird. Schwingen Sie mit den Armen aber nur langsam, so daß Sie das Gefühl für den Schwung behalten und jederzeit in der Lage sind, ihn zu beeinflussen und die jeweilige Stellung des Schlägerkopfes auszumachen. Denken Sie dabei nicht an die Länge des Schlages – das kommt erst viel später.
Auch auf den Schlägerkopf ist an dieser Stelle des Rückschwunges zu achten. Der linke Arm und damit auch der Schlägerkopf haben sich beim Rückschwung gedreht, so daß die Schlagfläche jetzt fast genau von Ihnen abgekehrt ist. Versuchen Sie jetzt, die Kraft zu spüren, die sich beim Ab- und Durchschwung allmählich aufbaut. »Fühlen Sie die Kraft, aber erzwingen Sie nicht das Gefühl dafür!« Erlauben Sie dem Schlägerkopf, die Arme nach dem Treffmoment zu überholen, und lassen Sie die Arme bis zu einer im Vergleich zum Aufschwung etwa spiegelbildgleichen Stellung durchschwingen. Das ergibt dann den »follow-through«, das volle Durchgehen. Das rechte Knie wird dabei mit durchgezogen; der rechte Fuß rollt auf seine Innen-

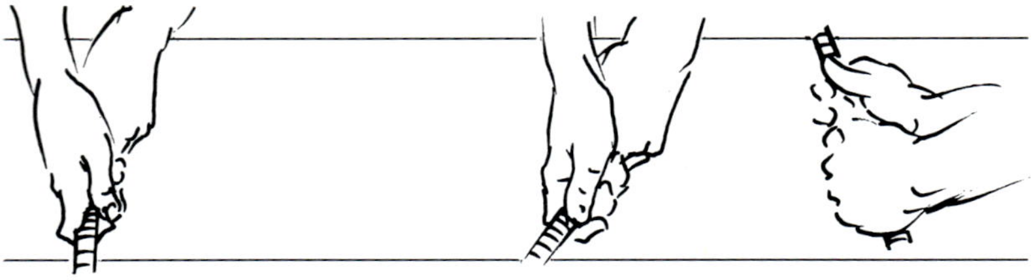

Nehmen Sie nun das Eisen 9 oder den Pitching Wedge und schwingen Sie durch den 1 cm hoch aufgeteeten Ball hindurch. Als Höhenmaß für das Aufteen kann etwa die Dicke eines Fingers gelten.
In dieser ersten Phase des erweiterten Golfschwunges zieht der linke Arm beim Rückschwung das linke Knie mit, und beim Abschwung geschieht das gleiche mit dem rechten Knie. Der Motor für den Schwung mag in Beinen und Hüften liegen, der Zündschlüssel aber in den Knien.

Von jetzt an bis zum Erlernen des vollen Schwunges werden wir den Ball nur vom Tee schlagen. Dadurch werden leichte Schwungfehler nicht so schwer bestraft und unser Erfolgserlebnis in dem so schwierigen Schwung-Aufbauprogramm erleichtert.

seite ab, bis Sie am Schluß gut ausbalanciert auf dem rechten Ballen stehen und der Absatz leicht vom Boden abgehoben ist.
Machen Sie ein paar Übungsschläge durch die Stelle hindurch, an der der Ball liegen wird, und schlagen Sie so weit durch das Gras, daß der Schlägerkopf unter den Ball kommen und ihn in die Luft bringen würde. Aber bitte nichts forcieren – nur sauber unten durchschwingen, und der Ball wird von ganz allein hochkommen.
Spielen Sie nun ein paar Übungsschläge von einem Tee (ca. 1,5 m hoch), und halten Sie auch dabei den Schlag ab und zu an, um Rückschwung- und Durchschwunghaltung zu überprüfen. Achten Sie darauf, daß der Schwung in jedem Fall leicht und rhythmisch abläuft. Nun bin ich mir natürlich völlig darüber im klaren, daß Sie in der kurzen Zeitspanne eines Golfschwunges nicht gleichzeitig an verschiedene Dinge denken können. Mehr als ein Gedanke wäre wahrscheinlich zuviel verlangt. Das Endziel des ganzen Trainierens ist daher ein sozusagen programmierter Bewegungsablauf, der durch das Gefühl für Rhythmus und Geschwindigkeit ausgelöst wird.
Bevor wir weitermachen, sollte ein Wort über das »Üben« gesagt werden. Üben dient entweder dazu, den Grad Ihrer Fähigkeiten zu verbessern oder ihn zumindest auf dem bisherigen Stand zu halten. Will man wirklich weiterkommen, so muß man manchmal ein oder zwei Schritte zurückgehen, um das für den weiteren Fortschritt notwendige Selbstvertrauen zu festigen.
Jede Übungsstunde, die einen weiteren Schritt im Schwung-Aufbauprogramm zum Ziel hat, sollte bei einem Schritt weiter zurück einsetzen, um so das bereits Erlernte noch einmal zu untermauern. Ich würde deshalb vorschlagen, daß Sie jetzt wieder auf das Putting Grün gehen, wo alles anfing und sich

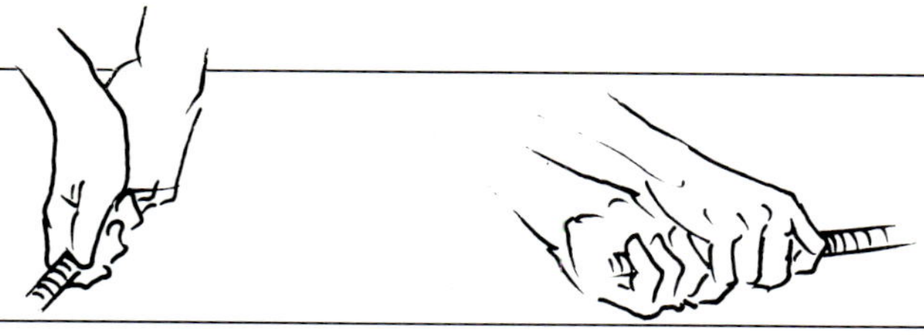

von dort wieder bis zum kurzen Schwung mit dem Eisen 9 oder dem Pitching Wedge vorarbeiten. »Erfolg« beim kurzen Schwung heißt, daß man bei drei Serien von je 10 Schlägen jeweils mindestens achtmal den Ball in die Luft bekommen muß. Erst wenn Sie das geschafft haben, sollten Sie zum halben Schwung übergehen. Hierbei ist »Erfolg« dann gleichbedeutend mit mindestens 7 Schlägen von 10, wiederum bei 3 Serien zu je 10 Schlägen.
Üben Sie immer wieder jeden Schritt, mit dem Sie nicht zufrieden waren. Und seien Sie nicht zu stolz, dabei im Notfall auch ein oder zwei Schritte zurückzugehen.
Ein Übungsprogramm könnte so ausschauen:

Übungsprogramm 2

Schritt	*Übung*	*Erfolg (Par)*
1	Putten mit 6 Bällen, Entfernung zum Loch 60 cm	3 Serien, jeweils 5 eingelocht
2	Putten mit 6 Bällen, Entfernung zum Loch 180 cm	3 Serien, jeweils 2 eingelocht, restliche nicht weiter als 15 cm vom Loch
3	Kurzer Schwung mit Eisen 9 oder Wedge, 10 Bälle	3 Serien 8 Bälle in die Luft
4	Halber Schwung mit Eisen 9 oder Wedge, 10 Bälle	3 Serien 7 Bälle in die Luft

Schritt 4

Der volle Schwung

Sie werden gemerkt haben, daß wir bisher nur bemüht waren, den Ball richtig und möglichst häufig zu treffen, ohne großes Gewicht auf Länge und Präzision des Schlages zu legen. Das wird erst eine Rolle spielen, wenn der volle Schwung zu einem sicheren Schlag geführt hat.
Meiner Meinung nach muß der Schwung so angelegt werden, daß die Schlagfläche des Schlägerkopfes (bei allen Schlägern) in jedem Fall richtig auf den Ball auftreffen kann. Erst dann können wir uns mit dem Flug unseres Balles und seiner Kontrolle beschäftigen. Träumen Sie also nicht von langen Bällen, bevor Ihr Schlag selbst eine solche Sicherheit hat, daß er dem Erfolgskriterium der beiden Übungsanleitungen auf Seite 14 und 25 entspricht.
»Oh je«, höre ich Sie schon jammern, »so werde ich ja nie auf den Platz kommen!« Sie werden – schneller als Sie denken –, wenn Sie sich an das Programm halten und nicht ungeduldig werden. Der letzte Schritt im Schwung-Aufbauprogramm besteht in der Vollendung des Rückschwunges und seiner Anpassung an den ebenfalls vollendeten Durchschwung.
Ein weiterer und stärkerer Schwung erfordert eine solide Basis; und um diese zu garantieren, müssen Sie Ihre Stellung beim Ansprechen des Balles in zweifacher Hinsicht ändern. Als erstes muß Ihr Stand weiter werden mit einem Abstand von ca. 60 cm zwischen beiden Füßen – bei kleinen Spielern

Nehmen Sie ein Eisen 9 oder einen Pitching Wedge, teen Sie den Ball normal auf, und stellen Sie sich für einen vollen Schlag an den Ball, das heißt mit einem Abstand von ca. 60 cm zwischen beiden Füßen. »Setzen« Sie sich ein bißchen mehr, so daß Ihr Hinterteil den ganzen Stand ausbalanciert. Schwingen Sie langsam zurück und nach oben, bis die linke Schulter fast unter Ihrem Kinn liegt.

1

2

etwas weniger. Stehen Sie zu breitbeinig, so behindern Sie dadurch die natürlichen Drehbewegungen des Körpers. Bei einem zu engen Stand ist dagegen ihr Gleichgewicht in Gefahr.

Beim Ansprechen des Balles ist noch mehr zu beachten. Um es ganz deutlich zu sagen – Sie müssen Ihr Hinterteil so herausstrecken, als ob Sie sich auf einen Barschemel setzen wollten. Das ergibt in dieser unteren Körperregion eine gewisse Spannung, die im Verein mit dem erweiterten Stand der Füße, von den Hüften abwärts den Stand fest und sicher macht. Das darf aber keinesfall zu einer Verkrampfung der unteren Körperhälfte führen! Sie sollen vielmehr entspannt und gut ausbalanciert stehen, mit lockeren Knien und dem Gleichgewicht leicht nach vorn verlagert. So wie vorher ist der Oberkörper auch jetzt aus den Hüften heraus leicht nach vorn gebeugt, die Arme hängen lose herunter, die Schultern sind entspannt, so daß sie durch den Schwung der Arme ungehindert gedreht werden können. Wichtige Kontrollen sind:

1. Zwischen 70 und 80 % des gesamten Körpergewichts sollten auf dem feststehenden Bein liegen.
2. Das linke Knie sollte nach rechts vom Ball zeigen.

(Man hört immer wieder die These, daß der linke Fuß während des ganzen Schwunges fest am Boden bleiben müsse. Können Sie bei vollem Aufdrehen

5

Die Handgelenke knicken als Angelpunkt leicht nach innen ein (also gegen Ihren Körper) und zwar bis zu dem ganz natürlichen physischen Stop. Das ergibt zwischen Armen und Schläger dann einen Winkel von ca. 90 Grad. Der Schläger hält am Ende des Rückschwunges (bzw. Beginn des Abschwunges) an. Diese kurze Ruhestellung wird je nach Körperbau, Kraft und Gelenkigkeit bei allen Spielern verschieden sein.

Rechter Arm im Ellbogen abgewinkelt, Schultern durch die Arme aufgedreht.

Halten Sie auf halbem Weg an. Achten Sie darauf, daß Ihr Stand mit dem früher geübten identisch ist und daß rechter Arm und rechte Schulter völlig entspannt sind. Ist das alles in Ordnung, so kann der linke Arm weiterschwingen...

der Schultern das Abheben des linken Absatzes aber nicht vermeiden, so schadet das gar nichts!)
Der Hauptzweck des Rückschwunges besteht darin, eine für den Abschwung optimale Ausgangsposition zu erreichen.
Erinnern Sie sich noch, wie wir den Ball geworfen haben? Um ihn weiter zu werfen, mußten Sie Ihre Hüften und Beine einsetzen. Das gleiche gilt jetzt am Beginn Ihres Abschwunges. Setzen Sie die Hebelwirkung aber bitte nicht bewußt ein, lassen Sie vielmehr die linke Hüfte und das linke Knie eher von ganz allein nach der Seite ausweichen. Halten Sie oben einen Augenblick an und fühlen Sie die Spannung zwischen oberer und unterer Körperhälfte – wie nämlich die untere Hälfte mit der Bewegung einsetzt, während die obere noch wartet. Daraus entsteht die Kraft, die die Hebelwirkung auslöst, sich bis in den Schlägerkopf fortpflanzt und als peitschender Schlag auf den Ball wirkt.
Das läßt sich aber nur erreichen, wenn rechte Hand und rechter Arm zusammen bei ihrer unterstützenden Rolle bleiben und nicht versuchen, aus diesem Rahmen auszubrechen.
Aus dieser »pocket area« heraus schwingt der Schlägerkopf auf der klar vorgezeichneten Bahn in den Ball hinein und entwickelt (wie ein Aufwärtshaken beim Boxen) im Treffmoment dann seine höchste Kraft, wobei Arme und Körper optimal zusam-

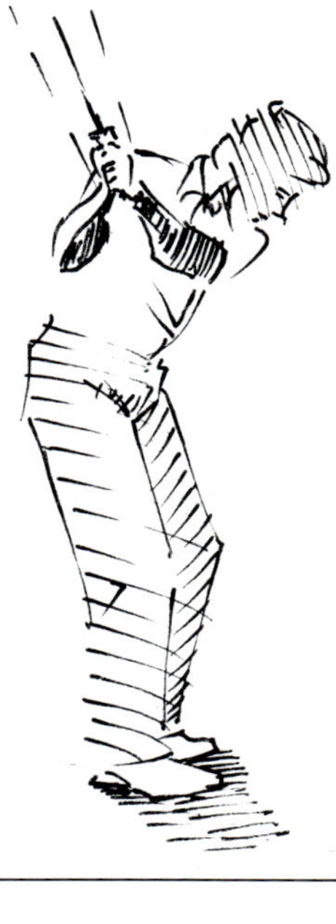

Die Endhaltung des linken Armes sollte aber in dem Bereich liegen, wie es die Abbildung zeigt. Ist dies nicht der Fall, so ändern Sie die Bahn des Armes im Rückschwung so lange, bis er ganz von selbst in den vorgeschriebenen Bereich hineinschwingt.

Die Hüften haben sich seitlich verlagert, Schultern und Arme folgen.

Die Kraft kommt in dem Augenblick voll zur Wirkung, wenn die Arme und der Schläger fast wieder die Ausgangsstellung vom Ansprechen des Balles erreicht haben.

Durch den Ball hindurch …
Die Arme überschneiden sich wie eine Schere.

7

8

menwirken. So kann der volle Schwung seine ganze Kraft auf den Ball übertragen, die im Verlauf des Schwunges systematisch aufgebaut wurde und nun über die zweifachen Hebel zur Wirkung kommt. Arme und Schlägerkopf drehen sich dabei so, daß die Schlagfläche im Treffmoment square zum Ball ausgerichtet ist. Dann steht dem freien Durchschwung nichts mehr im Weg.
Die linke Seite, die den Abschwung einleitete, ist aus dem Weg, so daß die Arme frei schwingen und die rechte Seite sich zum Ziel hin strecken und bis zu einer wohl ausbalancierten Schlußhaltung durchschwingen kann.

Schwingen Sie zurück und wiederholen Sie den Abschwung, halten Sie wieder an und fühlen Sie dabei, wie die Spannung sich aufbaut. Wiederholen Sie das mehrere Male, bis es fehlerfrei abläuft. Das ist nämlich der entscheidende Teil des ganzen Schwunges; und wenn in diesem Bereich alles stimmt, dann stimmt auch Ihr individuelles »Schwung-Timing«.
Sobald Beine und Hüften den Abschwung einleiten, werden Sie feststellen, daß sich das Hebelsystem Ihres Körpers etwas zur rechten Hüfte und rechten Hosentasche, der sogenannten »pocket area« verlagert.

Der rechte Absatz hebt sich vom Boden ab, und die rechte Seite schwingt an der linken vorbei.

Die Hüften zeigen jetzt zum Ziel, und die Schultern sind durch Arme und Schläger noch etwas weiter herumgedreht worden.

9

Obwohl wir den Schwung nun in einzelnen Stufen aufgebaut haben, müssen Sie ihn am Ende doch als einen in sich geschlossenen Bewegungsablauf empfinden. Rhythmus hat dabei eine besondere Bedeutung. Finden Sie Ihren ganz persönlichen Rhythmus, also z. B. »zurück und durch« oder »eins und zwei«. Dabei kann das Wort »und« die Pause zwischen Auf- und Abschwung darstellen.

Nachdem wir jetzt die Schlußphase unseres Schwung-Aufbauprogramms erreicht haben, möchte ich Sie bitten, die folgenden grundsätzlichen Voraussetzungen nicht zu vergessen:
Position 1 – Eine sichere und konzentrierte Haltung beim Ansprechen des Balles.
Position 2 – Eine kontrollierte und wohl ausbalancierte Haltung am Ende des Rückschwunges bzw. beim Beginn des Abschwunges.
Position 3 – Eine Schlußstellung am Ende des Durchschwunges, zu der die Arme den Schläger im freien Schwung in Richtung auf das Ziel geführt haben.

4. Diese drei Positionen werden von dem Zentralpunkt in der oberen Brusthälfte aus überwacht. Die so besonders wichtige Haltung im Treffmoment werden Sie bewußt gar nicht realisieren. Sie ist nichts anderes als das Ergebnis der Schwungbewegungen und der in ihnen vorher eingenommenen Haltungen des Spielers.

Der Golfschwung und der Holzschläger

Jetzt ist der Moment gekommen, einmal das »Gebilde« zu definieren, das wir Golfschwung nennen. Es ist ein Bewegungsablauf unseres Körpers unter Einsatz verschiedener Schläger, mit dem Ziel, eine große Zahl unterschiedlicher Schläge zu produzieren. Eine Höchstzahl von 14 Schlägern hilft uns, wenn sie zu unserem Schwung passen, die Mehrzahl der Situationen zu meistern, mit denen wir auf dem Platz konfrontiert werden.
Viele dieser Situationen werden in diesem Buch behandelt, und es wird erläutert, wie wir unseren systematisch aufgebauten Grundschwung der jeweiligen Lage anpassen können. Das betrifft ganz besonders das Spiel mit den Holzschlägern. Wenn Sie diesen Absatz lesen, haben Sie wahrscheinlich schon ein paar Schläge mit den Hölzern versucht und dabei festgestellt, daß der Schwung sich von dem, was wir bisher gelernt haben, in einigen Punkten unterscheidet. Abgesehen von dem völlig anderen Schlägerkopf (im Vergleich zum Schlägerblatt der Eisenschläger) haben die Hölzer auch einen längeren Schaft. Es ist etwa so, als ob Sie von einem kompakten Mittelklassewagen in einen großen »Station Wagon« umsteigen. Sie wissen zwar, wie er funktioniert, aber Sie müssen sich erst an ihn gewöhnen.
Der Loft der Holzschläger wächst von der No. 1 bis zur No. 7 jeweils um etwa 3 Grad. Normalerweise gehören zu einem Satz die Holzschläger 1, 3 und 5. Das Holz 7 wird allerdings immer beliebter. In einem Standard-Schlägersatz sind Loft und Schaftlänge die wichtigsten Unterschiede zwischen den Hölzern und den Eisen, wobei der Loft weniger ins Auge fällt als die Schlägerlänge.
Der Standard-Loft eines Holz 1 (Driver) liegt zwischen 11 und 12 Grad und der eines Holz 5 zwischen 20 und 22 Grad, womit er dem eines Eisen 2 entspricht. Das heißt aber nicht, daß Holz 5 und Eisen 2 den gleichen Schlag ergeben. Das Holz hat einen 7–10 cm längeren Schaft und hinter dem Sweet Spot der Schlagfläche mehr Masse als das Eisen. Es entwickelt daher mehr Kraft für einen höheren und weiteren Schlag.

Das Anpassen der Schlagtechnik

Die Unterschiede in der Schaftlänge zwischen Eisen und Hölzern ergeben unterschiedliche Schwungbögen der jeweiligen Schlägerköpfe (Seite 33). So ist der Schwungbogen des Schlägerblattes beim Eisen 9 mit einer Schaftlänge von 86 cm kürzer und verläuft steiler in den Ball hinein als z.B. beim Holz 1 mit einer Schaftlänge von 107 cm.
Die Schlägerköpfe der Eisen sind so ausgelegt, daß der Spieler eher von oben in den Ball hineinschlägt, während der Kopf des Holzschlägers mit seiner flachen Sohle mehr wie ein landendes Flugzeug über das Gras in den Ball hineingleitet. Beim Holzschlag vom Fairway trifft der Schlägerkopf den Ball am tiefsten Punkt seiner Schwungbahn, aufgeteet vom Abschlag dagegen etwas später – also bereits im Hochschwingen des Durchschwunges. Nun

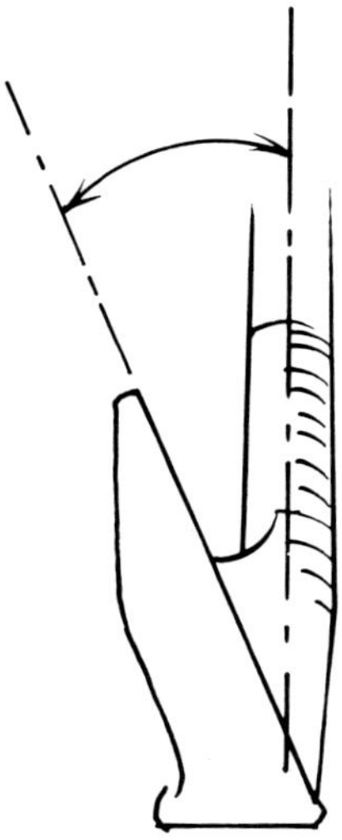

Der Loft eines Eisenschlägers wird durch den Winkel der Fläche des Schlägerblattes und der Mitte des Schaftaustrittes an der Sohle des Schlägerblattes bestimmt. Beim Holzschläger ist es der Winkel zwischen der Schlagfläche und der Senkrechten von der unteren Kante der Schlagfläche nach oben.

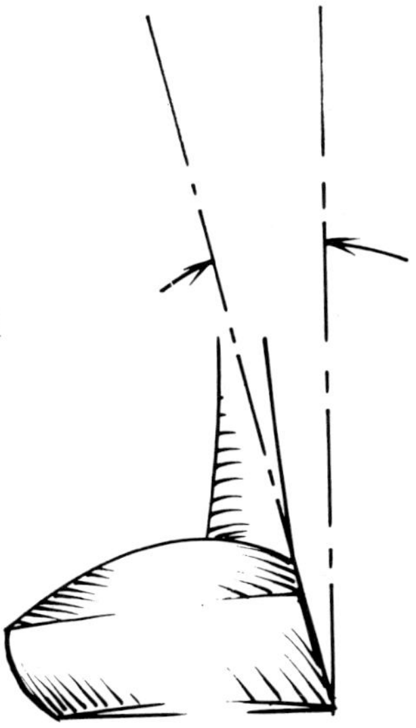

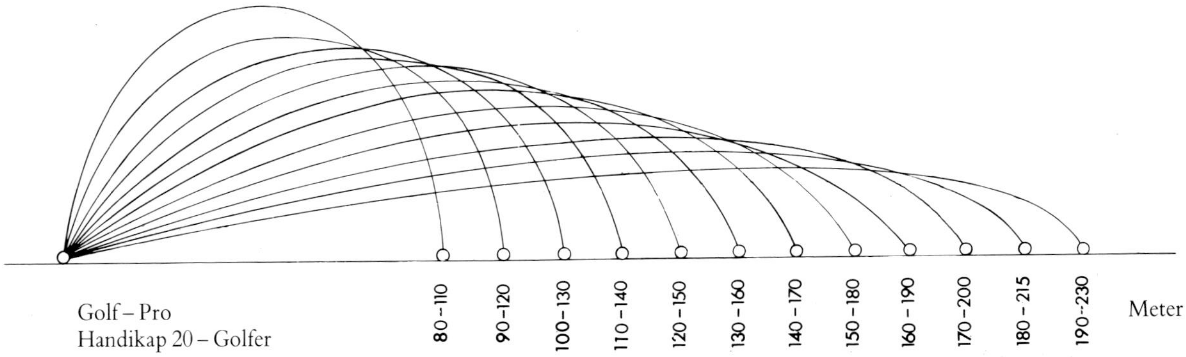

Nimmt man nur die Länge der Schläge als Maßstab, so kann man sagen, daß das Eisen 2 bei einem Spitzenspieler nach dem Holz 5 kommt.

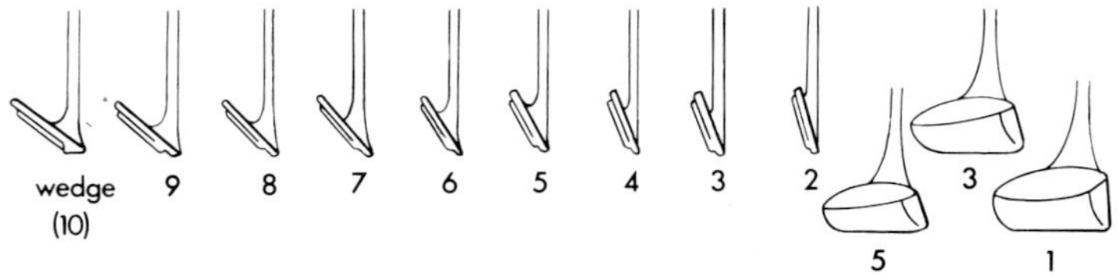

mögen Sie fragen, wo ist der tiefste Punkt des Schwungbogens? Das kann von Spieler zu Spieler verschieden sein; und Sie sollten selbst ausprobieren, an welcher Stelle Ihr Holzschläger in der Mehrzahl der Fälle auf das Gras trifft. Es wird im Zweifelsfall irgendwo gegenüber Ihrer linken Schulter sein. Schlagen Sie nun ein paar Bälle, die etwa 4 cm hoch aufgeteet sind. Ergibt sich dabei eine Mischung aus getoppten und hoch in die Luft geschlagenen Bällen, so spielen Sie wahrscheinlich zu sehr vom rechten Fuß. Getoppte und zu flach geschlagene Bälle weisen dagegen eher darauf hin, daß Ihr Ball zu sehr am linken Fuß lag.

Bei einem Holz 3 oder 5 vom Fairway sollten Sie den Ball etwa um eine Ballbreite mehr vom rechten Fuß spielen als bei einem Schlag vom Tee. Beachten Sie bei den Holzschlägen bitte folgende Regeln:

- □ Mit einem zu schnellen Rückschwung bauen Sie im Schwung eine zu große, nutzlose und unkontrollierbare Kraft auf. Lassen Sie den Schläger beim Rückschwung bis in seine Endposition ausschwingen, und fangen Sie aus ihr heraus dann den Abschwung an.
- □ Das Schwungtempo nimmt zu. Denken Sie daran, daß der Schlägerkopf beim längeren Schläger automatisch eine höhere Geschwindigkeit erhält, ohne daß Sie Ihre Arme oder den Körper schneller bewegen.
- □ Wenn es auch nicht so ausschauen mag, so haben die Holzschläger doch genügend Loft, um den Ball in die Luft zu bekommen, vorausgesetzt, daß die Schlagfläche richtig auf den Ball auftrifft.
- □ Nicht genau im Sweet Spot getroffene Bälle sind wesentlich kürzer. Nur der »wohltemperierte« und kontrollierte Schlag ergibt die optimale Länge.

Sie sollten also den Holzschlägern die Chance geben, zu zeigen, was dieselben für Sie tun können, ohne daß Sie deshalb Ihren normalen Schwung irgendwie ändern müßten. Im Idealfall sollten Sie das Gefühl haben, daß Sie selbst und ihre Muskeln 30 % der Arbeit leisten, während Schwung und Schläger die restlichen 70 % von sich aus schaffen.

Zusammenfassung

Hiermit haben Sie also ein komplettes Schwung-Aufbauprogramm, vom Pendelschwung mit dem Putter und einem Eisen mit starkem Loft, über den »Zwei-Phasen-Halbschwung« bis zum vollen Schwung mit seinen drei Positionen um den Zentralpunkt herum.

Ich habe am Anfang dieses Buches gesagt, daß es keinen »Modell-Schwung« gibt, und ich möchte Ihnen auch jetzt keinen Bewegungsablauf einreden, den Sie unnatürlich finden.

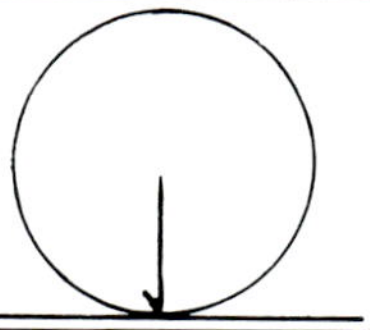

Diese beiden Zeichnungen erläutern den Unterschied zwischen dem Schwungbogen des Schlägerkopfes bei einem kurzen Eisen (z. B. Eisen 9) und einem Holzschläger.

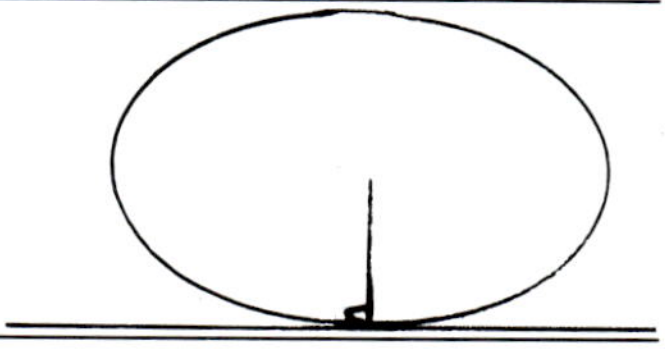

Das geschriebene Wort ist im übrigen keinesfalls ein Ersatz für die persönliche Unterrichtsstunde durch einen qualifizierten Golflehrer. Was ich aber in diesem Kapitel und eigentlich im ganzen Buch propagiere, ist die Konzeption eines individuellen Schwung-Aufbauprogramms, das jedem Golfer als Richtlinie dienen und eine Ergänzung zu persönlichen Unterrichtsstunden sein kann. Sie brauchen sich nur einmal Schwungfilme erfolgreicher Spieler anzuschauen, und Sie werden feststellen, daß keiner mit dem anderen identisch ist, wenn auch alle Schwungbewegungen viel Grundsätzliches gemeinsam haben. Und auf diesen grundsätzlichen Faktoren habe ich mein Programm für Sie aufgebaut.

Das Übungsprogramm

Je weiter Sie in Ihrem Schwung-Entwicklungsprogramm fortschreiten, desto mehr liegt die Verantwortung für den Erfolg bei Ihnen selbst; und er hängt in erster Linie von der Qualität und Quantität ihres Übens ab. Das Üben auf dem Putting Grün wird jetzt mehr zu einer Einstimmung auf den Rhythmus des Schwunges und soll Sie daran erinnern, daß der linke Arm im Schwung dominiert.
Der halbe Schwung ist eine sehr wichtige Phase, weil er alle Bestandteile des vollen Schwunges in verkleinertem Maßstab enthält und daher in Ausführung und Kontrolle kein so großes Problem darstellt. Mit diesem Schwung setzt das volle Übungsprogramm ein, wobei der Ball aber immer noch ausschließlich vom Tee geschlagen wird.
Sobald Sie den halben Schwung einigermaßen beherrschen, können Sie zum vollen Schwung übergehen – aber bitte leicht schwingen und nicht prügeln. Folgen Sie in Gedanken dem linken Arm auf seiner Schwungbahn, zuerst zurück in die Position 2 und dann herunter durch die »pocket area« zum Treffmoment und wieder hoch bis zur Endposition 3. Diese Bahn des linken Armes verbindet die drei Schwungpositionen, und man nennt sie auch die »Schwungebene«. Der Weg des Schlägerkopfes bei Rück- und Durchschwung ist dagegen die »Schwungbahn«.
In dieser Übungsphase sollten Sie sich auf Timing und Kontrolle des Schwunges sowie auf das regelmäßige Treffen des Balles konzentrieren und sich nicht darum kümmern, ob die Bälle nach rechts oder links, weit oder kurz fliegen. Darüber sprechen wir erst im nächsten Kapitel.

Sobald wir dieses Stadium aber erreichen, sollten wir schon so sicher sein, daß wir mit einem vollen, wenn auch leichten Schwung mit einem kurzen Eisen (7 oder 8) von 10 aufgeteeten Bällen mindestens 7 gut treffen.

Übungsprogramm 3

Übung	*Zweck*	*Erfolg (Par)*
Putting Grün:		
6 Putts aus 1 m. 6 Putts aus 3 m. 6 Putts aus 6 m.	Eingewöhnung, Schlaggefühl, linker Arm im Schwung dominierend	Kein bestimmtes Ziel. Entspannte, positive Einstellung zum Übungsbeginn.
Übungsplatz:		
10 Bälle vom Tee mit Eisen 9/ Wedge halber Schwung	Sicherheit, Schlaggefühl, Rhythmus, Gewöhnung an die Schläger	Lassen Sie den Schläger die Arbeit machen. 5 gute Schläge sollten das Ziel sein.
10 Bälle vom Tee mit Eisen 9/ Wedge halber Schwung Wiederholung	Konzentriertes Üben Einsatz der »Hebelwirkung«	8 gute Bälle aus jeder Serie von 10.
10 Bälle vom Tee mit Eisen 9/ Wedge voller Schwung	Aufbau der Kraft beim Rückschwung. Überprüfen von Position 2 und der Schwungbahn des linken Armes	Keine bestimmten Ziele wegen der Überprüfung des Schwunges.
10 Bälle vom Tee mit Eisen 9/ Wedge voller Schwung Wiederholung	Konzentriertes Üben Gefühl für rhythmischen Ablauf des ganzen Schwunges	7 gute Bälle aus jeder Serie von 10.
Wie die vorhergehende Übung, aber mit Eisen 7 oder 8	Schwunggefühl mit längerem Schläger, Schwungtempo, längere Schläge	Kein bestimmtes Ziel bei der ersten Serie. Bei der zweiten 7 gute Bälle von 10.

Sie benötigen für dieses Programm ungefähr 75 Übungsbälle. Zeitdauer für jede einzelne Übung etwa 50 Minuten.

Kapitel 2

Analysieren und verstehen Sie den Flug des Balles

Der von Ihnen im ersten Kapitel aufgebaute volle Schwung wird, bei einiger Übung, in der Praxis des Schlages etwa zu einem 70%igen Erfolg führen. Die Schlaggenauigkeit wird bei Ihrem hohen Handicap sehr unterschiedlich sein, da Sie den Ball keineswegs jedesmal mit dem Sweet Spot der Schlagfläche treffen. Es mag Ihnen beim Üben des vollen Schwunges zwei, drei oder vielleicht sogar viermal hintereinander gelingen, aber mehr können Sie in dieser ersten Phase Ihrer Golfentwicklung nicht erwarten.

Top-Pros wie Jack Nicklaus und Tom Watson haben ihren Schwung zu einem wahren Kunstwerk entwickelt; und trotzdem können auch sie einige schlechte Schläge pro Runde nicht ausschalten. Sicherlich sind ihre Schlagfehler nicht so schwerwiegend wie beim Durchschnitts-Golfer; aber es wäre auch schlecht um sie bestellt, wenn sie ihre Schwungkraft sowenig unter Kontrolle hätten wie die Masse der Wochenend-Golfer. Der größte Fehler des Anfängers liegt in seinem Bestreben, den Ball möglichst weit zu schlagen, ohne seinen Schwung wirklich unter Kontrolle zu haben. Gerade wegen dieses Fehlers kommen viele Spieler mit hohem Handicap nicht weiter; und ich bin fest davon überzeugt, daß die Karriere von so manchem talentierten jungen Golfer nur deshalb stehengeblieben ist, weil er sich in einem zu frühen Stadium seiner Entwicklung zu sehr auf die Länge seiner Schläge konzentriert hat.

Golf ist ein Spiel, das vor allem Kontrolle verlangt. So enthält die Gruppe der Spitzenverdiener unter den Pros der amerikanischen Pro-Tour nur wenige Gewinner von Driving-Wettbewerben. Andererseits werden diejenigen Pros, die vom Abschlag meistens auf der Bahn liegen und regelmäßig das Grün erreichen (am Par-3 Loch mit dem ersten, am Par-4 Loch mit dem zweiten und am Par-5 Loch mit dem dritten Schlag), mit Sicherheit nicht schlecht verdienen.

Sie sollten sich also gerade im frühen Stadium Ihrer Entwicklung beim Üben auf die Kontrolle Ihres Schwunges konzentrieren, damit Sie die Schlagfläche des Schlägerkopfes im Treffmoment möglichst korrekt an den Ball bringen. Thema dieses Kapitels wird es sein, was in diesem besonderen Moment tatsächlich passiert.

Der Flug unseres Balles wird von fünf allgemein anerkannten Faktoren, den sogenannten »Flug-Gesetzen« bestimmt. Sie alle beeinflussen das Auftreffen der Schlagfläche auf den Ball und daher auch den jeweiligen Schlag. Werden alle fünf Gesetze im Treffmoment genauestens befolgt, so haben wir die perfekte Schlagstellung und, wenn alles andere auch stimmt, den perfekten Golfschwung. Und darum geht es doch – oder nicht?

Sobald Ihnen aber der Sinn dieser Faktoren aufgegangen ist, werden Sie auch den Ablauf Ihres Golfschwunges besser verstehen, was wiederum Ihrem Üben außerordentlich zugute kommen wird. Wir werden uns also mit ihnen beschäftigen, nicht so sehr ihrer Wichtigkeit nach, als vielmehr in einer für die Entwicklung Ihres Schwunges optimalen Reihenfolge.

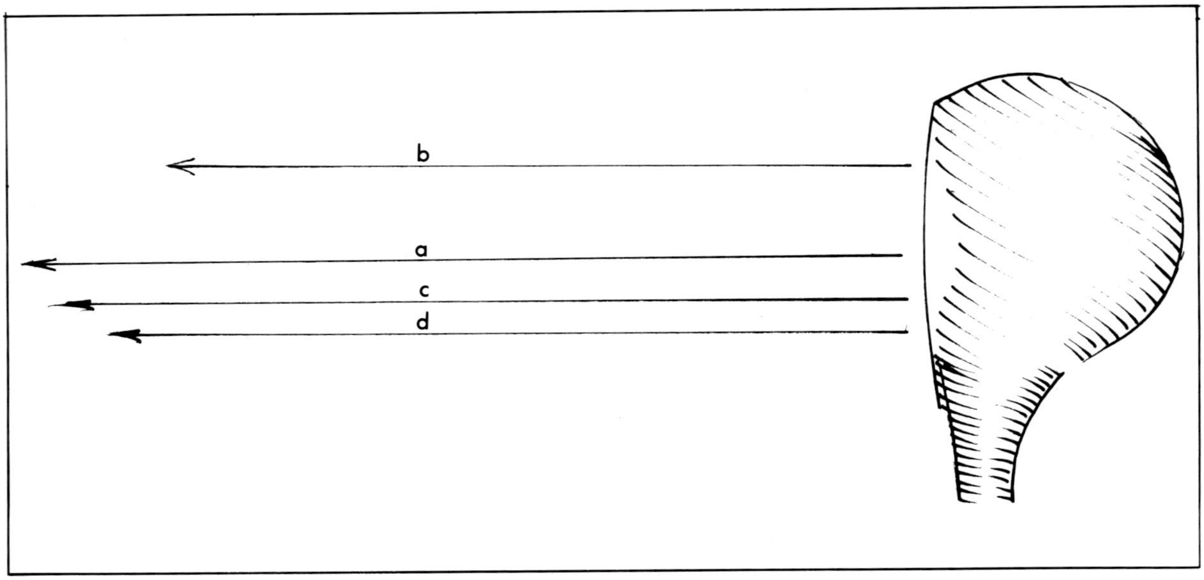

In der Einleitung erwähnte Tests des G.S.G.B. Forschungs-Teams beweisen, wieviel Schlaglänge ein Scratch-Golfer einbüßt, wenn er seinen Ball nicht mit dem Sweet Spot der Schlagfläche trifft.

a) mit dem Sweet Spot
b) 6,4 mm neben dem Sweet Spot
c) 12,7 mm neben dem Sweet Spot
d) 19 mm neben dem Sweet Spot

1. Welche Stelle der Schlagfläche trifft auf den Ball?

Der erste Faktor ist einfach zu bestimmen, wissen wir doch, wie wichtig es ist, den Ball mit dem optimalen Punkt der Schlagfläche, dem Sweet Spot zu treffen. Jedes andere Auftreffen bedeutet Verlust an Schlaglänge und auch an Schlagkontrolle. Die Gestaltung der Schlägerköpfe kann die negative Wirkung des ungenauen Auftreffens bis zu einem gewissen Grad kompensieren. Hat ein Eisen- oder Holzschlägerkopf sein Hauptgewicht zwischen Hals und Spitze, so kann der Sweet Spot seitlich breiter sein; liegt das Gewicht aber mehr an der unteren Kante des Schlägerkopfes, so werden auch solche Schläge noch gelingen, die etwas unterhalb des Sweet Spot getroffen werden.
Das Trainingsprogramm des ersten Kapitels zeigte den Weg zum korrekten Schlag. Seien Sie nun auch zu Beginn des neuen Übungsstadiums wiederum realistisch. Fangen Sie auch diesmal nicht mit dem vollen Schwung an, sondern bauen Sie vom Putting Grün ausgehend alles systematisch auf – bis zum vollen Schwung. Gehen Sie von einer Stufe erst dann zur nächsten, wenn das Ergebnis es wirklich rechtfertigt. Vergessen Sie nie – selbst wenn alles andere im Treffmoment stimmt, so wird der Schlag doch nur dann wahrhaft gut, wenn der Ball mit dem Sweet Spot der Schlagfläche getroffen wurde.

2. Wie kommt der Schlägerkopf an den Ball?

Beim Rückschwung bewegt sich der Schlägerkopf nach hinten und oben. Beim Abschwung geht seine Bahn nach unten zurück in die Ausgangslage vom Ansprechen des Balles. Die steile oder flache Bahn des Abschwunges, auf der der Schlägerkopf in den Ball hineingeschwungen wird, ist Gegenstand unseres zweiten »Flug-Gesetzes«.
Ist die Annäherung des Schlägerkopfes an den Ball perfekt, so wird er beim Eisenschläger den Ball etwas vor dem tiefsten Punkt des Schwungbogens treffen, beim Holzschläger etwas später, nämlich wenn der Schlägerkopf genau parallel zum Boden schwingt. Der Ball wird somit auf den Loft des jeweiligen Schlägers reagieren. Ist der Auftreffwinkel zu steil, so reduziert sich der im Treffmoment wirksame Loft. Der Ball fliegt flacher als beabsichtigt und kommt bei einem extrem steilen Abschwung vielleicht gar nicht in die Luft. Er schießt dann nur flach über den Boden, weil der Schlägerkopf zu hoch am Ball (also über dem Schwerpunktzentrum) bzw. zu tief an der Schlagfläche auf den Ball aufgetroffen ist.
Auch ein Golfer mit relativ gutem Schwung wird einen Ball hauptsächlich deshalb toppen, weil er sich – wie ich schon einmal sagte – zu sehr auf die Länge des Schlages konzentriert.

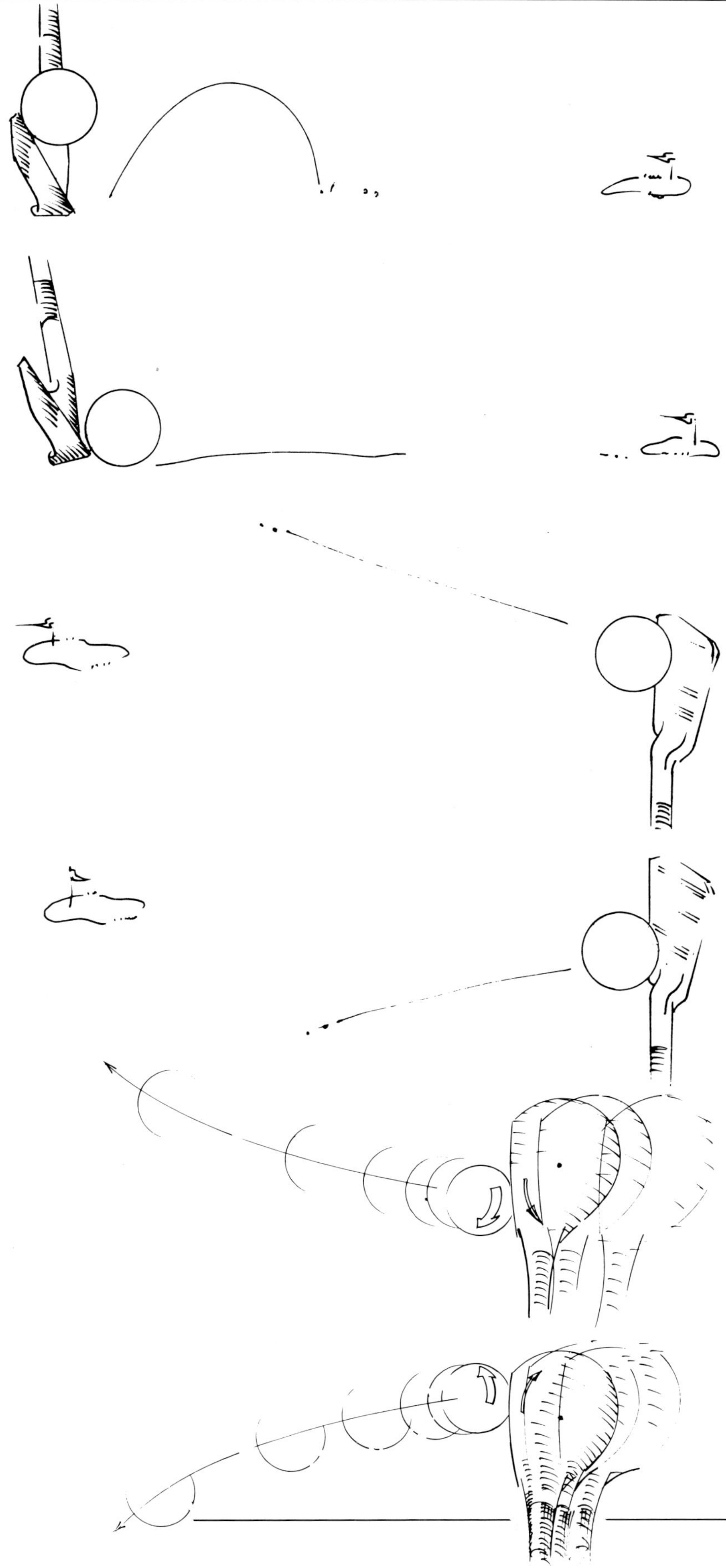

Wird der Ball mit dem Eisen zu hoch am Schlägerblatt getroffen, so ergibt das einen kurzen, steil hochgehenden Schlag. Wird der Ball mit dem Eisen tief unten am Schlägerblatt getroffen, so ergibt das eine flache Flugbahn, oder der Ball schießt nur über den Boden hin.
Wird der Ball mit der Spitze des Schlägerblattes getroffen, so geht er nach rechts. Wie weit er abdreht, hängt von der Stärke Ihrer Hände und Arme und von der Geschwindigkeit des Schlägerkopfes ab.
Wird der Ball mit dem Schlägerhals des Eisens getroffen, so geht er nach links.
Bei den Holzschlägern ist es genau umgekehrt, weil ihr Schwerpunktzentrum weiter zurückliegt als bei den Eisen. Ein am Hals getroffenes Holz ergibt demnach einen Slice (nach rechts) und ein an der Spitze des Schlägerkopfes getroffenes Holz einen Hook (nach links).

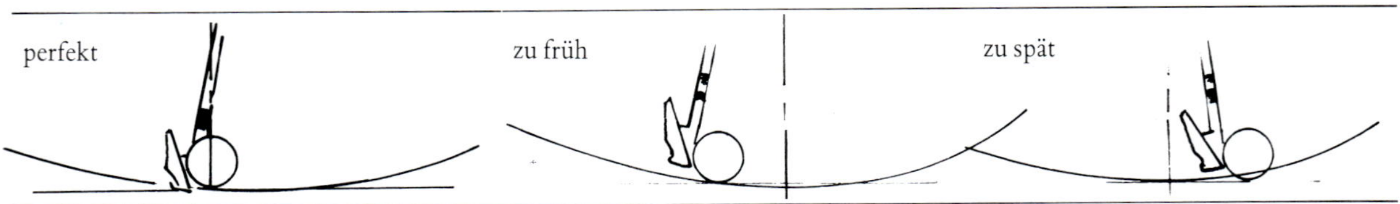

Beim idealen Winkel zwischen der Schwungbahn des Schlägerkopfes und dem Boden trifft der Schlägerkopf den Ball am tiefsten Punkt des Schwungbogens während er parallel zum Boden schwingt. Trifft der Schlägerkopf im Abschwung zu früh auf den Ball, so wird er getoppt. Trifft der Schlägerkopf im Abschwung zu spät auf den Ball, so trifft er ihn zu »dünn« (er wird also fast getoppt). Schlecht getroffen: In dem Bemühen des Spielers, zuviel Kraft in den Schwung zu legen, trifft die Schlagfläche zu früh auf den Ball. Schlecht getroffen: In dem Bemühen des Spielers, den Ball in die Luft zu »heben«, trifft die Schlagfläche zu spät auf den Ball.

Bei dem Versuch, besonders viel Kraft in den Schlag zu legen, kann es nämlich leicht passieren, daß man unbewußt den Körper nach vorn in Richtung auf das Ziel verlagert. Dadurch verschiebt sich aber auch der Schwung-Kontrollpunkt (siehe Seite 30) und die Schwungbahn trifft nicht mehr genau den Ball. Sie ist ebenfalls nach vorn verschoben. Die gleiche Wirkung ergibt sich, wenn Sie den Ball zu sehr vom rechten Fuß spielen, wenn er also beim Ansprechen zu weit hinten liegt. Der Schlägerkopf wird dann den tiefsten Punkt des Schwungbogens nicht im optimalen Augenblick erreichen und demzufolge nicht richtig auf die Rückseite des Balles auftreffen. Mit anderen Worten – der Schlägerkopf schwingt im Treffmoment noch zu steil und von oben in den Ball hinein, er trifft ihn also zu früh.

Ist der Ball aufgeteet, so schwingt ein zu steil ankommender Schlägerkopf unter den Ball, trifft ihn hoch am Schlägerblatt über dem Sweet Spot und produziert einen kurzen, hochgehenden Schlag. Beim Holzschläger hinterläßt ein solcher Schlag mit ziemlicher Sicherheit auf der oberen Vorderkante des Schlägerkopfes eine Markierung (meistens etwas Farbe von dem betreffenden Ball). Der Auftreffwinkel der Schwungbahn ist also einer der einflußreichsten Faktoren bei Bällen, die entweder zu hoch oder zu tief auf der Schlagfläche getroffen werden.

Ein ähnlicher Fehler, ebenfalls durch den falschen Auftreffwinkel verursacht, besteht darin, den Ball zu spät zu treffen, das heißt, nachdem die Schwungbahn des Schlägerkopfes bereits über ihren tiefsten Punkt hinaus ist. Der Ball wird mit der unteren Hälfte des Schlägerblattes (unterhalb des Sweet Spots) getroffen und wird relativ kurz und sehr flach fliegen. Dieser nicht sauber getroffene Ball wird oft als »dünner Schlag« bezeichnet. Im Extremfall wird es sogar ein »Top«, wenn der Ball nämlich nicht nur mit der unteren Hälfte, sondern eher mit der Unterkante des Schlägerblattes getroffen wird. Das kann leicht passieren, wenn der Spieler versucht, den Ball sozusagen in die Luft zu »heben«, anstatt diese Arbeit dem eingebauten Loft des Schlägerkopfes zu überlassen. Zusammenfas-

Der leider unmögliche Idealfall: Wenn der Golfschläger so um das Schwungbahnzentrum herumgeschwungen werden könnte wie ein Riesenrad um eine Achse, so würde das die ideale Schwungbahn ergeben. In dieser Abbildung werden die Schwungbahnen von Driver (a), Eisen 5 (b) und Eisen 9 (c) mit der des Riesenrades verglichen (d).

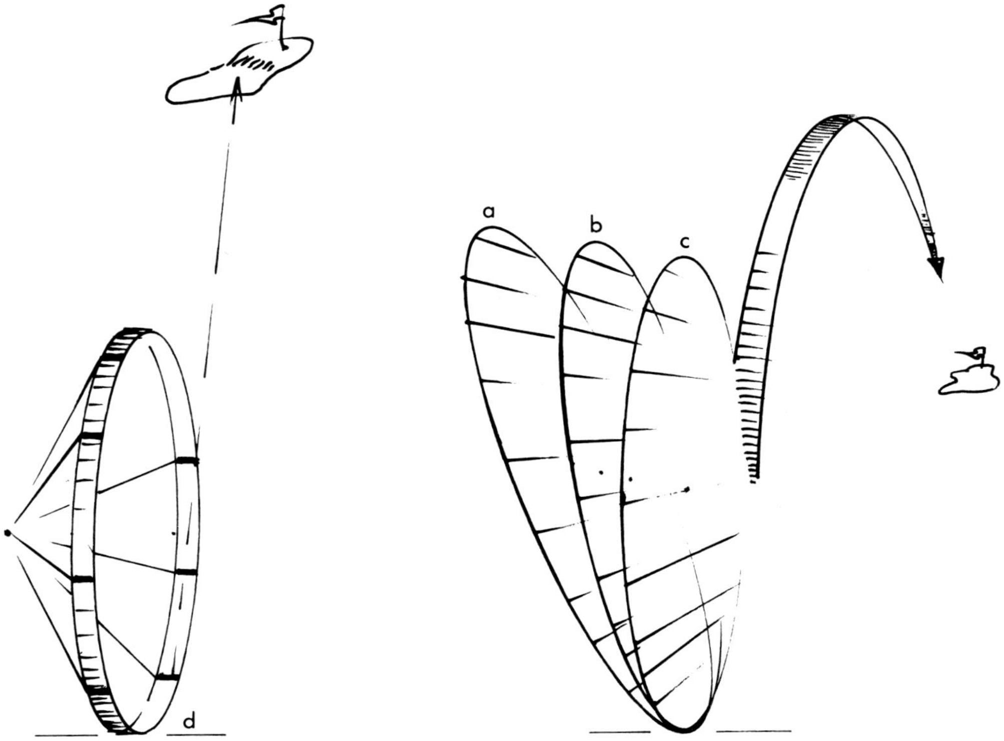

send können wir sagen, daß der Auftreffwinkel einen entscheidenden Einfluß darauf hat, ob das Schlägerblatt hoch, in der Mitte oder tief an den Ball kommt, wovon wiederum Flugbahn und -länge des Schlages abhängen.

3. Ausrichtung der Schwungbahn des Schlägerkopfes im Treffmoment

Den Weg des Schlägerkopfes im Rück- und Durchschwung bezeichnet man als seine Schwungbahn (in Wirklichkeit sind es zwei Bahnen, eine im Rück- und eine andere im Durchschwung; dem Spieler aber erscheint es wie eine in sich geschlossene Bahn). Die ideale Schwungbahn verläuft permanent auf der Linie zum Ziel und ähnelt damit dem Lauf eines Riesenrades. Leider ist dies für den Golfer physisch eine Unmöglichkeit, weil er nicht über der Linie zum Ziel steht, sondern seitlich von ihr.
Beim Putten sind Sie dieser Ideallinie zwischen Ball und Ziel noch am nächsten, weil der Putter relativ kurz ist und weil er, bei richtiger Stellung des Schlägerblattes, in einem sehr steilen Winkel zum Boden steht – ein Winkel, den man als die »Lage« des Schlägers bezeichnet. Je länger der Schläger ist, desto weiter weg von der Linie zum Ziel stehen Sie. Mit zunehmender Länge des Schlägers wird auch der dem Schläger eigene »Lage-Winkel« immer flacher, das heißt, der Schläger steht weniger aufrecht; und Sie selbst stehen immer weiter weg von der Linie zum Ziel, bis zum längsten Schläger mit dem flachsten Lage-Winkel, dem Driver.
Je weiter weg Sie selbst aber von der Linie zum Ziel stehen, desto flacher – mehr wie bei einem Karussell – wird die Schwungbahn des Schlägerkopfes und desto kürzer die Wegstrecke, die der Schlägerkopf fast parallel zur Linie zum Ziel zurücklegt.
Der Versuch, den Schlägerkopf in Rück- und Durchschwung auf eine dem Riesenrad ähnliche Schwungbahn zu zwingen, ist also völlig sinnlos. Vergessen Sie das nie! Ich fürchte, daß viele Golfer a conto dieser falschen Konzeption in der Entwicklung ihres Golfschwunges steckengeblieben sind. Je länger der Schläger ist, desto eher verläßt der Schlägerkopf die Linie zum Ziel, sowohl beim Beginn des Rückschwunges als auch nach dem Treffen des Balles im Durchschwung.
Dabei ist es interessant zu wissen, daß der Schlägerkopf des Drivers eines Durchschnittsgolfers im

Von allen Schlägern verläuft die Schwungbahn des Putters (a) der Linie zum Ziel noch am nächsten. (b) Schwungbahn des Eisen 5. (c) Schwungbahn des Drivers.

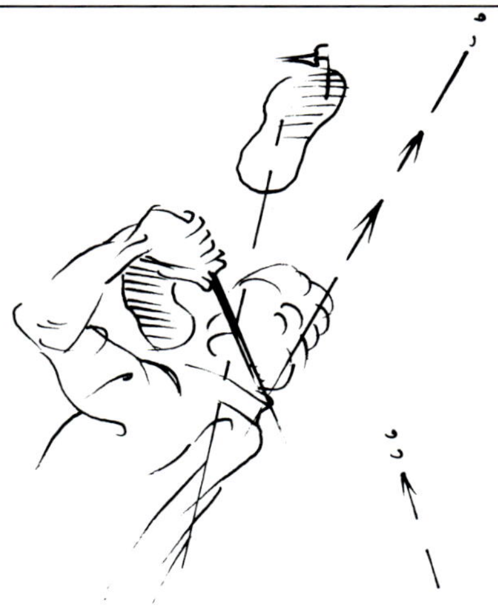

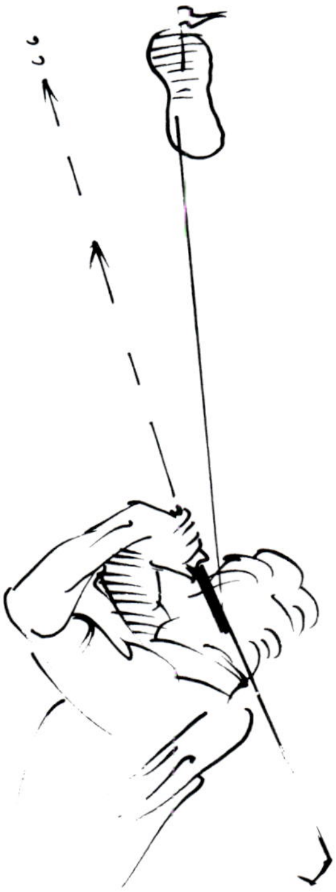

Die Ausrichtung der Schwungbahn des Schlägerkopfes im Treffmoment läßt sich sehr leicht an der Richtung »ablesen«, in die der Ball startet. Kommt die Schwungbahn zu sehr von innen an die Linie zum Ziel, so wird der Ball zumindest am Anfang nach rechts fliegen – kommt sie dagegen zu sehr von außen, so wird der Ball anfangs nach links gehen.

Treffmoment eine Geschwindigkeit von 160 km/h hat, die Dauer des Ball/Schlägerkopf-Kontaktes etwa eine halbe Millisekunde beträgt und dies über eine Strecke von 2 cm!

Sind wir uns also darüber im klaren, daß sich das Schicksal aller unserer Schläge auf einem so winzigen Teil der Schwungbahn entscheidet, so können wir dem Schlägerkopf bei Rück- und Durchschwung etwas leichteren Herzens freie Bahn lassen.

Die Linie zum Ziel verläuft also, wie gesagt, vom Ziel durch den Ball hindurch. Sie ist eine wichtige Bezugsgröße, die sehr häufig für die Beschreibung der Schwungbahn eines bestimmten Schlägers herangezogen wird.

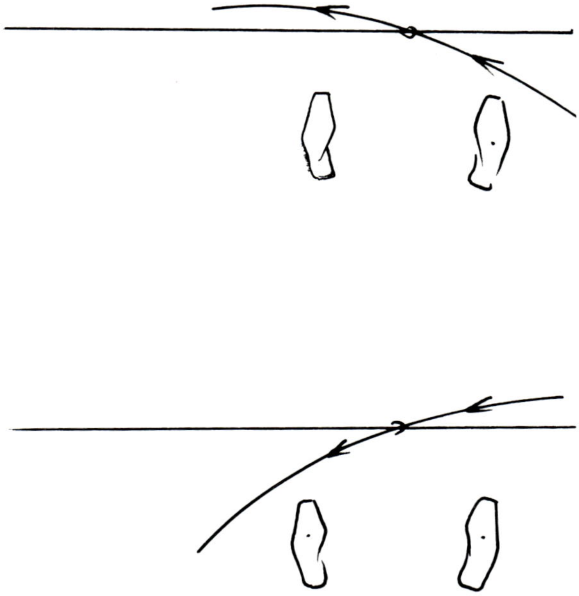

Der Golfschwung folgt dieser Linie zum Ziel nicht; er verläuft beim Rückschwung nach innen und bei dem so wichtigen Abschwung von innen zur Linie zum Ziel und damit zum Treffpunkt mit dem Ball, um sich dann beim Durchschwung wiederum nach innen fortzusetzen. Der Schlägerkopf befindet sich bei einem normalen Golfschwung also niemals außerhalb der Linie zum Ziel. Sollte es aber tatsächlich doch einmal eintreten, so kann das zwei Gründe haben: Die Schwungbahn des Schlägerkopfes kommt zu sehr von innen und setzt ihren Weg deshalb nach außen fort, oder sie kommt im umgekehrten Fall schon von außen und setzt sich nach innen fort.

Der zweite Weg, von außen nach innen, ist die unter Durchschnittsgolfern häufigste Schwungbahn und gleichzeitig die Basis für den bekanntesten Schlag im Golf – den Slice. Darüber mehr zu einem späteren Zeitpunkt. Fassen wir zusammen: Die Schwungbahn des Schlägerkopfes im Treffmoment ist in hohem Maß entscheidend für die Anfangsrichtung der Flugbahn des Balles, weil der Schlägerkopf mit seiner hohen Geschwindigkeit den Ball in seine Richtung zwingt.

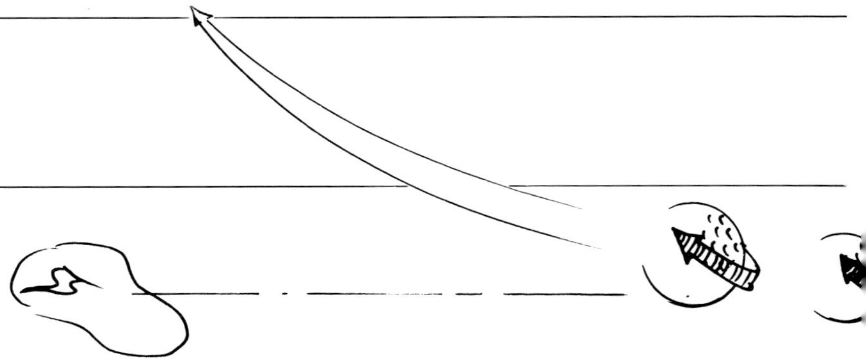

Steht das Schlägerblatt in bezug auf die Linie zum Ziel im Treffmoment nach rechts (offenes Schlägerblatt), so erhält der Ball einen Seitwärtsdrall (in diesem Fall von links nach rechts, oder – von oben gesehen – im Uhrzeigersinn), der ihn nach rechts abdrehen läßt, in einem Maß, das von der Öffnung des Schlägerblattes abhängt. Der Ball wird kürzer als ein normal getroffener – erstens wegen der Kurve des Fluges und weil dabei zuviel Kraft vergeudet wird, die den Ball zur Seite treibt anstatt nach vorn – und zweitens weil das aufgedrehte Schlägerblatt mehr Loft hat, also eine höhere Flugbahn des Balles bewirkt, ihn weniger rollen und weniger weit fliegen läßt.

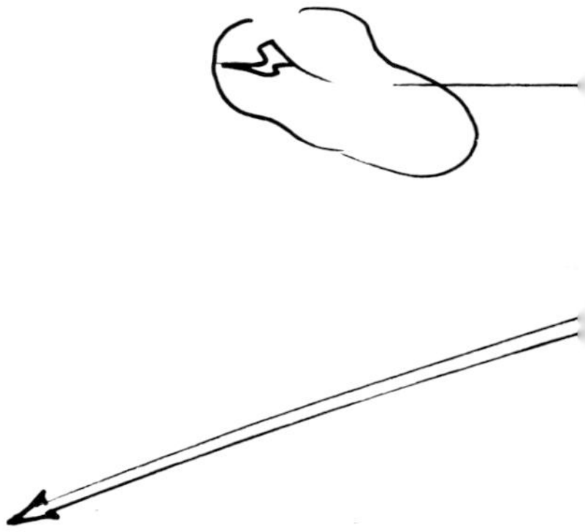

4. Die Relation zwischen dem Winkel des Schlägerblattes im Treffmoment und der Schwungbahn des Schlägerkopfes

Wir kommen jetzt zu dem Faktor, der den größten Einfluß auf die Richtung des Golfschlages hat. Wir haben uns schon einmal mit der Stellung des Schlägerblattes beschäftigt, als wir darüber sprachen, inwieweit sich ein Treffen des Balles außerhalb des Sweet Spots auf Länge und Genauigkeit des Schlages auswirkt (Seite 36–37).

Der präzise Einsatz der Schlagfläche im Treffmoment ist – wie wir wissen – schließlich mit das Wichtigste im Golf überhaupt. Es gibt Millionen Golfer, die manchmal so weit schlagen wie die besten Professionals. Aber die wenigsten von ihnen haben den Einsatz der Schlagfläche im Treffmoment so sicher unter Kontrolle, daß sie Scores wie ein Pro erreichen. In allen Spielen, bei denen ein Golf-, Tennis-, Baseballschläger etc. den Ball schlägt, ist der präzise Kontakt zwischen diesen beiden Elementen von entscheidender Bedeutung. Der Winkel des Schlägerblattes im Treffmoment beeinflußt Länge und Präzision unserer Schläge. Jetzt wollen wir uns mit dem Winkel des Schlägerblattes in seiner Relation zur Schwungbahn des Schlägerkopfes beschäftigen.

Für den einwandfreien Golfschlag wäre die Idealsituation im Treffmoment wie folgt:

a) der Ball wird mit dem Sweet Spot, dem Zentrum des Schlägerblattes, getroffen.
b) die Schwungbahn des Schlägerkopfes folgt der Linie zum Ziel.
c) Die Schlagfläche ist square zur Schwungbahn des Schlägerkopfes ausgerichtet.

Das ist alles! In der Annahme, daß a) und b) stimmen, wollen wir nun die Wirkung einer falsch ausgerichteten Schlagfläche untersuchen.

Auf den beiden Abbildungen ist die Schwungbahn des Schlägerkopfes im Treffmoment korrekt. Beide Bälle werden also in Richtung auf das Ziel – auf der Linie zum Ziel – starten. Der entscheidende Faktor für den weiteren Flug des Balles ist aber die Ausrichtung der Schlagfläche im Treffmoment, das heißt, ob sie um einige Grade auf- oder zugedreht ist. Die Flugbahn des Balles wird also sehr bald in die Richtung abdrehen, in die das auf- oder zugedrehte Schlägerblatt zeigt, und das um so mehr, je stärker der Fehler in der Ausrichtung des Schlägerblattes ist. Das unterstreicht noch einmal, wie wichtig es ist, daß der Spieler sein Schlägerblatt so weitgehend wie möglich unter Kontrolle hält.

Interessant ist, daß zwei Grad Abweichung der Schlagfläche des Drivers im Treffmoment dem Ball soviel Seitwärtsdrall nach rechts oder links geben, daß er 18–20 m von der Linie zum Ziel abdreht und wahrscheinlich im Rough landet.

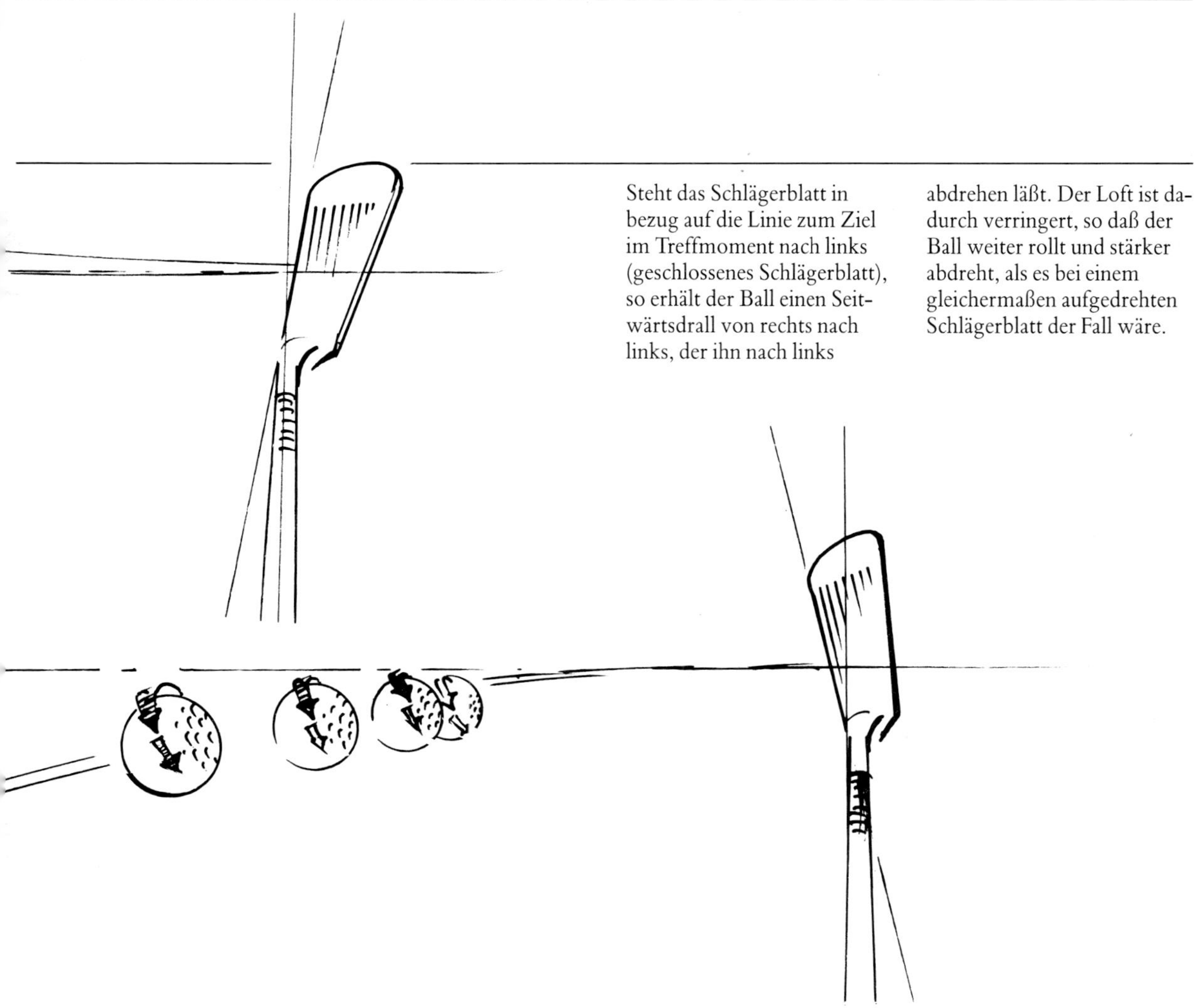

Steht das Schlägerblatt in bezug auf die Linie zum Ziel im Treffmoment nach links (geschlossenes Schlägerblatt), so erhält der Ball einen Seitwärtsdrall von rechts nach links, der ihn nach links abdrehen läßt. Der Loft ist dadurch verringert, so daß der Ball weiter rollt und stärker abdreht, als es bei einem gleichermaßen aufgedrehten Schlägerblatt der Fall wäre.

5. Die Geschwindigkeit des Schlägerkopfes im Treffmoment

Ich habe diesen Faktor absichtlich bis zum Ende aufgehoben, nicht weil er die geringste Bedeutung hätte, sondern weil ich damit noch einmal unterstreichen möchte, daß Sie Ihren Drang zu Kraft und Länge so zügeln sollten, bis Ihr Wissen um den Golfschwung und seine Beherrschung einigermaßen fortgeschritten ist.
Je schneller der Schlägerkopf im Treffmoment ist, desto weiter wird der Ball fliegen – aber nur, wenn die übrigen vier Voraussetzungen für einen kontrollierten Schlag erfüllt sind. So können Sie zum Beispiel Ihren Schlägerkopf sehr wohl so schnell schwingen wie ein Pro, aber seine Länge dennoch nicht erreichen, weil Ihr Ball a conto einer auf- oder zugedrehten Schlagfläche nach rechts oder links abdreht und kürzer bleibt als ein gerade geschlagener Ball. Und wenn Sie Ihren Schlägerkopf mal mehr und mal weniger unter Kontrolle haben, so können Sie sich zum Beispiel auf die Länge Ihrer Schläge zum Grün nie verlassen – sie werden zu lang oder zu kurz sein und nur selten auf dem Grün landen.
Ich weiß sehr wohl, wie schön es ist, einen langen Ball zu schlagen, vor allem vom Tee; und nichts liegt mir ferner, als Ihnen diese Freude zu nehmen. Ich möchte nur, daß Sie Ihren Ball nach dem Schlag auch wiederfinden!
Damit haben wir also die wichtigsten Faktoren behandelt, die sich auf Richtung und Länge des Fluges eines Golfballes auswirken. Mit diesem Wissen können Sie Ihr praktisches Üben sehr viel produktiver gestalten. Wir wollen eine solche Übungsstunde jetzt einmal unter die Lupe nehmen und dabei alles analysieren – den Flug des Balles, den auf ihn einwirkenden Drall, die Grundregeln und was Sie selbst dabei denken –, was der Weiterentwicklung und Verbesserung Ihres Schwunges dienen kann.

Beginnen Sie Ihre Ausrichtung auf den Schlag bereits vier oder fünf Meter vor Erreichen des Balles (a). Ziehen Sie mit Ihren Augen eine Linie vom Ziel zurück durch den Ball hindurch und umgekehrt, bis sie sich Ihnen fest eingeprägt hat. Ist das Ziel mehr als nur ein paar Meter vom Ball entfernt – was der Normalfall sein dürfte –, dann sollten Sie sich sozusagen ein »Zwischenziel« suchen, ein Ersatzziel, das auf der Linie zum Ziel nur 1 bis 1,50 m vor dem Ball liegt. Dazu stellen Sie sich genau hinter den Ball. Das Zwischenziel (b) kann eine Markierung auf dem Boden sein, ein kleiner Erdklumpen, ein Grasbüschel, ein abgebrochener Zweig oder irgend etwas anderes, das sich mit Sicherheit nicht bewegen wird und das Sie beim Ansprechen des Balles aus dem Augenwinkel noch sehen können. (Die Golfregeln verbieten es allerdings, irgend etwas zu diesem Zweck absichtlich vor den Ball zu legen.) Sollte es auf der Linie zum Ziel keinerlei »Ersatzziel« geben, so können Sie als Anhaltspunkt auch etwas seitlich Gelegenes nehmen. Zum Beispiel: »Mein Ersatzziel liegt 10 cm links von dem kleinen Wurmhaufen.«
Sie haben damit Ihre Linie zum Ziel auf 1 bis 1,5 m verkürzt und können sie beim Ansprechen des Balles genau im Auge behalten.

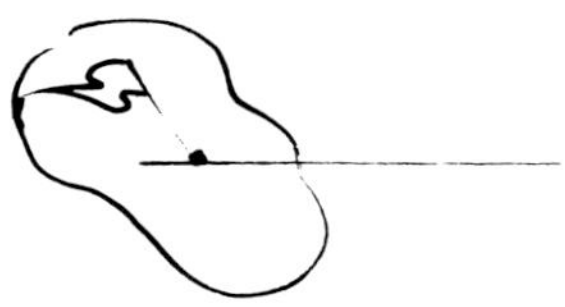

Das Ausrichten auf den Schlag

Bei der Unterhaltung über die Gesetzmäßigkeiten in bezug auf den Flug des Balles stellten wir fest, daß die gedankliche Linie Ball/Ziel als Anhaltspunkt besonders wichtig ist. Natürlich läßt sich diese Linie nicht leicht ausmachen, wenn man den Ball anspricht, also seitlich der Linie steht. Das wäre etwa so, als wenn man mit dem Gewehr ein Ziel anvisieren wollte und dabei von der Seite auf das Gewehr schaut. Die Bestimmung der Linie bedingt für uns eine Position, aus der heraus wir Ziel und Ball gleichzeitig im Auge haben können, also hinter dem Ball. Hier zeigen wir Ihnen, wie Sie diese Linie bestimmen können.

Sind Sie zum Ball und der Ball zum Ziel richtig ausgerichtet, dann wird ein fehlerloser Schwung den Ball auch zu diesem Ziel bringen. In einem späteren Entwicklungsstadium Ihres Golfs können Sie dann mit verschiedenen Ansprechstellungen experimentieren – also mehr nach links (offen) oder nach rechts (geschlossen) ausgerichtet – und die jeweilige Auswirkung auf den Schlag feststellen. Man sollte diese Abweichungen eigentlich aber nur zur Korrektur von eigenen Fehlern oder Schwächen praktizieren.

Nach Beendigung dieses ganzen Ausrichtungsprozesses sollten Sie selbst ein klares Gefühl dafür haben, was es heißt, richtig am Ball zu stehen. Das ist dann der letzte Schritt in der Folge. Nachdem Ihr Körper nun in bezug auf die Linie zum Ziel richtig ausgerichtet ist, folgen Sie mit Ihren Augen vom Ball dieser Linie über das »Zwischenziel« bis zum endgültigen Ziel Ihres Schlages. Dabei dürfen Sie nur den Kopf bewegen, weil jegliche Schulterdrehung sofort die gesamte Ausrichtung Ihres Körpers ändern würde. Merken Sie sich nun genau, was Sie in dem Moment empfinden, wenn Sie richtig ausgerichtet sind und das Ziel im Auge haben. Sie mögen glauben, nach links zu halten, vor allem, wenn das Ziel nur ein paar Meter entfernt ist. Der Grund liegt darin, daß Ihre Augen auf einer Linie schauen, die etwas links von der Linie zum Ziel verläuft. Aber vergessen Sie bitte nicht, daß es der Ball ist, der zum Ziel soll, nicht Sie, und ändern Sie Ihre Stellung also nicht, sonst behindern Sie womöglich den Ablauf Ihrer Schwungbewegung.

Ein letztes Wort zur Ausrichtung

Meiner Erfahrung nach, und wahrscheinlich auch der der meisten Golflehrer, liegt die Ursache eines schlechten Golfschwunges sehr häufig in einer falschen Ausrichtung des Spielers. Dieser Fehler löst aber eine Kettenreaktion von Kompensationsbemühungen aus, die den Aufbau eines natürlichen Schwunges von vornherein unmöglich machen. Seien Sie also bei dieser ersten Ausrichtung besonders achtsam und lassen Sie sich damit bewußt etwas Zeit.

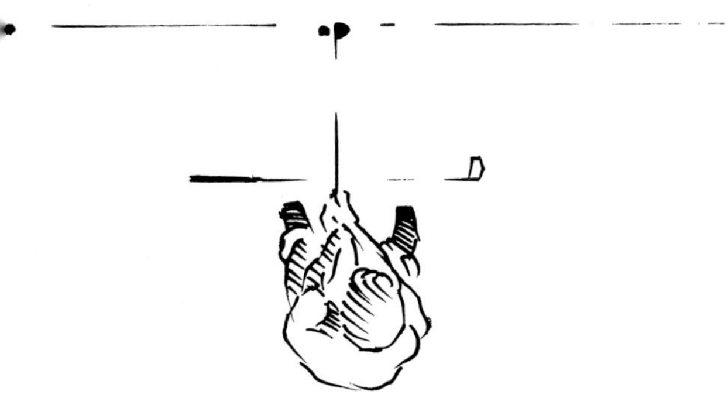

Sie verlassen nun die Stellung hinter dem Ball und setzen den Schlägerkopf im rechten Winkel zur Linie zum Zwischenziel hinter dem Ball auf den Boden. Beim Eisenschläger richten Sie die Unterkante des Schlägerblattes aus, beim Holzschläger die Oberkante der Schlagfläche. Ohne die Stellung von Schläger und Armen zu verändern, sprechen Sie nun den Ball an, wobei alle »Linien« – über Ihre Zehen, Knie, Hüften und, besonders wichtig, Ihre Schultern – parallel zur Linie zum Ziel verlaufen müssen. So stehen Sie in einer neutralen Ausgangsstellung, aus der heraus Sie frei zurück- und durchschwingen können.

Nur den Kopf dürfen Sie drehen, wenn Sie vom Ball über das Zwischenziel hinweg zu ihrem tatsächlichen Ziel schauen. Drehen Sie die Schultern dabei mit, so ändert sich automatisch die Ausrichtung Ihres ganzen Körpers. Da die Linie von Ihren Augen zum Ziel links von der eigentlichen Linie zum Ziel verläuft, könnten Sie den Eindruck gewinnen, zu weit nach links zu zielen.

Wie läßt sich nun Ihre Ausrichtung überprüfen? Überzeugen sie sich zuerst von Ihrer korrekten, neutralen Ausgangsstellung. Sie stehen also erst hinter dem Ball, dann sprechen Sie ihn an, überzeugen sich davon, daß die Schultern sich nicht bewegen, heben dann den Schläger und halten ihn in Hüfthöhe vor sich, parallel zur Linie zwischen Ball und Zwischenziel. Aus dieser Stellung heraus können Sie dann erkennen, ob alle »Linien« Ihres Körpers (über die Füße, Knie, Hüften und Schultern) parallel zu dem Schläger und damit parallel zur Linie zum Ziel verlaufen.

Unterschiedliche Ergebnisse mit den verschiedenen Schlägern

Sie werden beim Üben mit verschiedenen Schlägern natürlich unterschiedliche Ergebnisse erzielen. Das gilt zum Beispiel für die Flugbahn des Balles. So wird ein Eisen 7, dessen Schlägerblatt im Treffmoment um drei Grad nach rechts aufgedreht ist, nicht so weit nach rechts abdrehen wie ein Holz 3, dessen Schlagfläche im gleichen Maß aufgedreht ist. Das könnte Sie zu der Annahme verleiten, daß Hölzer schwerer zu spielen seien als Eisen und daß zur Kontrolle der längeren Schläger eine besondere Technik notwendig sei.
Natürlich ist der Holzschläger mit seiner größeren Schaftlänge etwas schwerer zu kontrollieren. Warum aber ist bei gleicher Stellung der Schlagfläche im Treffmoment der Slice beim Holzschläger soviel größer als beim Eisen? Benutzen wir einen Schläger mit mehr oder weniger starkem Loft, so erhält der Ball beim Schlag einen entsprechenden Rückwärtsdrall (Backspin). Je stärker nun der Loft ist, desto früher und schneller rotiert der Ball rückwärts; und dieser Rückwärtsdrall hebt den Ball in die Luft. (Nur beim Putt erhält der Ball keinerlei Backspin, und deshalb rollt er auch nur über das Grün. Er kann – vor allem bei einem langen Putt – am Anfang ein kurzes Stück über das Grün gleiten, wird aber dennoch keinerlei Backspin erhalten, solange das Schlägerblatt des Putters in einer Pendelbewegung und damit null Grad Loft auf den Ball auftrifft.) Ist unsere Schlagfläche im Treffmoment nicht genau square ausgerichtet (im Winkel von 90 Grad zur Schwungbahn des Schlägerkopfes), so erhält der Ball im Schlag auch noch einen Seitwärtsdrall (Sidespin). Bei einem Schläger mit starkem Loft, wie zum Beispiel dem vorhin erwähnten Eisen 7, wird der Backspin sehr viel dominierender sein als der Sidespin.
Anders bei einem Holz 3, das entschieden weniger Loft hat als das Eisen 7 (nämlich 16 Grad im Gegensatz zu 42 Grad). Hier beeinflußt der Sidespin den Flug des Balles sehr viel stärker und läßt ihn daher entsprechend weiter nach der Seite abdrehen. Wir können also feststellen, daß mit abnehmendem Loft die Auswirkung unserer Fehler stärker wird. Ein mit dem Wedge (Eisen 10) geschlagener Ball erhält zum Beispiel so viel Backspin, daß auch ein um acht Grad aufgedrehtes Schlägerblatt noch keinen Slice verursacht, während die nur um zwei Grad aufgedrehte Schlagfläche eines Drivers den Ball bei einem Schlag von 180 m ungefähr 18 m von der Linie zum Ziel nach rechts ableitet.
Wenn Sie also eine Stunde auf dem Übungsplatz erfreulich gestalten und sich vor einer Runde innerlich und äußerlich lockern wollen, ist es ratsam, mit dem Wedge oder Eisen 9 zu beginnen, also einem Schläger, der Ihnen »freundlich« gesonnen ist und Sie in Ihrem Bemühen ermutigt.

Das Aufwärmen

Aber schießen wir hier nicht zu früh los? In welcher anderen Sportart mit einem derartig athletischen Bewegungsablauf wie einem Golfschlag würde man erwarten, daß der Körper ohne ein wie immer geartetes Aufwärmen sofort in volle Aktion tritt? Sport ist immer eine Mischung aus technischem Können, physischen Fähigkeiten und innerer Einstellung – und erfolgreiches Golf ist da sicherlich keine Ausnahme. Ein sinnvoller Start für eine erfolgreiche Stunde auf dem Übungsplatz oder eine richtige Runde bedingt also in jedem Fall ein physisches Aufwärmen.
Aus unerfindlichen Gründen, wahrscheinlich a conto der Ursprungsphase mit Schlips und Kragen, hielt man das Schwingen eines Golfschlägers für keine besonders athletische Leistung. Und doch sind im Lauf der Zeit zahllose Golfrunden schon auf den ersten Löchern zu Bruch gegangen, nur weil der Spieler sich zuwenig oder überhaupt nicht »aufgewärmt« hatte – von den ebenfalls ungezählten Runden gar nicht zu reden, die nur deshalb traurig endeten, weil der Spieler sie physisch nicht durchstehen konnte. In Kapital 8 behandelt Rolf Wirhed die physischen Aspekte des Golfs mehr im Detail – unter anderem auch Anleitungen zum Aufwärmen. Lesen Sie das jetzt gleich, bevor wir in unserem Programm fortfahren und ersparen Sie sich dadurch physischen und psychischen Ärger!
Nachdem nun Ihr Körper richtig auf das Spiel eingestellt ist, Sie Aufbau und Ablauf des Golfschwunges erfaßt haben und den Flug des Balles erkennen, kann jetzt das praktische und konstruktive Üben einsetzen.

Ein Übungsprogramm

Fühlen Sie sich insgesamt eher noch unsicher, so sollten Sie vielleicht mit ein paar kurzen Schlägen

Eine Seite aus einem Übungsprogramm könnte so ausschauen. Das Aufschreiben allein hilft schon, sich die Einzelheiten zu merken; und es ist immer gut, wenn man im Notfall dann »nachschlagen« kann.

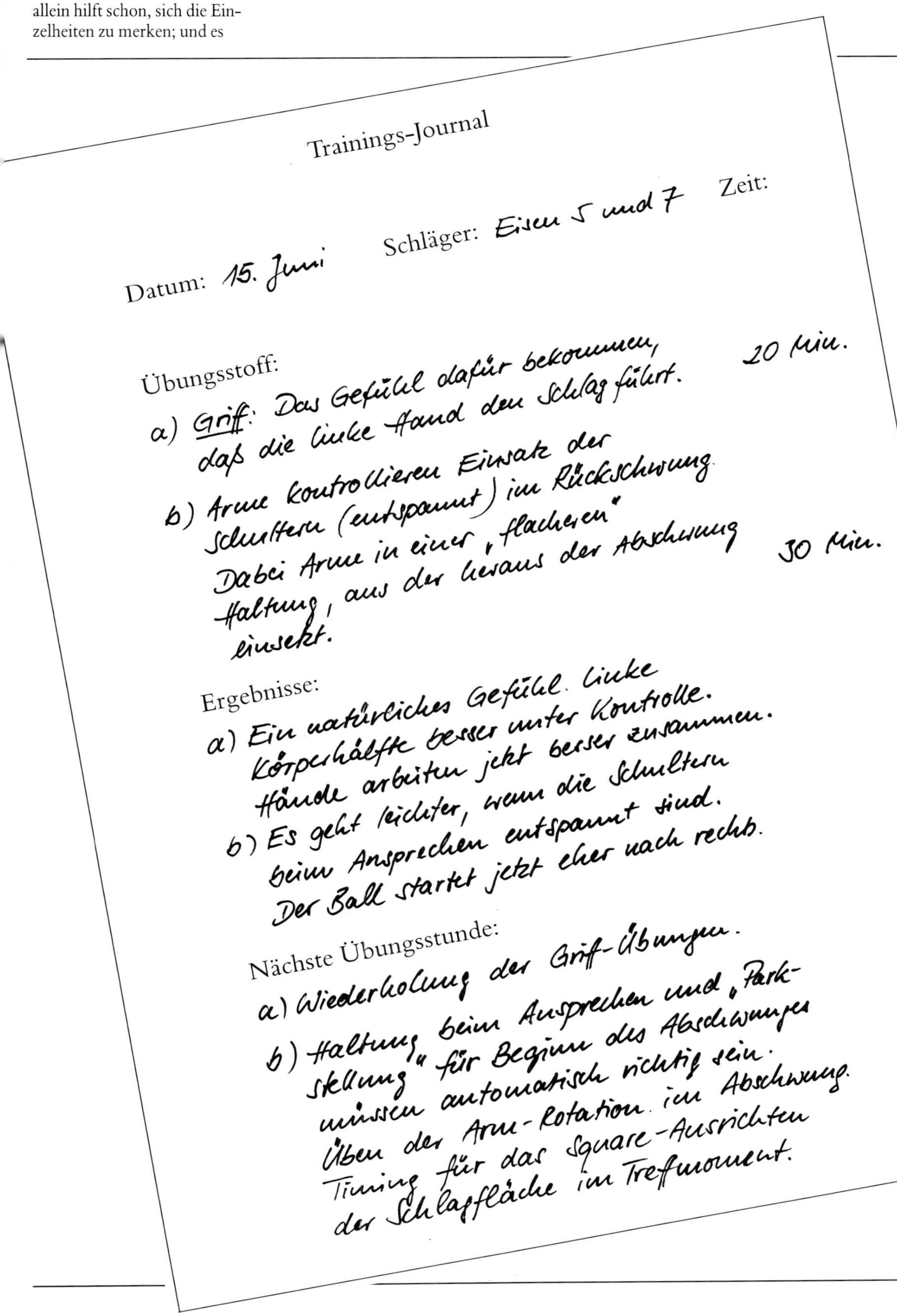

Trainings-Journal

Datum: 15. Juni Schläger: Eisen 5 und 7 Zeit:

Übungsstoff:

a) Griff: Das Gefühl dafür bekommen, daß die linke Hand den Schlag führt. 20 Min.

b) Arme kontrollieren Einsatz der Schultern (entspannt) im Rückschwung. Dabei Arme in einer „flacheren" Haltung, aus der heraus der Abschwung einsetzt. 30 Min.

Ergebnisse:

a) Ein natürliches Gefühl. Linke Körperhälfte besser unter Kontrolle. Hände arbeiten jetzt besser zusammen.

b) Es geht leichter, wenn die Schultern beim Ansprechen entspannt sind. Der Ball startet jetzt eher nach rechts.

Nächste Übungsstunde:

a) Wiederholung der Griff-Übungen.

b) Haltung beim Ansprechen und „Parkstellung" für Beginn des Abschwunges müssen automatisch richtig sein. Üben der Arm-Rotation im Abschwung. Timing für das Square-Ausrichten der Schlagfläche im Treffmoment.

vom Rand des Übungsgrüns beginnen. Nehmen Sie ein Eisen 9, und spielen Sie die Bälle entweder flach aufgeteet oder, bei hartem Gras, von einem kleinen Grasbüschel – das Ganze 5 bis 10 Minuten lang und mit einem leichten Pendelschwung.
Das gibt Ihnen das Gefühl für den Schläger und ein Schwungtempo, das sich leicht kontrollieren läßt. Als nächstes gehen Sie auf den Übungsplatz und schlagen mit dem gleichen Schläger Bälle (immer noch aufgeteet) mit halbem Rück- und Durchschwung. In ca. fünf Minuten werden Sie 15–20 Bälle schlagen, bevor Sie als nächsten Schläger ein Eisen 7 nehmen und Ihren Schwung allmählich auf ¾ und dann volle Länge erweitern. Diese Übungsphase dauert ungefähr 10 Minuten. Sie schlagen 20 bis 25 Bälle und werden nun schon das unterschiedliche Verhalten der einzelnen Bälle im Flug erkennen.
An dieser Stelle noch ein Wort über die Übungsprozedur im allgemeinen. Als erstes müßten Sie sich für jede Übungsstunde ein klares Ziel setzen, von dem Sie nichts ablenken darf. Gilt Ihr Üben an diesem Tag zum Beispiel der Verbesserung Ihres Schlages an sich, so sollten Sie sich über Richtung und Länge der einzelnen Schläge keine Gedanken machen. Konzentrieren Sie sich voll auf die Aufgabe des Augenblicks, und wenn Sie das Gefühl haben, Fortschritte zu machen, sollten Sie dieselben erst einmal geistig verarbeiten. Also keinesfalls in dieser ersten Stunde gleich mit etwas Neuem anfangen!
Ein Notizbuch in der Golftasche kann recht nützlich sein. Es dient gewissermaßen als »Übungs-Journal«, in das Sie Ratschläge des Pros aus dem Unterricht eintragen oder persönliche Eindrücke und – was besonders wichtig ist – Leitsätze für das weitere Üben.
Es gibt eine Geschichte von Joe Carr, dem irischen Spitzen-Amateur der 50er und 60er Jahre. Kam ihm in bezug auf seinen Schwung ein guter Gedanke, so schrieb er ihn auf, schnitt ihn aus und klebte ihn auf den Schlägerkopf seines Drivers. Einmal hieß es da: »Dreh Dich auf – Du Idiot!« Von anderen Spielern weiß man, daß sie sich kleine Zettel dieser Art an ihre Tasche hängen. Ich persönlich finde ein Notizbuch besser.

Der volle Schwung

Nachdem Sie nun beim vollen Schwung angekommen sind, sollten Sie sich ein paar diesbezügliche Richtlinien ins Gedächtnis zurückrufen. So erleichtert Ihnen die Bestimmung der Linie zum Ziel das Erkennen der beiden wichtigsten Faktoren, die Einfluß auf die Richtung Ihrer Schläge haben, nämlich a) die Schwungbahn des Schlägerkopfes im Treffmoment und b) die Stellung des Schlägerblattes im Treffmoment.
Der erste Faktor läßt sich aus der Anfangsrichtung Ihrer Bälle ablesen. Startet Ihr Ball nach links (von der Linie zum Ziel), so ersehen Sie daraus, daß die Schwungbahn Ihres Schlägerkopfes aus irgend einem Grund im Treffmoment nach links verlief. Das gleiche gilt für den umgekehrten Fall, wenn der Ball nach rechts startet. Dann verlief die Schwungbahn des Schlägerkopfes im Treffmoment ebenfalls nach rechts.
In bezug auf den zweiten Faktor wissen wir bereits, daß die Stellung des Schlägerblattes im Treffmoment in ihrer Relation zur Schwungbahn des Schlägerkopfes darüber entscheidet, ob der Ball einen Sidespin erhält – und wenn ja, in welche Richtung der Drall weist und der Ball demzufolge fliegt.
Sie erkennen also beim Schlagen des Balles zwei Dinge: die Anfangsrichtung des Balles und sein seitliches Abdrehen, sobald die Fluggeschwindigkeit nachläßt. Spätestens jetzt werden Sie auch erkennen, daß es für den Flugbeginn Ihrer Bälle nur drei allgemeine Richtungen geben kann, nach links – gerade oder nach rechts und für jede dieser Richtungen drei verschiedene Seitwärtsdralle (Sidespin), rechts nach links – keinen Sidespin oder links nach rechts. Das sind insgesamt also neun generelle Flugwege, nicht mehr; und wir haben sie hier aufgezeichnet. Natürlich gibt es Variationen dieser Grundformen. So kann ein Ball mehr oder weniger stark nach links oder rechts starten und dann in die jeweils entgegengesetzte Richtung abdrehen. Im allgemeinen können Sie aber mit den neun Grundformen rechnen. Ein getoppter Ball, der nicht hochkommt, wird nicht viel über einen Sidespin aussagen – achten Sie aber trotzdem erst einmal auf seine »Rollrichtung«, um daraus die Schwungbahn Ihres Schlägerkopfes abzulesen, und greifen Sie nicht gleich voller Ekel nach einem neuen Ball.

Um dem Üben den richtigen Sinn zu geben, sollten Sie sich ein Ziel suchen, sei es auf der Übungsbahn selbst oder an ihrer Grenze – ein Entfernungszeichen, ein Baum oder ein nicht zu weit entferntes Haus. Danach legen Sie drei oder vier Schläger in eine Linie in Richtung auf dieses Ziel. Das ist dann Ihre Ball/Ziel-Linie. Lassen Sie aber genügend Platz, um die Bälle zu schlagen – so 2 bis 3 m. Legen Sie dann einen weiteren Schläger nach hinten, als Verlängerung der Linie zum Ziel über den Ball hinaus. Um die Ausrichtung Ihres Körpers zu kontrollieren, legen Sie schließlich noch einen Schläger vor Ihre Fußspitzen, parallel zur Linie zum Ziel.

Bei der Unterrichtsstunde wird Ihr Lehrer wahrscheinlich die hier angeführten Fachausdrücke für die einzelnen Schläge benutzen. In »Doppelwort-Beschreibungen«, wie zum Beispiel Push-Slice (Schlag i), gilt das erste Wort der Anfangsrichtung des Balles und das zweite dem seitlichen Abdrehen bei nachlassender Fluggeschwindigkeit.
Sie erkennen dabei, daß die nach links abdrehenden Bälle weiter fliegen, weil der Loft eines zugedrehten Schlägerblattes im Treffmoment natürlich geringer ist.

a) Pull-Hook;
b) Pull;
c) Pull-Slice;
d) Draw;
e) Gerader Ball;
f) Fade oder Slice;
g) Draw oder Hook;
h) Push;
i) Push-Slice.

Getoppte Bälle

Da wir gerade von getoppten Bällen sprechen, wollen wir uns doch auch gleich mit dem »Woher und Warum« dieses irritierenden Schlages beschäftigen. Ein sogenannter »Thinned Shot« (dünn getroffener Ball) ist nur bis zu einem gewissen Grad getoppt. Während der Ball beim vollen Top wegen des fehlenden Backspins überhaupt nicht hochkommt, kann er beim Thinned Shot etwas ansteigen, weil er ja immerhin mit der unteren Hälfte des Schlägerblattes getroffen wurde. Der Thinned Shot steht also zwischen dem korrekten Schlag und dem vollen Top. Der Ball kann auf drei verschiedene Arten getoppt werden, wobei wir von der Annahme ausgehen, daß Spieler und Ball sich auf derselben Ebene befinden.

Der korrekte Schlag

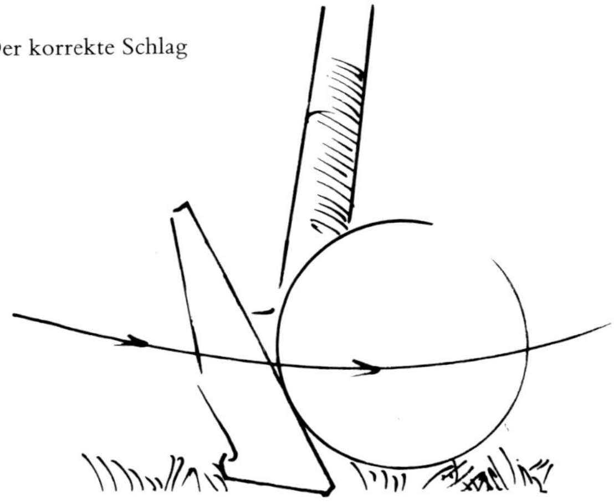

Der Thinned Shot

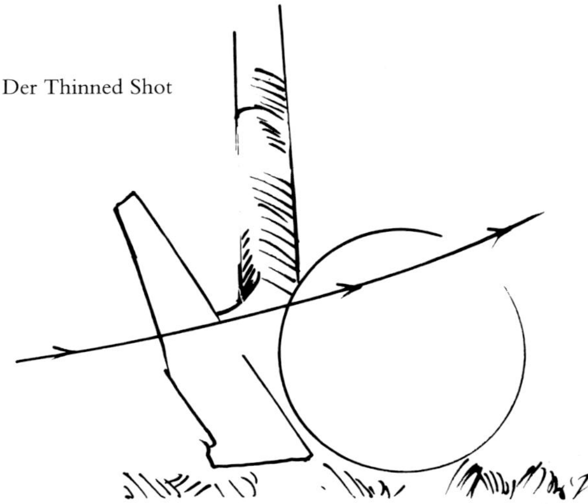

Der volle Top

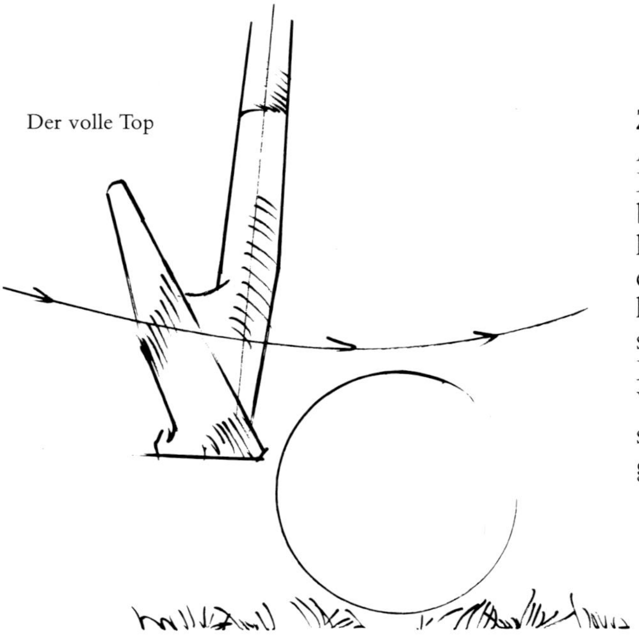

Zusammenfassung

Achten Sie beim Üben darauf, leicht zu schwingen. Ein relativ enger Stand der Füße erleichtert dies und bringt den Loft des Schlägers zu seiner vollen Wirkung, so daß der Ball hochgehen kann. Machen Sie es sich zur Regel, nicht zu früh aufzuschauen – das heißt, nicht bevor der Ball den Schlägerkopf verlassen hat. Und wenn Sie beim Üben mit aufgeteeten Bällen anfangen, so sollte das Tee mit zunehmender Verbesserung Ihres Schlages immer tiefer im Boden sein, bis Sie den Ball direkt von der Bahn wegschlagen können.

Topped Shot 1
Das ist der typische Schlag des Anfängers, der glaubt, daß er den Ball ganz bewußt in die Luft »heben« müsse. Auf der Runde passiert es leicht, wenn man vor der Notwendigkeit steht, den Ball über ein Hindernis, wie einen Bunker, Baum oder Hügel hinwegspielen zu müssen.

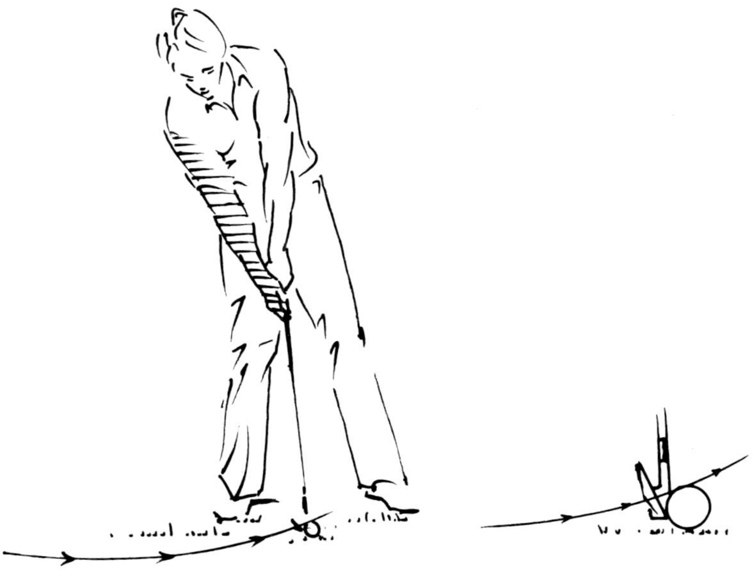

Die Korrektur lautet in diesem Fall: »Schwing nach unten, nicht nach oben!« Haben Sie keine Angst, dabei unter und hinter dem Ball in den Boden zu schlagen. Hierfür ist es besonders wichtig, daß linke Hand und linker Arm den Abschwung bis zum Treffmoment führen. Ein zu starker Einsatz der rechten Hand stört die Abschwungbahn des Schlägerkopfes und erhöht das Risiko, den Ball in seiner oberen Hälfte zu treffen.

Übung: Stecken Sie ein Tee direkt vor dem Ball (Richtung zum Ziel) in den Boden und versuchen Sie, »durch den Ball hindurch« auf dieses Tee zu schauen. Machen Sie Ihren Ab- und Durchschwung und versuchen Sie, dabei das Tee zu treffen. Dadurch kommt das Schlägerblatt tief genug unter den Ball, um ihm Backspin zu verleihen und ihn hochfliegen zu lassen.

Topped Shot 2
Hier ist die Schwungbahn des Schlägerkopfes an sich in Ordnung, sie verläuft nur aus irgendeinem Grund zu hoch über dem Boden. Der zentrale »Schwungkontrollpunkt« wird dabei angehoben, ein Fehler, der oft auf eine schlechte Körperbalance beim Ansprechen des Balles zurückzuführen ist. Es kann auch daher rühren, daß der Spieler beim Abschwung die Beine streckt, weil er nach dem Ball schlägt, anstatt rhythmisch durch ihn hindurchzuschwingen und den Körper dabei bis zu einer ausbalancierten Schlußstellung zu drehen.

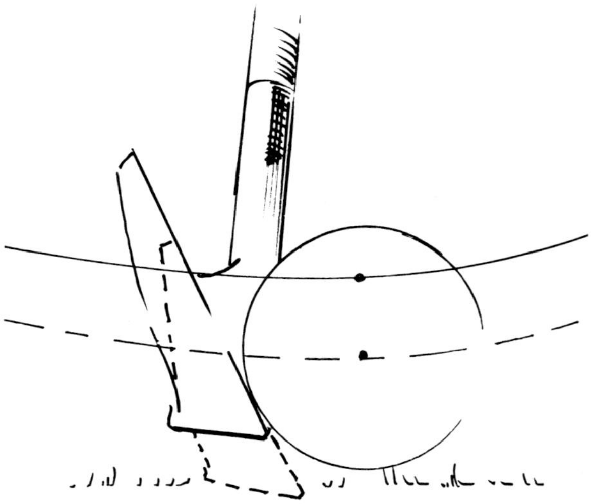

Übung: Aufbau des Schwunges vom ersten Stadium einer leichten Pendelbewegung ohne besonderen Druck auf den zentralen Schwungkontrollpunkt. Üben mit enger stehenden Füßen, dadurch Zwang zu einem langsamen Schwung, um nicht Balance und Kontrolle zu verlieren. Dieser Weg führt meistens zum erwünschten Ziel und bewirkt außerdem, daß Sie sich das Gefühl für die richtige Körperhaltung fest einprägen.

Topped Shot 3
Das ist ein Top, wie er auch dem besseren Spieler passiert. Die Ursache ist ganz einfach. Der Spieler verlagert im Abschwung den Schwungkontrollpunkt nach vorn in Richtung zum Ziel und trifft dadurch den Ball zu früh, bevor der Schlägerkopf in seiner Schwungkurve tief genug ist, um den Ball richtig zu treffen. Grund zu dieser Vorwärtsverlagerung ist einer der größten Fehler im Golf – das Streben nach einem langen Ball. Zuviel unkontrollierte Kraft im Abschwung reißt den Schwungkontrollpunkt mit sich in Richtung auf das Ziel und verlagert damit die Schwungbahn des Schlägerkopfes in ihrer Relation zur Lage des Balles.

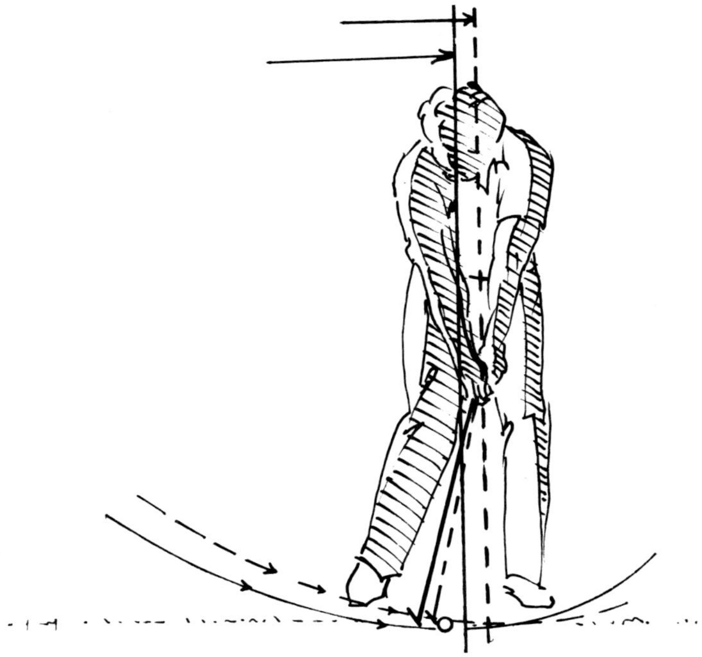

Übung: Wie bei Topped Shot 2. Schlagen Sie außerdem Bälle aus einer leichten Aufwärtslage, die Ihnen das Gefühl gibt, nach oben durch den Ball hindurchzuschwingen. Das ist dann die

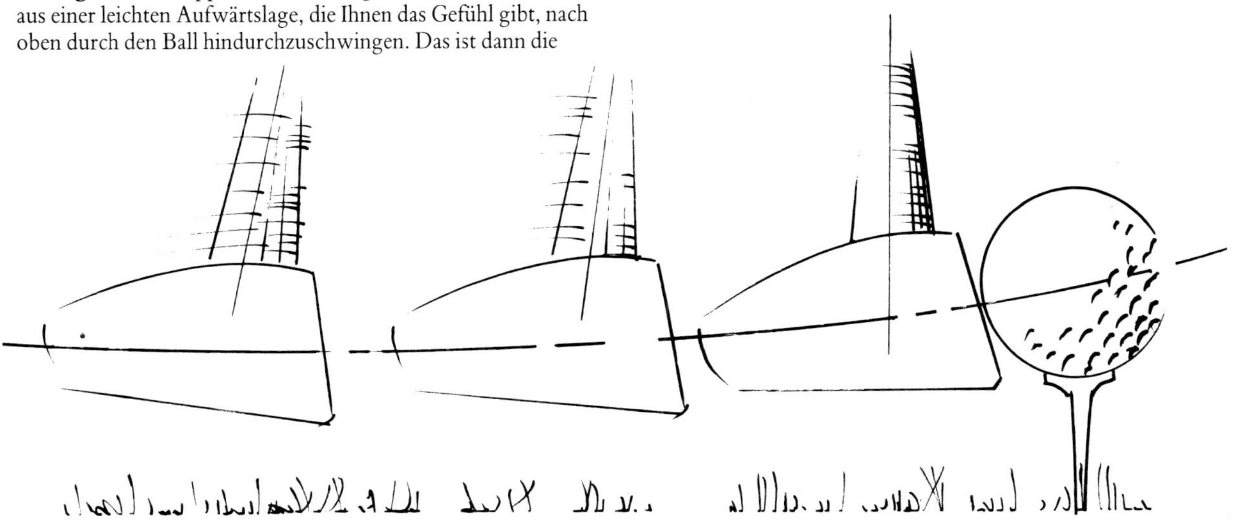

gegenteilige Situation im Vergleich zum getoppten Ball, den Sie im Abschwung von oben nach unten getroffen haben.
Hoch aufgeteete Bälle aus einem engen Stand heraus mit dem Holz 4 oder 5 zu schlagen, ist auch eine interessante Übung. Sie werden instinktiv versuchen, weiter hochzuschwingen, um den Schwungkontrollpunkt nicht zu verschieben. Da die Bälle im Beispiel »Topped Shot 3« alle von oben nach unten geschlagen werden, sollten Sie beim Üben immer ein Tee benutzen. Das läßt Sie ganz natürlich nach oben durch den Ball hindurchschwingen, während ein flach am Boden liegender Ball Sie dazu verleitet, von oben nach unten in ihn hineinzuschlagen, um ihn »auszugraben«.

Analyse der Fehler und ihre Korrektur

Wir wollen uns jetzt die verschiedenen »Schußrichtungen« der Bälle anschauen, eine Methode zu ihrer Analyse festlegen sowie die Liste der denkbaren Ursachen und ein Übungsprogramm für eine möglichst schnelle Korrektur fixieren. Wir fangen mit den beiden falschen Schußrichtungen – nach links und nach rechts – an.

1. Der Ball startet nach links

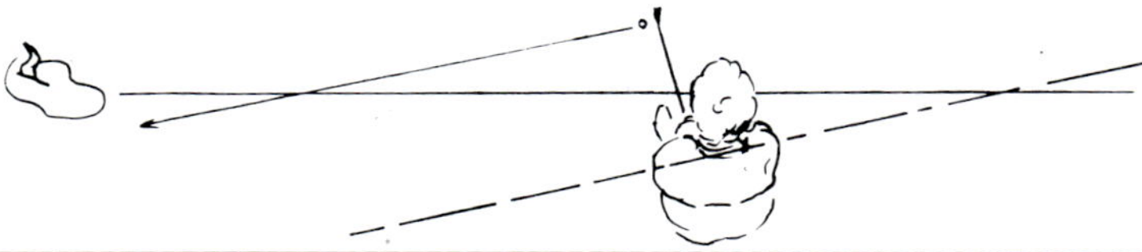

Analyse des Treffmoments
Aus ihr ersehen wir, daß die Schwungbahn des Schlägerkopfes in bezug auf die Linie zum Ziel nach links verläuft. Diesem nach links abgehenden Ball werden Sie wahrscheinlich bei den meisten Durchschnittsgolfern begegnen.

Denkbare Gründe
a) Der Ball liegt beim Ansprechen zu weit links. Das ergibt eine »offene« (nach links weisende) Schulterhaltung.
Überprüfung: Halten Sie den Schläger vor sich parallel zur Linie Ball/Ziel, so wie es bei der Überprüfung der Ausrichtung des Spielers auf Seite 45 beschrieben ist.
Übung: Gehen Sie noch einmal das Ausrichten des Spielers auf den Seiten 44, 45 durch.
b) Der an sich ja nur unterstützende rechte Arm »überholt« den eigentlich führenden linken Arm und läßt dadurch den Schlägerkopf im Treffmoment von rechts nach links durch den Ball hindurchschwingen.
Überprüfung: Kontrollieren Sie die Anspannung in Ihrer rechten Hand, in rechtem Arm und rechter Schulter beim Ansprechen des Balles. Sie sollten alle entspannt sein, so daß die linke Seite den Rückschwung führen, die richtige Endstellung im höchsten Punkt finden und den Schlägerkopf in die korrekte Abschwungbahn leiten kann, damit er auf der gewünschten Schwungbahn in den Ball hineingeschwungen werden kann. Kontrollieren Sie auch ihre Haltung beim Ansprechen des Balles. Stehen Sie nämlich zu aufrecht, so werden sich Ihre Schultern beim Rückschwung wie ein Karussell drehen und die gleiche Prozedur folgt beim Abschwung. Das führt wiederum dazu, daß der Schlägerkopf von außen nach innen quer durch die Linie zum Ziel hindurch nach links durch den Ball hindurchgeschwungen wird. Kontrollieren Sie ferner, ob linkes Knie und linker Arm den Abschwung einleiten. Verhält sich das linke Knie (die linke Seite) passiv, so schwingt die rechte nach außen herum und verschiebt die Schwungbahn des Schlägerkopfes nach links.

Übung: Legen Sie zwei Schläger parallel auf den Boden, nach rechts vom Ziel zeigend. Das suggeriert Ihnen einen Schwung

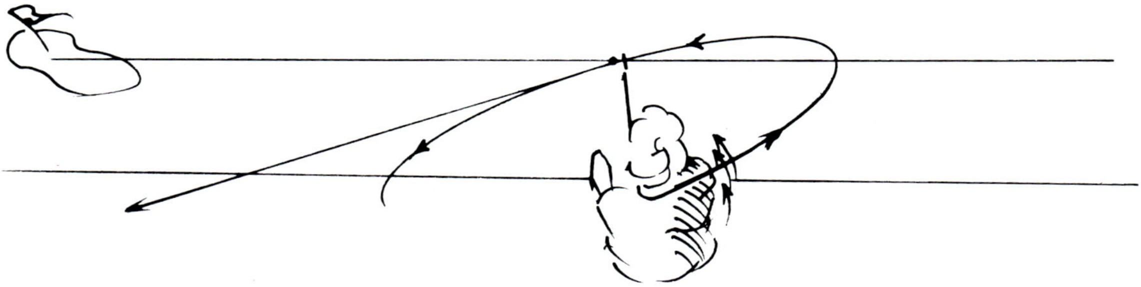

von innen nach außen. Schlagen Sie so ein paar kurze Bälle, und überzeugen Sie sich zuerst davon, daß der linke Arm den Abschwung auch wirklich führt. Dann richten Sie die Schwungbahn so aus, daß der Ball entweder auf der Linie zum Ziel oder leicht nach rechts startet.
Sie müssen dabei das Gefühl haben, daß linker Arm und linke Seite den Schläger auf der Flugbahn entlang »ziehen« und daß nicht rechter Arm und rechte Seite ihn von hinten »drücken«. Unser Golfschwung hat Frontantrieb!
Eine weitere Übung zur Reduzierung des Einflusses der rechten Seite ist der sogenannte »Finger over«-Griff. Wie Sie aus der Abbildung ersehen, wird der Einfluß der rechten Hand dadurch reduziert, daß Daumen und Zeigefinger nicht mehr am Schaft sind und ihn halten, sondern passiv auf ihm liegen und dadurch die linke Seite stärken. Dieser Griff gibt zwar weniger Halt, ist für leichte Schläge aber durchaus geeignet.

2. Der Ball startet nach rechts

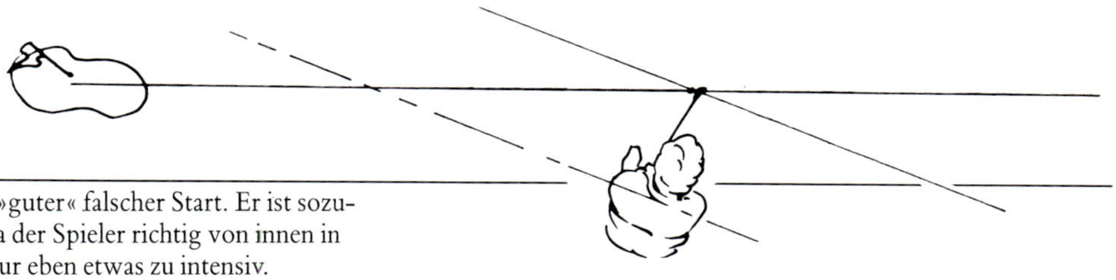

Ein Start nach rechts ist ein »guter« falscher Start. Er ist sozusagen ein positiver Fehler, da der Spieler richtig von innen in den Ball hineinschwingt – nur eben etwas zu intensiv.

Analyse des Treffmoments
Aus ihr ersehen wir, daß die Schwungbahn des Schlägerkopfes in bezug auf die Linie zum Ziel nach rechts verläuft.

Denkbare Gründe
a) Der Ball liegt beim Ansprechen zu weit rechts. Das ergibt eine »geschlossene« (nach rechts weisende) Schulterhaltung.
Überprüfung: Wie bei den früheren Ausrichtungsfehlern.
b) Eine im Abschwung zu lang anhaltende Dominanz der linken Seite, die den Schlägerkopf zu lange auf einer Schwungbahn von innen nach außen und nach außerhalb der Linie zum Ziel führt.
Übung: Programmieren Sie Ihren Körper so, daß er sich bei Auf- und Abschwung aufdreht und zudreht. Sehen Sie in Ihrem Körper eine Tür, die sich beim Aufschwung öffnet und beim Abschwung schließt.

Überprüfung der beiden vorhergehenden Schläge
Kontrollieren Sie die Stellung der Schlagfläche beim Ansprechen des Balles. Ist sie offen oder geschlossen; und hat sich das Schlägerblatt dann im Treffmoment noch weiter geöffnet oder geschlossen, so kann der Ball dadurch nach rechts oder links starten, obwohl die Schwungbahn des Schlägerkopfes korrekt ist. Mit anderen Worten – die Stellung des Schlägerblattes kann den Einfluß der Schwungbahn des Schlägerkopfes auf den Flug des Balles ausschalten, wenn es nur genügend auf- oder zugedreht ist.

3. Gerader Ball, oder nach links startend und dann mit einem Fade oder Slice zum Ziel eindrehend

Analyse des Treffmoments
Die Schlagfläche ist offen und zeigt im Treffmoment in bezug auf die Schwungbahn des Schlägerkopfes nach rechts.

Denkbare Gründe
a) Häufig wird es so sein, daß das Schlägerblatt durch einen zu starken Griff der Hände und verspannte Arme daran gehindert wird, sich zu drehen, weil instinktiv der Fehler ausgeglichen werden soll, daß die Schwungbahn nach links vom Ziel verläuft. Bei dieser Schwungbahn starten viele Bälle nach links vom Ziel und fliegen vielleicht auch in dieser Richtung weiter, so daß wir unbewußt versuchen, das Schlägerblatt und damit den Ball mehr in Richtung auf das Ziel zu steuern. Das Schlägerblatt ist dann im Treffmoment im Verhältnis zur Flugbahn des Schlägerkopfes aufgedreht, so daß der Ball einen links/rechts (Slice/Fade) Sidespin erhält. Negativeffekte sind bei diesem Schlag die geringere Geschwindigkeit des gewissermaßen »zurückgehaltenen« Schlägerkopfes, wie auch der ExtraLoft, der höhere Flug und demzufolge die geringere Flugweite des Balles, weil das Schlägerblatt aufgedreht ist.
b) Die Haltung Ihrer Hände am Schlägerschaft (der Griff) zu Beginn des Schlages kann die Stellung der Schlagfläche im Treffmoment erheblich beeinflussen. Sind die Hände (vor allem die linke) zu weit nach links gedreht – also auf die dem Ziel zugewandte Seite des Griffes –, dann kann sich das Schlägerblatt im Schwung zu stark aufdrehen. Wenn Hände und Arme beim Abschwung im Treffmoment wieder in ihre natürliche Haltung zurückschwingen, wird das Schlägerblatt aufgedreht sein.

Übungen: Startet der Ball auf seinem Flug nach links von der Linie zum Ziel, so sollten Sie als erstes die Schwungbahn des Schlägerkopfes korrigieren (siehe Seite 41). Ist das getan, so ergibt sich ein leichter Push/Slice (siehe Diagramm auf Seite 50, 51). Dabei startet der Ball leicht nach rechts und dreht dann noch etwas weiter in der gleichen Richtung ab.
Jetzt können Sie darangehen, die Stellung der Schlagfläche im Treffmoment zu korrigieren. Haben Sie bei der Analyse festgestellt, daß die oben erwähnte Rotation der Arme und Hände nicht richtig klappt, so versuchen Sie einmal die folgende *Übung:* Fassen Sie den Schlägerschaft so, daß zwischen beiden Händen ein Zwischenraum von ca. 15 cm freibleibt. Machen Sie dann mit ganz lockeren Armen ein paar langsame halbe Schwünge, und Sie werden feststellen, wie schnell Ihre Arme und Hände in der Art einer Schere rotieren, wobei die linke Hand durch die jetzt viel stärkere rechte überrollt wird. Das gibt Ihnen dann das Gefühl für die korrekte Rotationsbewegung von Armen, Händen und Schlägerblatt. Und diese Bewegung ist das genaue Gegenteil der falschen »Stop-Ball-Situation«, die die Rotation blockiert, und kann mit einem »Topspin«-Vorhandschlag im Tennis verglichen werden. Die »Stop-Ball-Aktion« kann für einen sehr kurzen Schlag (zum Beispiel einen Pitch) ganz nützlich sein, die Vorhandbewegung aber bringt Ihnen die Kraft für lange Schläge.

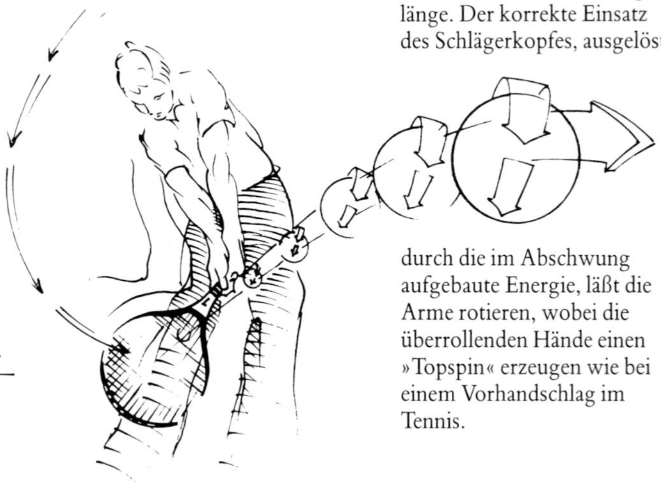

Eine übertriebene Anspannung in den Armen kann die Schlagfläche sozusagen zurückhalten, so daß sie im Treffmoment offen an den Ball kommt. Man nennt das eine »Stop-Ball-Situation«, und sie verursacht in jedem Fall einen Verlust an Schlaglänge. Der korrekte Einsatz des Schlägerkopfes, ausgelöst durch die im Abschwung aufgebaute Energie, läßt die Arme rotieren, wobei die überrollenden Hände einen »Topspin« erzeugen wie bei einem Vorhandschlag im Tennis.

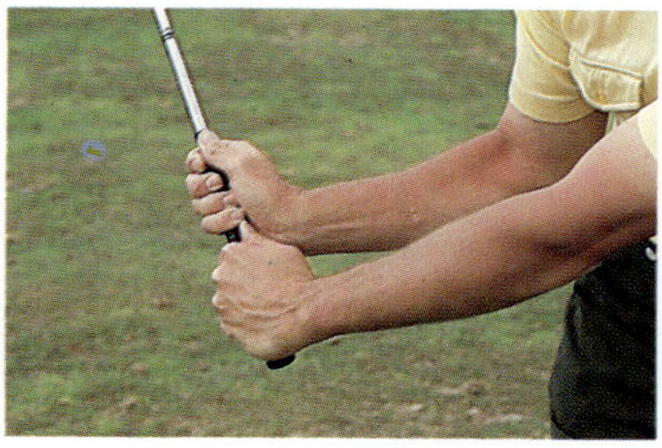

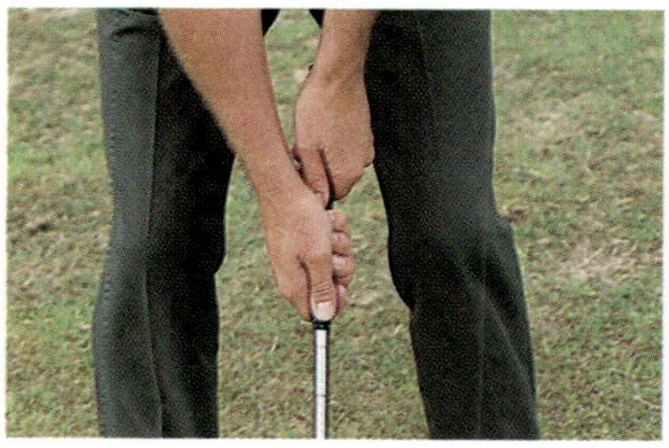

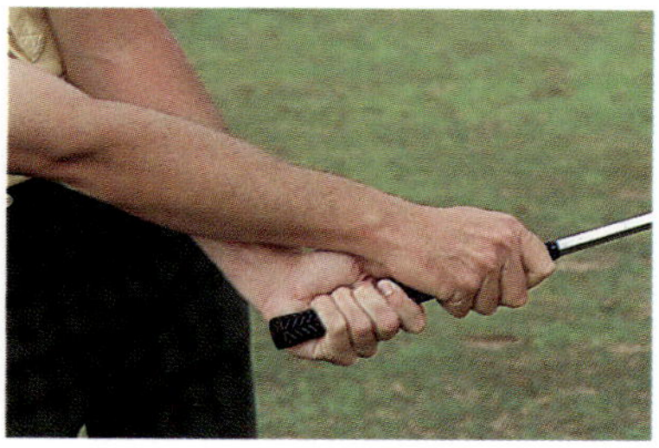

Schlagen Sie nun mit dem Eisen 7 oder 8 ein paar Bälle vom Tee, immer noch mit den am Schaft getrennten Händen und beobachten Sie dabei den Flug des Balles. Wenn Sie gelockert sind und Ihre Arme frei rotieren können, so sollten die Bälle jetzt gerade oder vielleicht sogar ein bißchen nach links gehen. Sie werden dabei das Gefühl haben, daß die im Schlägerkopf konzentrierte Energie den Schwung beherrscht und Arme, Hände und Schlägerkopf richtig rotieren läßt.
Schlagen sie nun erneut einige Bälle, wobei die Arme locker und die Hände am Schaft nur 5–8 cm voneinander getrennt sind, bis die Bälle geradeaus starten oder nur leicht nach links abgehen. Dann erst schlagen Sie mit dem normalen Griff, wobei Sie wiederum das Gefühl haben sollten, daß Arme und Hände auf Grund der vom Schlägerkopf freigesetzten Energie ungehindert rotieren können. Die Rotation von Armen, Händen und Schlägerblatt sollte vollständig sein, das heißt um 180 Grad von der Stellung zu Beginn des Abschwunges bis zur Stellung am Ende des Durchschwunges. Wenn ein Golfer zum Slice neigt, so ist diese Rotation bei ihm höchstwahrscheinlich ungenügend. Setzt sie zu früh ein, so geht der Ball nach links – kommt sie zu spät, geht der Ball nach rechts. Es kommt also darauf an, Einsatz und Ablauf der Rotation zeitlich so abzustimmen, daß das Schlägerblatt im Treffmoment square (zum Ziel zeigend) auf den Ball auftrifft, damit der Schlag wirklich gerade wird. Erreichen Sie dieses Ergebnis auch nach längerem Üben nicht, so sollten Sie folgendes überprüfen:
a) daß die Hände richtig am Schaft liegen und nicht zu weit links;
b) daß Sie den Schläger nicht zu fest greifen und dadurch Ihre Arme verspannen;
c) daß Sie nicht zu schnell schwingen und dadurch den Armen und Händen zu wenig Zeit geben, das Schlägerblatt bis zum Treffmoment in die korrekte Stellung – nämlich square – rotieren zu lassen.

4. Gerader Ball oder nach rechts startend und dann mit einem »Draw« oder »Hook« nach links zum Ziel eindrehend

Analyse des Treffmoments
Die Schlagfläche ist geschlossen und zeigt im Treffmoment in bezug auf die Schwungbahn des Schlägerkopfes nach links.

Denkbare Gründe
a) Ein häufiger Grund liegt darin, daß der Spieler von Anfang an zu weit nach rechts ausgerichtet ist und sich nun gezwungen sieht, mehr oder weniger instinktiv das Schlägerblatt im Abschwung sehr früh zu schließen, um zu verhindern, daß der Ball in die Richtung geht – nämlich nach rechts –, in die der Spieler sich gestellt hat. Das aber ist ein trügerischer Schlag. Der Spieler wird das Timing manchmal richtig treffen und den Ball nach links vom Ziel zurückdrehen – ein solcher Ball wird aber flacher fliegen und weiter rollen, als ein korrekt geschlagener Ball. Es ist deshalb schwer, genau zu bestimmen, wo dieser Ball enden wird, vor allem beim Anspiel auf ein Grün.
b) Dieser Schlag kann auch dadurch zustande kommen – besonders bei guten Golfern –, daß der Spieler im Abschwung seine Hüften zu früh nach links verschiebt. In dem Streben nach einem langen Schlag wirft der bessere (und jüngere) Golfer seine Hüften so stark in den Schlag, daß sie den Körper und damit den Schlag nach rechts hinausdrücken und den richtigen Durchschwung blockieren.

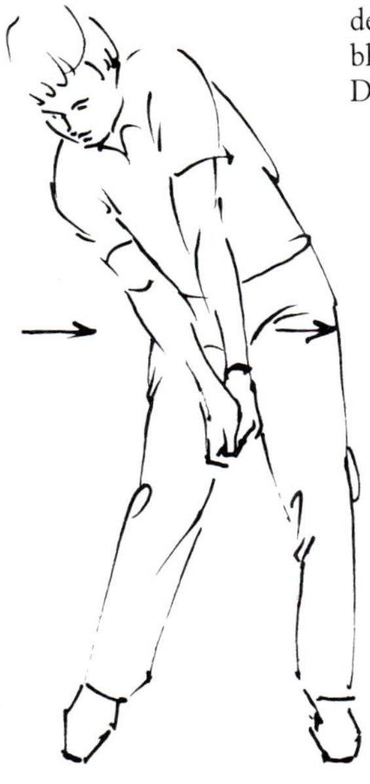

Werden die Hüften zu stark in den Schlag geworfen, so blockieren sie den freien Durchschwung.

Das ist wahrscheinlich die häufigste Übung im Golf. Schwingen aus einem schmalen Stand ist ein objektiver Test für ihre Schwungbalance. Haben Sie bisher zu sehr hin und her geschwankt, so wird diese Übung dazu beitragen, daß Sie sich die kompakte Drehbewegung des Körpers um den Schwung-Zentralpunkt fest einprägen.

Arme und Hände schwingen den Schlägerkopf dann auf einer Schwungbahn von innen, quer über die Linie zum Ziel nach außen, so daß der Ball nach rechts starten muß. Wie beim vorhergehenden Fehler, ist der Spieler hier dann auch gezwungen, das Rotieren von Armen, Händen und Schlägerblatt zu forcieren, um den Ball auf das Ziel zurückzudrehen.
In diesen beiden Fällen muß der Körper mehr »geöffnet« werden – im Treffmoment mehr zum Ziel gedreht sein –, um die Arme frei und ungezwungen durch den Ball hindurchschwingen zu lassen und ohne den Zwang, das Schlägerblatt unnatürlich früh rotieren zu lassen. Im ersten Fall sollte der Spieler, so wie weiter vorn beschrieben (Seite 44, 45), seine Ausrichtung überprüfen, damit die Schwungbahn des Schlägerkopfes im Treffmoment nicht zu sehr nach rechts verläuft. Erst dann können die Arme leicht schwingen und das Schlägerblatt im korrekten Timing square an den Ball bringen (siehe Seite 39).
Im zweiten Fall müssen die Hüften sich im Abschwung früher in den Schlag drehen, um dadurch den Armen einen freien Schwung zu ermöglichen. Mit der nachfolgenden Übung können Sie sich dies gut einprägen. Stellen Sie sich an den Ball und lassen Sie zwischen den Füßen nur 10–20 cm Zwischenraum. Machen Sie jetzt einen vollen Schwung und versuchen Sie, dabei am Ende des Schwunges nicht das Gleichgewicht zu verlieren. Prüfen Sie, ob der rechte Fuß dabei angehoben wurde, bis Sie nur noch auf den Zehen stehen, und ob Ihr Körper sich so weit gedreht hat, daß die Hüften am Schluß square zum Ziel und die Schultern etwas nach links ausgerichtet sind. Wenn Sie bei dieser Übung die Hüften zu früh in den Schlag werfen, so ist damit zu rechnen, daß Sie beim ersten Versuch das Gleichgewicht verlieren und nach vorn (in Richtung auf das Ziel) umfallen. Nach einigen Schwüngen wird Ihr Körper ganz von selbst versuchen, im Gleichgewicht zu bleiben und sich dazu (erinnern Sie sich an das Öffnen und Schließen der Tür?) beim Abschwung bis zum ausbalancierten Finish drehen und nicht so sehr die Hüften nach der Seite verlagern. Und das ist genau der Sinn dieser Übung!
c) Ihr Griff, das heißt der Kontakt zwischen Armen und Schlägerblatt, kann natürlich auch der Grund für ein zu starkes Schließen des Schlägerblattes im Treffmoment sein. Dieser Griff wird seinerseits schon vor Beginn des Schlages von mehreren Faktoren beeinflußt:

1. Die Position des Balles in der Relation zum Zentrum Ihrer Blickrichtung. Liegt der Ball beim Ansprechen zu weit links, so ist es nur natürlich, daß die Hände am Schlägerschaft mehr nach rechts gedreht sind (ein sogenannter »starker Griff«). Zusammen mit einer normalen Rotation der Arme im Abschwung kann dieser Griff das Schlägerblatt im Treffmoment zudrehen. Das ist bei den einzelnen Golfern verschieden. So hat zum Beispiel Judy Rankin, eine der besten Spielerinnen der heutigen amerikanischen LPGA-Tour (Ladies Professional Golfers Association-Tour) nach normalen Maßstäben einen ausgesprochen »starken Griff« und spielt dennoch erstklassig. Aber Judy ist eine Ausnahme – und Sie sind es höchstwahrscheinlich nicht!

2. Der gleiche Griffeffekt trifft ein, wenn die Hände beim Ansprechen des Balles zu sehr nach vorn, vor den Ball, gedrückt werden.
Das Problem mit diesem Griff liegt darin, daß er ein gutes Gefühl verleiht – und deshalb gilt er ja auch als »starker Griff«. Geben Sie einem Anfänger einen Schläger in die Hand, und Sie können mit Sicherheit annehmen, daß er den Schläger nach ein paar Schwüngen genau mit diesem starken Griff halten wird, weil er glaubt, damit kräftiger schlagen zu können. Und das stimmt auch, weil die Rotationsbewegung der Arme, über die wir weiter oben gesprochen haben, mit diesem Griff natürlicher ablaufen kann – aber leider oft auch zu stark, und dann haben wir ganz schnell im Treffmoment wieder ein geschlossenes Schlägerblatt.

Bei einer übermäßig angespannten Ausgangshaltung (siehe Abbildung) kann es leicht passieren, daß Sie die Hände unter den Schläger (nach rechts) drücken und den Ball zu sehr vom linken Fuß spielen.

Optimaler Aufbau der Schwungkraft

Am Anfang dieses Kapitels habe ich die fünf Faktoren aufgezählt, die den Flug des Balles bestimmen. Der letzte betraf den Effekt der Geschwindigkeit des Schlägerkopfes auf den Schlag. Je höher diese Geschwindigkeit ist, desto mehr steigern sich die Wirkungen der übrigen Faktoren auf den Ball. So wird der Ball bei einem im Treffmoment um zwei Grad aufgedrehten Schlägerblatt und einer Schlägerkopfgeschwindigkeit von 160 km/h mehr nach rechts abdrehen als bei einer geringeren Geschwindigkeit. Das ist logisch! Und trotzdem versuchen die meisten unerfahrenen Golfer – und sogar manche alte Hasen – immer wieder, einen langen Ball zu schlagen, ohne wirklich zu wissen, wo die Kraft für den Schlag herkommt. Sie laufen deshalb immer wieder Gefahr, falsch an den Ball zu kommen und dem Schlag eine falsche Richtung zu geben. Wir wollen uns unseren Schwung doch einmal genauer betrachten und uns dabei bemühen, die Kraftentfaltung genau unter Kontrolle zu halten.

»Timing« ist der Fachausdruck für Reihenfolge und zeitlichen Einsatz aller Faktoren im Ab- und Durchschwung, mit dem Ziel, im Schlägerkopf die höchstmögliche Kraft zu konzentrieren. Zuerst kommen die Füße, dann die Schenkel, die Hüften, der Unterkörper sowie schließlich die Arme und der Schläger. Dieser Ablauf ergibt die optimale Kraftentfaltung.

Die Golfmuskeln

An dieser Stelle wäre wahrscheinlich eine kurze Erläuterung über Einsatz und Wirkungsweise der Muskeln im Golfschwung angebracht. Dabei möchte ich Sie auf den nachstehenden Auszug aus der wissenschaftlichen Untersuchung der GSGB, »Die Suche nach dem perfekten Schwung«, verweisen.

Zuerst ein paar Worte über die Arbeit der Muskeln

Der häufig angestellte Versuch, den Schwung eines Golfers mit dem Aufziehen einer großen Feder im menschlichen Körper zu vergleichen, hat – wie farbig das Bild auch sein mag – mit der Wirklichkeit nicht sehr viel zu tun.

Es ist schon deshalb nicht richtig, weil die menschlichen Muskeln per se gar nicht elastisch sind. Wenn sie gedehnt werden, so bleiben sie gedehnt, bis sie den Befehl erhalten, sich wieder zusammenzuziehen. Sehnen und Bänder können am Ende des Rückschwunges für eine begrenzte Elastizität sorgen; und das wird die Wucht des Abschwunges bis zu einem gewissen Grad vergrößern. Die Hauptenergie des Ab- und Durchschwunges aber kann nur aus dem ganz bewußten Einsatz der Muskeln kommen.

Eine wichtige Eigenheit der Muskeln liegt auch darin, daß sie nur ziehen und nicht stoßen können. Sie bewegen den menschlichen Körper dadurch, daß sie die Knochen als Hebelarme benutzen. Sie bilden daher jeweils ein entgegengesetztes Paar, um die gegenseitige Wirkung auszugleichen und zu stabilisieren. Für jede wie immer geartete Bewegung arbeiten die Muskeln daher meistens in Paaren oder Gruppen; und man kann mit Sicherheit annehmen, daß auch die einfachste Bewegung eines unserer Glieder den Einsatz von sehr viel mehr Muskeln bedingt als wir uns vorstellen.

Sie alle werden einzeln oder in Gruppen von koordinierten, elektrischen Impulsen gesteuert, die über die Nerven vom Gehirn zu ihnen gelangen, und sie schicken ihrerseits fortlaufend ebenso hochgradig koordinierte Informationen an das Gehirn zurück, die Auskunft über ihre derzeitige Stellung und den Grad ihrer Anspannung geben. Einzeln und zusammen funktionieren sie also wie eine hochgradig koordinierte, vielseitige und präzise gesteuerte Maschinenanlage zur Erzeugung der für die jeweilige Kraftentfaltung notwendigen Energie. Es gibt noch eine andere Eigenschaft der Muskeln, die ganz wichtig ist. Die Kraft, die sie abgeben, hängt von der Geschwindigkeit ab, mit der sie sich zusammenziehen können. So funktionieren die großen Muskeln normalerweise dann am allerbesten und produzieren die meiste Kraft, wenn sie langsam arbeiten, während kleine Muskeln ihren optimalen Wirkungsgrad schnell erreichen. Alle aber werden dann am besten wirken, wenn Arbeitsaufwand und zeitlicher Ablauf optimal auf sie abgestimmt sind.

Koordination der Muskeln in der richtigen Stufenfolge

Ein gutes Beispiel für die beste Auslastung der Muskeln gibt ein Radfahrer bei der Benutzung seines Dreiganggetriebes. In der Ebene, wo man leicht und schnell dahinrollt, erfordert der höchste Gang die geringste Kraft. Kommt man an eine Steigung, wird das Treten schwerer, das Tempo nimmt ab, und das Treffen wird bei gleicher Geschwindigkeit im mittleren Gang weniger anstrengend sein. Nimmt die Steigung weiter zu, wird man in den niedrigsten Gang zurückschalten und im schlimmsten Fall sogar absteigen und das Rad schieben.

Welche Muskeln erzeugen nun die Kraft?

Die für den Golfschwung benötigte Kraft läßt sich aus ein paar ziemlich einfachen Beobachtungen ableiten. Wir wissen, daß das Schlägerkopfgewicht des Drivers etwa 200 g beträgt, wir wissen auch von Filmen und verschiedenen Messungen, daß der Schlägerkopf des Drivers aus der Ruhestellung am Ende des Rückschwunges bis zum Treffmoment auf eine Geschwindigkeit von ca. 160 km/h beschleunigt und dies im Zeitraum von ⅕ Sekunde. Aus diesen Zahlen läßt sich eine Durchschnittskraft des Schlägerkopfes im Treffmoment von etwa 1,5 PS errechnen.

Natürlich ist der Schlägerkopf im Treffmoment nicht das einzige, was sich bewegt; auch der Schaft und die Arme tun es, und der ganze Körper führt eine Drehbewegung aus. Sie alle partizipieren also von der entwickelten Kraft. Diese Kraft läßt sich allerdings nicht so leicht berechnen, weil wir nicht das genaue Gewicht jedes einzelnen Körperteils kennen bzw. nicht wissen, wie schnell er sich im Treffmoment bewegt. Aber man kann doch annehmen, daß noch einmal die gleiche Kraft, nämlich 1,5 PS – vielleicht sogar mehr – im ganzen Körper

Übung 1:
1. Stehen Sie fest auf beiden Füßen, und halten Sie den Schläger waagerecht vor sich.

2. Machen Sie einen normalen Rückschwung, jedoch nur in der Waagerechten.

3. Mit entspannten Armen und Griff schwingen Sie jetzt nach vorn und um sich selbst herum, wiederum nur in der Waagerechten. Setzen Sie dabei die Hände nicht bewußt ein, lassen Sie lediglich die Arme den Schlag führen und die Kraft im Schlägerkopf »aufbauen«. Hierbei ist die Zentrifugalkraft dominierend, die Sie freigeben, wenn die Arme den Schlag führen und die Kraft dann durch den vollen Einsatz der Hände zur Wirkung kommt.

des Spielers beim Abschwung zur Wirkung kommt.

Zu den Fähigkeiten eines guten Golfers gehört es, seine Muskeln so aufeinander abgestimmt einzusetzen, daß jede einzelne in dem für sie optimalen »Gang« arbeiten kann. Er wird sein zentrales Nervensystem – sein Gehirn und alle Nerven seines Körpers – so trainieren, daß alle diese Abstimmungen des Muskeleinsatzes in der für den jeweiligen Schlag besten Weise erfolgen.

Alle menschlichen Leistungen bedingen dies und hängen davon ab. Die zeitliche Reihenfolge und das praktische Funktionieren dieser Abstimmung der Muskelarbeit bestimmen gleichermaßen die Menge der erzeugten Kraft, ihren genauen Einsatz und ihre präzise Kontrolle.

Diese Kraft kann nur aus den Muskeln kommen, wobei sich die Anzahl der dabei beteiligten Muskeln ziemlich genau definieren läßt. Man weiß, daß Muskeln bei optimaler Belastung (also, wie wir vorher sagten, im richtigen »Gang«) pro Pfund Gewicht maximal ca. ⅛ PS produzieren. Bei einem normal gebauten Mann beträgt das Gesamtgewicht der in und an den Armen beim Schlag zum Einsatz kommenden Muskeln ungefähr 20 Pfund, von denen allerdings a conto ihrer gegenseitigen Anordnung nur die Hälfte einsatzfähige Kraft produziert.

Die aus den Armen heraus wirkende Kraft beträgt daher, grob gerechnet, höchstens 1¼ PS, wahrscheinlich sogar weniger, weil die Belastung natürlich nicht während des ganzen Abschwunges optimal sein kann. Als Quelle von drei oder vier PS können daher nur unsere größten Muskeln des Unterkörpers und der Beine in Frage kommen. Tatsächlich wiegen unsere Beinmuskeln ungefähr 40 Pfund und sind daher durchaus in der Lage, die Kraft von etwa 2,5 PS zu produzieren.

Ohne die einzelnen Bewegungsabläufe des Golfschwunges überhaupt zu untersuchen, können wir also die grundsätzliche und weitreichende Feststellung treffen, daß die Muskeln der Beine und Hüften die wichtigste Kraftquelle für lange Schläge darstellen.

Damit soll keineswegs gesagt werden, daß Hände, Arme, Schultern und alle sonstigen Teile des Körpers unwichtig wären; aber sie sind eben nur in dem Maß wichtig, wie das schwächste Glied die Festigkeit einer Kette bestimmt. Merken Sie sich also: Beine und Hüften zusammen sind der »Motor« des Schwunges, Arme und Hände bilden das Transmissionssystem, in dem allerdings auch ein gewisser Teil der Kraft produziert werden kann. Zur Erzielung großer Längen sind starke Hände allemal wichtig, aber sie sind nicht die primäre Kraftquelle. Viele »kurze« Spieler machen den Fehler, schon zu Beginn des Abschwunges den Schlägerkopf mit den Händen sozusagen in den Schlag zu »werfen«. Die hier dargestellten Übungen sollten Ihnen helfen, das richtige Gefühl für das Einsetzen des Abschwunges zu bekommen. Die seitliche Verschiebung der Hüften beim Abschwung wird von vielen, vor allem jungen Golfern übertrieben. Das mag zum Teil an den Schwung-Photoserien liegen, die man häufig in Golfzeitschriften und -büchern

Übung 2:
1. Drehen Sie den Schläger um, und fassen Sie den Schaft direkt am Schlägerkopf.
2. Bei einem anschließenden normalen Schwung werden Sie ein zischendes Geräusch vernehmen, verursacht von dem schnell schwingenden Griffende des Schlägers. Machen Sie noch zwei bis drei weitere Schwünge und merken Sie sich, an welcher Stelle des Schwungbogens das Geräusch am lautesten ist. Bei einem falschen zeitlichen Ablauf Ihrer Bewegungen wird das Geräusch nicht dort am stärksten sein, wo der Ball sonst liegt (also genau vor Ihnen), sondern an einer anderen Stelle. Bei ängstlichen, zu früh schlagenden Golfern wird dieser Punkt vor dem tiefsten Punkt der Schwungbahn liegen; bei solchen, die spät oder gar nicht zuschlagen, liegt der Punkt bereits auf der Durchschwungbahn nach oben, und das Geräusch wird relativ schwach sein.

findet; es kann aber auch das natürliche Bestreben sein, »dem Ball mal richtig eins zu verpassen«. Was immer der Grund ist, zwei Probleme können daraus entstehen:
1. Der zentrale Schwungkontrollpunkt kann nach vorn – zum Ziel hin – verlagert werden, so daß die Schwungbahn dann zu steil von oben in den Ball hinein verläuft. Vom Fairway wird dieser Ball dann getoppt oder nur »dünn« getroffen, vom Tee kann er dagegen sogar steil in die Luft gehen.
2. Die Hüften versteifen sich bei der seitlichen Verlagerung und blockieren damit für Arme und Schultern den freien Schwung durch den Ball hindurch. Das ergibt dann entweder einen Push oder einen Pull.
Der korrekte Bewegungsablauf der Hüften im Abschwung besteht also in einer seitlichen Verlagerung, die in eine Rotation übergeht, so daß der Körper sich ungehindert um die zentrale Achse des Schwunges drehen kann.

Kapitel 3

Das Putten

Ein Golfer mit Handicap 20 wird auf einem Par 72 Platz im allgemeinen eine 92 spielen. Darunter sind dann – wenn ich großzügig rechne – 36 Putts, also im Durchschnitt 2 Putts pro Grün. Das heißt nichts anderes, als daß die Putts 40 % aller Schläge ausmachen. Ein Top-Professional wird auf einer fehlerfreien Runde von 70 etwa 32 Putts haben, das sind 45 % seiner Schläge. Kein anderer Schläger wird also so häufig benutzt wie der Putter.

Der Professional weiß das und widmet daher einen großen Teil seiner Übungszeit dem Putten. Der Golfer mit Handicap 20 weiß es auch, wird solche Gedanken aber oft mit der Bemerkung wegwischen: »Putten kann man nicht lernen – das ist eben individuell verschieden«, oder: »Damit ist man entweder geboren oder nicht«, oder: »Putten zu üben ist stinklangweilig«, oder: »Unser Putting Grün ist ganz anders als die Grüns auf dem Platz« usw.

Und doch sind Worte wie »Die langen Schläge waren ganz gut, aber ums Grün herum war es katastrophal«, die wahrscheinlich häufigste Klage am 19. Loch.

Während meiner 23 Jahre als Golflehrer haben mich höchstens 100 Schüler um eine Lektion auf dem Putting Grün gebeten. Das liegt meiner Ansicht nach wohl daran, daß viele Spieler das Schlagen des Balles auf dem Grün offenbar für wesentlich leichter halten als zum Beispiel das Schlagen mit einem langen Holz – und sie haben natürlich recht. Zeit und Geld werden also zu Beginn des Lernprozesses auf das lange Spiel verwandt, und das kurze Spiel (auf dem Grün und ums Grün herum) wird mit der Bemerkung abgetan, »das kann ich mir später selber beibringen«. Das aber kann viel Zeit und Ärger kosten und den Spieler im schlimmsten Fall so frustriert werden lassen, daß er das Spiel wieder ganz und gar aufgibt. Einen Drive ins Aus zu schlagen, kann mit einem Lachen quittiert werden, drei oder gar vier Putts auf einem schnellen Grün aber sind niederschmetternd.

Die vollständigste und wirkungsvollste Methode zum Erlernen des Golfs ist meiner Ansicht nach in Kapitel 1 beschrieben worden, nämlich mit den kleinen, einfachen, vertrauenerweckenden Bewegungen anzufangen. Damit ist das »kurze Spiel« von vornherein keine vom übrigen getrennte Angelegenheit, sondern ein Gebiet mit zahllosen Varianten des Schwunges und Schlages.

Wenn Sie dem zu Anfang in diesem Buch geschilderten Schwung-Aufbauprogramm gefolgt sind, so beherrschen Sie bereits die Grundbewegung des Puttens. Der einfache Arme-, Hände-, Schläger-Pendelschwung, ohne ein Abknicken der Handgelenke, gab uns

- □ das Zutrauen in den Schlag
- □ eine vom linken Arm geführte Bewegung
- □ einen Schwung durch den Ball hindurch in Richtung auf das Ziel
- □ ein ausgeglichenes Schwungtempo
- □ eine ganz allgemein schwingende und keine schlagende Bewegung.

In summa also sämtliche Bestandteile für einen sicheren Puttschwung. Warum, so mögen Sie fragen, sollten wir also in bezug auf den eigentlichen Bewegungsvorgang noch mehr tun?

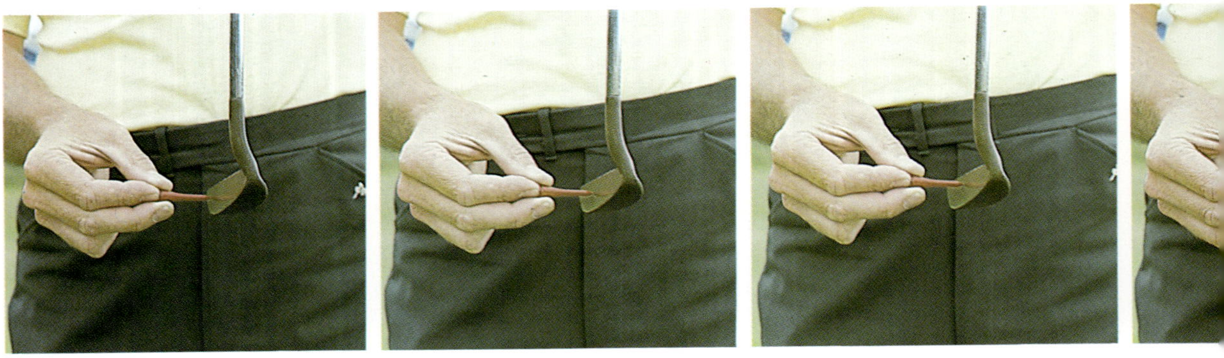

Zur Bestimmung des optimalen Treffpunktes auf dem Schlägerblatt Ihres Putters halten Sie ihn zwischen Daumen und Zeigefinger, so daß er senkrecht hängt. Nehmen Sie dann ein Golf-Tee, und klopfen Sie damit, an der Spitze des Schlägerblattes beginnend, auf seiner Mittellinie jeweils mit 1 cm Abstand gegen das Schlägerblatt, und rücken Sie dabei langsam zum Schlägerhals vor. Bei diesem Klopfen werden Sie feststellen, daß das Schlägerblatt sich dreht und an der Spitze vibriert. Das nimmt ab, je

Nun – als wir anfingen, den Schwung aufzubauen, gingen wir Schritt für Schritt vor bis zur vollen Schwungbewegung. Unser anfänglicher Pendelschwung sollte uns bis zur Endstation des vollen Schwunges führen. Zuerst aber galt es, den freien Bewegungsablauf zu erfassen, damit alle beteiligten Komponenten in der richtigen Reihenfolge, auf der richtigen Bahn und in der richtigen Stellung im Schwung zur Wirkung kommen. Beim Putten auf dem Platz ist das etwas anders. Der Schlag ist begrenzt in Ablauf und Stärke und sollte im Idealfall so angelegt sein, daß er von Stimmungsschwankungen des Spielers möglichst nicht beeinflußt wird. Wir müssen daher unseren anfänglichen Pendelschwung sozusagen »komprimieren« und einen genauen Ablauf für den Putt-Vorgang festlegen.

Grundregeln und Prinzipien des Puttens

Wir wollen uns wieder an die fünf Gesetze erinnern, die den Flug des Golfballes bestimmen und auch hier weitgehend Gültigkeit haben, obwohl der Ball beim Putten fast ausschließlich am Boden entlangrollt. Sie betreffen:

1. Den Kontaktpunkt zwischen Schlägerblatt und Ball im Treffmoment.
2. Den Auftreffwinkel des Schlägerkopfes auf den Ball im Treffmoment.
3. Die Schwungbahn des Schlägerkopfes im Treffmoment.
4. Den Winkel der Schlagfläche im Verhältnis zur Schwungbahn des Schlägerkopfes im Treffmoment.
5. Die Geschwindigkeit des Schlägerkopfes im Treffmoment.

Wenn alle diese Faktoren stimmen, so stellten wir fest, sollte der Schlag einwandfrei sein. Abgesehen von ihnen gibt es noch die schwer einzuschätzenden äußeren Faktoren, wie Wetter und Beschaffenheit des Grases, die das Ergebnis beeinflussen können. Wir wollen nun diese Gesetze im einzelnen betrachten und aus ihnen dann die Grundregeln und Prinzipien des Puttens ableiten.

1. Der Putter muß mit dem Sweet Spot seines Schlägerblattes auf den Ball auftreffen, weil nur dann eine konstante Schlagkraft sichergestellt ist.

Genau wie bei den langen Schlägen müssen wir uns auch hier bemühen, den Ball präzise zu treffen, und dazu müssen wir auch beim Putten den »optimalen« Treffpunkt auf dem Schlägerblatt des Putters kennen. Die Lage dieses Punktes kann bei unterschiedlichen Putter-Typen natürlich verschieden sein. Viele Putter haben zur Bezeichnung dieses Punktes auf der Oberkante des Schlägerblattes eine entsprechende kleine Markierung. Bei Markenschlägern kann man sich auf eine solche Markierung durchaus verlassen; bei billigen Schlägern dient sie häufig nur als Verzierung und gibt keine verläßliche Auskunft über die Lage des Sweet Spots. Überprüfen Sie also Ihren eigenen Putter, so wie hier dargestellt.

Wird der Ball außerhalb des Sweet Spots getroffen

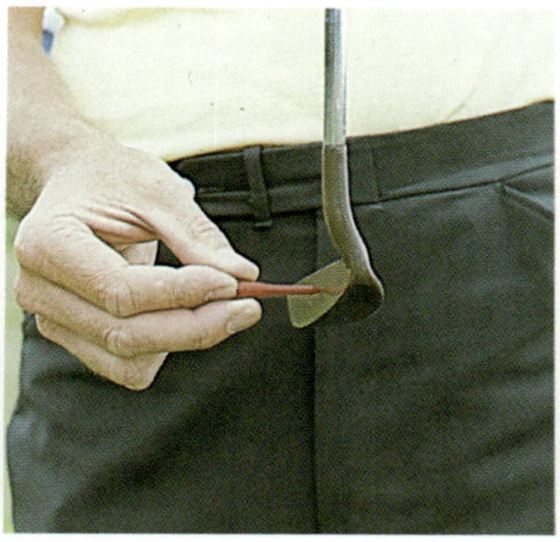

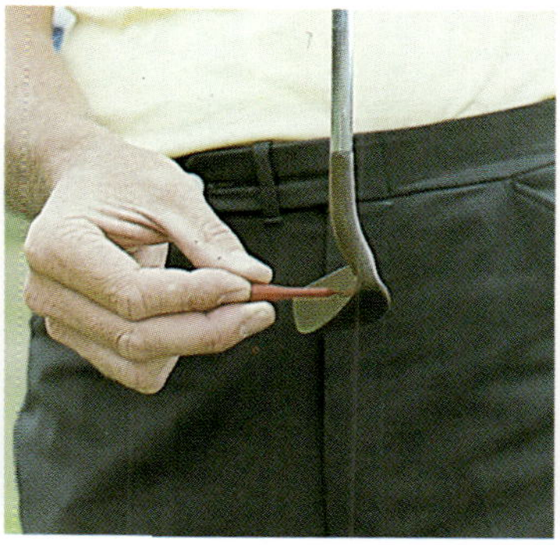

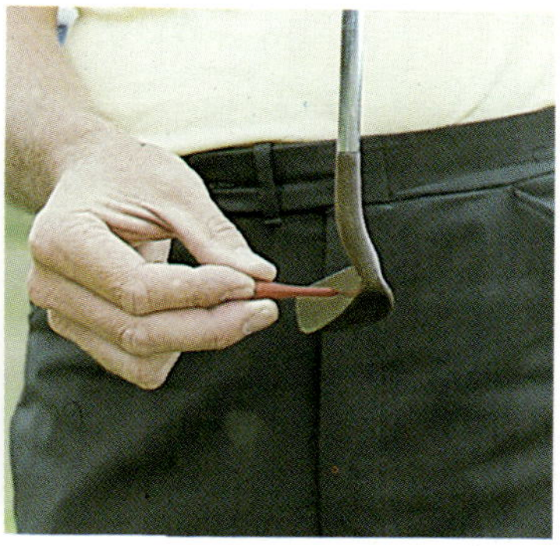

mehr Sie sich dem Sweet Spot nähern und nimmt danach zum Schlägerhals wieder zu. Der Sweet Spot ist also derjenige Punkt, an dem das Schlägerblatt auf das Klopfen am wenigsten reagiert. Vergleichen Sie den von Ihnen gefundenen Punkt mit der Markierung auf dem Schlägerblatt, wenn eine vorhanden ist, und wenn nicht, so bringen Sie über dem Punkt auf der Oberkante des Schlägerblattes mit einem kleinen Stück Klebeband, einem Stift oder einer Metallsäge eine kleine Markierung an.

(also kein 100 %iger Kontakt zwischen Ball und Schlägerblatt), so bleibt der Putt zu kurz und wird schief, da das Schlägerblatt im Schlag nachgeben und sich drehen kann, je nachdem wie stark der Ball geschlagen und wie fest der Schläger vom Spieler gehalten wurde.

2. Bei einem Putter mit normalem Loft sollte der Ball am tiefsten Punkt der Schwungbahn getroffen werden. Wird er dagegen im Ab- oder Wiederaufschwung getroffen, so findet der Kontakt mit dem Ball entweder zu hoch oder zu tief am Schlägerblatt statt – und damit nicht am Sweet Spot. Auch der Loft im Treffmoment wird dadurch verändert. Treffe ich den Ball beim Putten erst im Wiederaufschwung, so kann er ein wenig in die Luft gehen. Dieser kleine »Luftsprung« und das Treffen außerhalb des Sweet Spots ergeben einen zu kurzen Putt. Treffe ich den Ball dagegen bereits im Abschwung, so verringert sich der Loft, und der Ball wird nach unten in das Grün hineingestoßen. Das vergrößert den Bodenwiderstand, bedeutet Kraftverlust und gibt dem Ball sogar etwas Backspin, so daß auch dieser Schlag zu kurz bleibt.

Schwingt das Schlägerblatt im Treffmoment parallel zum Grün, so wird der Ball nach vorn geschlagen, er wird anfangs etwas gleiten (ohne Drall) und dann mit stabilisierendem Topspin rollen. Er wurde wahrscheinlich mit dem Sweet Spot getroffen.

3. Das Schlägerblatt muß im Treffmoment auf der Linie schwingen, der der Ball folgen soll. Wegen der geringen Schaftlänge und der steilen Lage (der Winkel zwischen Schaft und Sohle des Schlägerblattes) des Putters verläuft die natürliche Schwungbahn des Schlägerkopfes dicht an der Linie, der der Ball folgen soll. Wir müssen uns diese Tatsache zunutze machen, indem wir uns entsprechend korrekt an den Ball stellen, uns richtig ausrichten und alle Bewegungen richtig ansetzen.

4. Das Schlägerblatt muß im Treffmoment in einem Winkel von 90 Grad zur Schwungbahn des Schlägerkopfes stehen.

Topspin, das heißt vertikale Rotation des Balles, ist wichtig, wenn

a) der Ball die Chance haben soll, auf seiner Startlinie weiterzurollen;

b) der Ball beim Berühren der Lochkante möglichst hineinfallen soll;

c) äußere Faktoren, wie die Beschaffenheit des Grases, möglichst wenig Einfluß auf den Lauf des Balles haben sollen;

d) der Ball, so wie beabsichtigt, korrekt getroffen werden soll (ein offenes oder geschlossenes Schlägerblatt läßt den Ball etwas abgleiten und nimmt ihm Länge).

5. Die Geschwindigkeit des Schlägerkopfes muß sich der Länge des jeweiligen Putts anpassen.

Dieses Gesetz hat wahrscheinlich die größte Bedeutung für die Frage, wie viele Putts der Durchschnittsgolfer auf einem Grün benötigt. Ein normales Golf-Grün ist etwa 30 m lang und 23 m breit. Wenn wir die Tatsache berücksichtigen, daß wir manchmal von außerhalb des Grüns putten müssen, so erkennen wir daraus, wie wichtig die exakte Stärke eines Putts für einen guten Score sein muß.

Schwungablauf und -tempo unseres Puttens müssen so weit gespannt sein, daß wir den Ball im Notfall über das ganze Grün schlagen können.
Somit haben wir alle Kriterien für Aufbau und Durchführung des Putt-Schwungs beisammen. Fügen wir dem noch die äußeren Faktoren hinzu – also die Gestaltung des Grüns, die Beschaffenheit des Grases, die Windverhältnisse, den nervlichen Druck bei einem Wettspiel und die erforderliche Konzentration, um alle diese Faktoren zu einem harmonischen Bewegungsablauf zusammenzubringen –, so stellt das eine beachtliche Herausforderung dar. Sie ist sicherlich genauso aufregend wie die Beherrschung des langen Spiels, und es lohnt sich daher ganz bestimmt, einige Zeit darauf zu verwenden.

Die Vorbereitungen auf den eigentlichen Schlag

Wir wollen anfangen mit dem Griff, dem Stand und der Körperhaltung, die wir hatten, als wir mit dem Aufbau unseres Schwunges begannen. Beim Griff lag die linke Hand an der linken Seite des Schlägerschaftes und die rechte Hand genau gegenüber, wobei die Handflächen sowohl zueinander als auch zum Schlägerblatt square standen. Die Daumen lagen oben auf dem Schaft, auf dem abgeflachten Teil des Griffes, und die rechte Hand war direkt unter der linken mit dem sogenannten »Zwei-Hände-Baseball-Griff«. Das Putten erfordert einen harmonischen, in sich stabilen Bewegungsablauf.
Zur Erzielung dieser Stabilität ist der Kontakt zwischen Schlägerblatt und Ball von großer Bedeutung. Funktion und Wirkungsweise von Händen und Armen müssen beim Putten frei sein von jeglicher Nervosität oder Unsicherheit.
Wir haben gesagt, daß das Schlägerblatt im Treffmoment square stehen und daß es auf der gleichen Linie schwingen muß, auf der der Ball startet. Wenn wir zur Illustration dieses Prozesses ein Modell zu wählen hätten, so wäre es das Riesenrad aus Kapitel 2, das sich permanent in derselben Bahn dreht und dessen Stirnseite immer square zu dieser Bahn steht.
Unser normaler Golfschwung verläßt nun diese Bahn auf dem Rückschwung, kommt beim Abschwung zu ihr zurück, um sie im Durchschwung wieder zu verlassen. Die Arme rotieren im Aufschwung zurück und im Ab- und Durchschwung wieder nach vorn, um dem Schlägerkopf durch ihren weiten Schwungbogen eine hohe Geschwindigkeit zu verleihen. All das brauchen wir für das Putten nicht. Wir müssen es also ausschalten und statt dessen unserem Putt-Schlag die notwendige Stabilität geben, was wir weitgehend durch einen korrekten Griff erreichen können (siehe Abbildung).

(Oben und auf der gegenüberliegenden Seite oben links) Fangen Sie an mit dem Griff, dem Stand und der Körperhaltung, so wie auf Seite 14 beschrieben.

Der Effekt dieses neuen Griffs beim Putten ist zweifach: Die Hände liegen jetzt so unter dem Schaft, daß sie ein ungewolltes Aufdrehen oder Schließen des Schlägerblattes im Schlag verhindern können und damit Gesetz Nr. 4 erfüllen.
Aus dem gleichen Grund wird der Schlägerkopf mit seiner Bahn nicht so leicht die Linie verlassen, auf der der Ball starten soll, und damit Gesetz Nr. 3 erfüllen.
Die Arme sind jetzt näher am Körper als vorher. Das macht den ganzen Bewegungsablauf kompakt und stabil. Er mag Ihnen zu Anfang etwas steif und sehr mechanisch vorkommen; aber vergessen Sie nicht, daß ein »mechanischer Ablauf« genau das ist, was wir für unseren Putt-Schlag anstreben – eine narrensichere Methode.
Ein Wort über den Druck der Hände am Schläger-

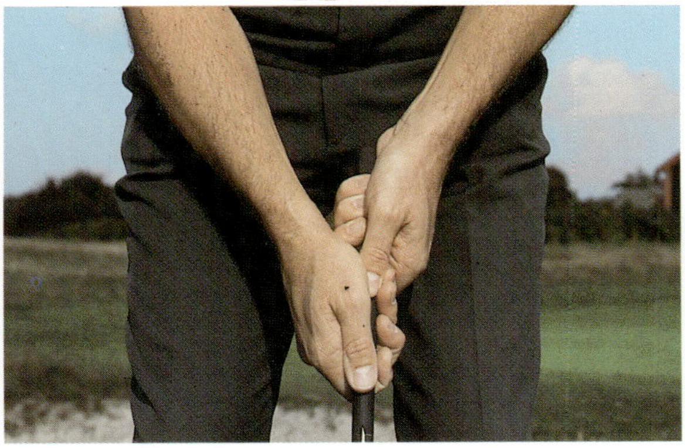
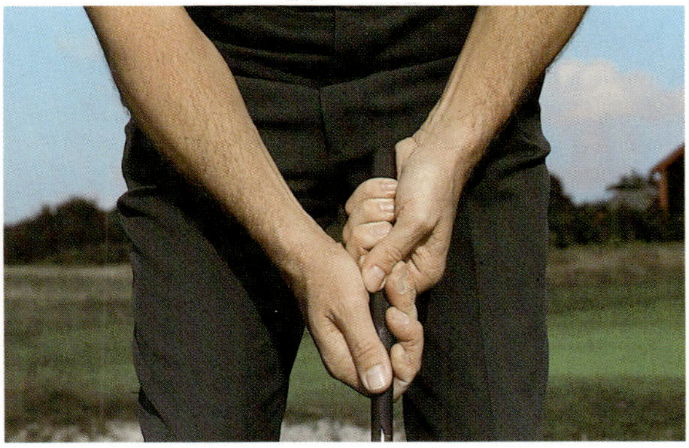
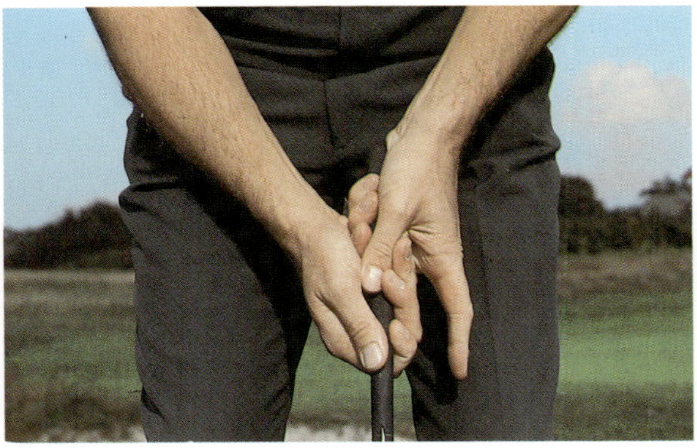
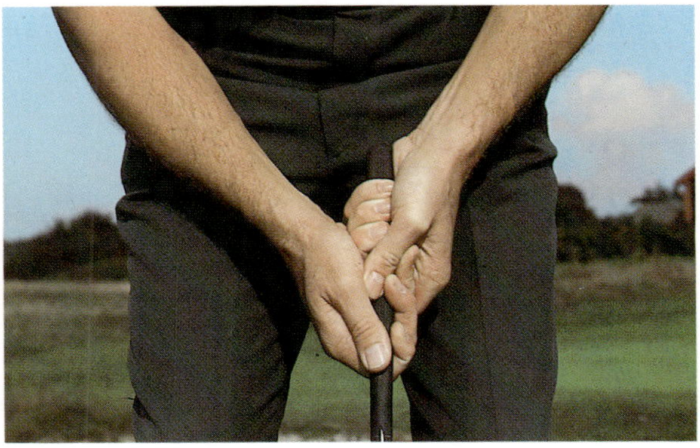

(Oben rechts) Schieben Sie beide Hände unter den Schaft, so daß die Daumen sich gegenüberliegen.

(Unten links) Heben Sie den Zeigefinger der linken Hand, und lassen Sie den kleinen Finger der rechten Hand dann zwischen Zeige- und Mittelfinger der linken Hand gleiten.

(Unten rechts) Die Hände liegen jetzt einander gegenüber unter dem Schaft, drücken gewissermaßen gegeneinander und sichern damit die Square-Stellung des Schlägerblattes.

schaft. Viele Jahre lang galt es als feste Regel, den Putter nur leicht zu greifen. Vergleiche mit dem Halten eines Eis, eines Vogels und anderer zerbrechlicher Objekte wurden angestellt – wahrscheinlich, weil erfahrene Golfer den Putter tatsächlich relativ leicht greifen.

Meiner Ansicht nach hat diese Regel keine allgemeine Gültigkeit. Ich glaube vielmehr, daß so mancher Weekend-Golfer wesentlich sicherer putten könnte, wenn er den Putter genauso greifen würde wie alle übrigen Schläger. Er kann dadurch ein ungewolltes und unkontrolliertes Einsetzen der Handgelenke und damit ebensolche Bewegungen des Schlägerkopfes vermeiden. Auch unter dem nervlichen Druck eines Wettspiels gibt ein festerer Griff mehr Sicherheit. Darüber hinaus meine ich, daß auch beim Putten die linke Hand den Schläger stärker greifen sollte, um den Schlag zu führen; während die rechte sich wie bei großen Schwüngen darauf beschränkt, die linke Seite zu unterstützen. Als Nebenwirkung des Griffwechsels werden wir uns auch mehr aus den Hüften heraus beugen, die Arme werden dadurch mit den Ellbogen mehr nach außen gehen und dem ganzen Bewegungsablauf damit mehr Spielraum geben.

Die Stellung der Füße kann jetzt erweitert werden. Dadurch wird der Stand sicher. Die Beine stehen sich mit festen Knien gegenüber, so als ob sie einen Plastikeimer zwischen sich eingeklemmt festhalten müßten. Diese Stabilisierung des Körpers von der Taille abwärts erleichtert uns das Putten nur mit den Armen aus den Schultern heraus. Wie bei den langen Schlägen dürfen auch hier die oberen Körperpartien in keiner Weise verspannt sein.

Das Vorwärtsbeugen im Hüftgelenk bewirkt auch, daß Kopf und Augen mehr über der Ball/Ziel-Linie gehalten werden. Wir schauen also gewissermaßen aus der Vogelperspektive auf die Bahn, auf der unser Schlägerkopf zurück- und durch den Ball hindurchschwingen soll. Sind unsere Augen nämlich zu weit außerhalb dieser Linie, so wird unser Schwung auch eher von außen nach innen verlaufen und der Putt nach links geschoben; während eine Augenstellung zu weit innerhalb der Linie den gegenteiligen Effekt haben wird.

Was übrigens den Kontakt mit dem Ziel angeht, so bleibt noch festzustellen, daß viele Putt-Experten etwas offen am Ball stehen, so daß ihre Körper/Fuß-Linie nach links zeigt. Sie glauben, dadurch einen besseren Kontakt zum Ziel zu haben. Schließlich ist

Versuchen Sie den Trick mit dem Plastikeimer, um das Gefühl für die Stabilisierung Ihrer unteren Körperhälfte zu bekommen.

Testen Sie Ihre Augenhaltung über der Linie zum Ziel, indem Sie den Ball ansprechen und dann einen anderen Schläger so halten, daß er vertikal von Ihren Augen herunterhängt, und stellen Sie dann fest, ob er auf die Linie zum Ziel zeigt, nach außen oder nach innen. Sie können auch einen Ball aus der Position ihrer Augen herunterfallen lassen und sehen, wo er im Verhältnis zur Linie zum Ziel auf dem Boden aufkommt.

der beste Kontakt mit einem Gegenstand oder einer Person immer vis-à-vis. Präzise auf ein Ziel gerichtete Sportarten wie Darts oder Bowling werden aus einer solchen Stellung heraus gespielt. Ich würde Ihnen raten, bei den langen Putts etwas offen, bei den kurzen dagegen square zu stehen, so daß die Linie über Ihre Zehen parallel zur Linie zum Ziel verläuft.

Damit sind wir auf den eigentlichen Schwung vorbereitet. Arme und Schläger sollten Ihnen als eine Einheit erscheinen, die Handgelenke sollten fest sein und die Arme frei aus den Schultern heraus schwingen. Schwingen Sie den Putter langsam zurück, und beschleunigen Sie ihn dann durch den Ball hindurch, und zwar mindestens so weit, wie Sie den Putter zurückgeschwungen haben. Es ist sicherer, kürzer zurück- und dafür ganz bewußt durch den Ball hindurchzuschwingen, als den Putter weit zurückzuschwingen, um ihn dann im Abschwung auf den Ball womöglich abbremsen zu müssen.

Das wichtigste Element beim Putten – und eigentlich im ganzen Golf – ist das Tempo. Wenn wir aus dem richtigen Tempo kommen, ist es mit der Sicherheit des Schlages auch nicht mehr weit her. Das für Sie persönlich optimale Schwungtempo zu finden, ist eine Frage fortgesetzter Versuche und Fehler und bis zu einem gewissen Grad auch des eigenen Instinkts.

Tempo bedeutet vor allem, den Schlägerkopf im richtigen Maß zu beschleunigen, um die in Gesetz

Linke Abbildung: Auch die Lage des Balles muß überprüft werden. Ball/Flug-Gesetz Nr. 2 sagt aus, daß wir den Ball am tiefsten Punkt des Schwungbogens treffen sollen. Wie aber können wir diesen Punkt bestimmen? Greifen Sie den Putter mit der linken Hand, und lassen Sie den Arm dann gerade herunterhängen, so daß der Schläger gewissermaßen die Verlängerung des Armes bildet. Würden wir nur mit dem einen Arm schwingen, so wäre der tiefste Punkt des Schwungbogens an der Stelle, an der jetzt der Schlägerkopf ist, also genau unter unserer linken Schulter.

Rechte Abbildung: Bringen wir aber die rechte Hand und den rechten Arm als Stabilisierungsfaktor mit ins Spiel, so ziehen wir den Schwungbogen bis zu einem bestimmten Punkt zurück ...; aber das müssen Sie schon selber herausfinden! Schwingen Sie ein paarmal, und achten sie darauf, wo das Schlägerblatt über das Gras streicht. Genau da sollte Ihr Ball liegen. Dieser Punkt wird wahrscheinlich gegenüber der Mitte Ihrer linken Schulter liegen. Das paßt sehr gut, weil wir den Kopf dann leichter nach links drehen können, um den Ball zu sehen und gleichzeitig das Ziel zu »erfühlen.«

Nr. 5 vorgeschriebene Geschwindigkeit rechtzeitig zu erreichen. Je geringer Ihr Schwungtempo ist, desto weiter müssen Sie den Schläger schwingen, um diese Geschwindigkeit zu erreichen – je höher aber Ihr Schwungtempo ist, desto schwerer ist die Kontrolle über den Schlägerkopf. Das für Sie persönlich ideale Schwungtempo darf nicht so gering sein, daß Sie zu langen Schwüngen gezwungen sind, um den Ball bis ans Loch zu bringen, und es darf nicht so hoch sein, daß die Kontrolle über den Schlägerkopf zu einem Problem wird. Bis auf die ganz langen Putts sollte das Schwungtempo möglichst immer konstant sein, so daß die Länge des Rückschwunges über die Länge des Putts entscheidet. Nur wenn Sie das Gefühl haben, mit den festen Handgelenken und dem Pendelschwung nicht weiter zurückschwingen zu können, ohne daß es Ihnen unnatürlich und erzwungen erscheint, sollten Sie das Schwungtempo erhöhen, um dem Ball die erforderliche Länge zu geben.

Auf große Entfernungen vom Loch, von außerhalb des Grünrandes oder hangaufwärts, kann es angezeigt sein, zur Erzielung einer größeren Schlägerkopfgeschwindigkeit die Handgelenke beim Rückschwung leicht abzuwinkeln. Das ist aber individuell verschieden, und ich rate dazu, auszuprobieren, ob ein höheres Schwungtempo mit steifen Handgelenken oder das konstante Schwungtempo mit abgewinkelten Handgelenken vorzuziehen ist (oder vielleicht sogar eine Mischung aus beiden).

Stellen Sie sich bei langen Putts etwas offen an den Ball (die Zehen zeigen dabei leicht nach vorn), und Sie werden das Ziel besser »erfühlen« können.

Wie lese ich ein Grün?

Sobald er (oder sie) sich einem Grün nähert, wird der aufmerksame Golfer versuchen, das Grün zu »lesen«. Folgen Sie nun den auf den Abbildungen erläuterten einzelnen Schritten, und Sie werden darin genug Informationen finden, um – wenn es soweit ist – einen guten Putt zustande zu bringen.

1. Die generelle Hanglage eines Grüns läßt sich oft leichter aus einer gewissen Entfernung (etwa 50 m) erkennen, als von einem Standpunkt in der Nähe oder gar auf dem Grün.
2. Stellen Sie sich dann hinter das Loch, und analysieren Sie die Puttlinie aus diesem Blickwinkel.
3. Das gleiche dann vom Ball aus zum Loch. Wenn Sie sich nun an den Ball stellen, so haben Sie die Puttlinie schon aus zwei verschiedenen Blickwinkeln beurteilt.
4. Sie können die Puttlinie natürlich auch noch von der Seite her überprüfen.
5. Muß Ihr Gegner zuerst putten, so achten Sie genau darauf, wie sein Ball rollt, wie hart er geschlagen wurde und ob er weiter oder kürzer ist, als Sie angenommen haben. So bekommen Sie einen Eindruck von der »Stärke« des Hanges und von der Beschaffenheit des Grases.

Sind Sie dann mit Ihrem Putt an der Reihe, so schauen Sie sich die Linie noch einmal von der Seite an, um ein Gefühl für die Länge des Schlages zu bekommen. Ohne dadurch das Spiel zu verzögern, sollten Sie mindestens einen Probeschwung machen, der Ihnen im Anblick der Linie zum Loch hilft, sich auf die richtige Schwunglänge und das richtige Schwungtempo einzustellen.

1

2

3

4

5

Das Schöne am Golf ist, daß es auf der Welt keine zwei völlig gleichen Plätze gibt. Die Grüns unterscheiden sich in der Gestaltung, in ihrer Qualität und sogar in der Art des Grases. Nachdem Sie mit Ihrem Heimatplatz vertraut geworden sind, haben Sie eine feste Vorstellung von dem Standard seiner Grüns. Aus dieser Erfahrung leiten Sie Ihr Urteil über die »Tagesform« der Grüns ab; und das gilt für Ihren Heimatplatz genauso wie für jeden anderen. So spielt die Jahreszeit bei der Beurteilung eine große Rolle; aber auch das Wetter der zurückliegenden Tage und der Schnitt des Grases sind Faktoren, die Sie bei der Planung eines Putts berücksichtigen müssen. In wärmeren Regionen ist das Gras auf den Grüns manchmal wie ein weicher Flaum. Den Charakter dieses Grases kann man am besten am Wechsel der Schattierung erkennen, so wie es auf den gepflegten Rasenflächen mancher Gärten der Fall ist. Wächst das Gras von Ihnen weg, so erscheint es heller, und Sie können damit rechnen, daß der Ball weit rollt – manchmal sogar gegen den Hang des Grüns. Eine dunklere Schattierung zeigt an, daß das Grün auf Sie zu wächst und Ihren Ball eher abbremsen wird.

Bei langen Putts sollte man sich die letzten 1 bis 2 m vor dem Loch genau anschauen. Hier verliert der Ball seine Geschwindigkeit und wird entsprechend anfälliger gegenüber der Wachstumsrichtung des Grases. Selbst der Graswuchs unmittelbar an der Lochkante kann für die letzten Zentimeter des Putts von großer Bedeutung sein. Bei gewässerten Sommergrüns läßt sich die Schnelligkeit des Grüns aus der Farbe des Grases ablesen. Ein helles Grün ist schneller als ein dunkleres mit eher satten Farben.

Dave Pelz, früher NASA-Wissenschaftler und heute technischer Berater in Golffragen, hat den Prozeß des Puttens genau untersucht und ist zu dem Schluß gekommen, daß der ideale Putt so stark geschlagen sein sollte, daß er – falls er nicht ins Loch geht – ca. 40 cm über das Loch hinausrollt. Als Begründung gibt er an:

a) Ein Return-Putt von dieser Länge bedeutet im allgemeinen kein großes Problem.

b) So stark geschlagen, ist ein Ball gegenüber dem Graswuchs und den Grünwellen weniger anfällig.

c) Trifft ein so geschlagener Ball nicht genau die Lochmitte, so kann er immer noch von der Seite ins Loch fallen.

Alle Putts sind gerade!

Erfolgreiche Pros spielen ihre Putts fast immer so, als ob sie gerade wären. Nachdem sie Weg und Geschwindigkeit des Putts bestimmt haben, sehen sie das erfolgreiche Ergebnis bereits klar vor sich. Stellen also auch Sie sich den Weg des Balles bis ins Loch genau vor. Dabei sind einige Bezugspunkte entlang des Weges sehr von Nutzen. Das kann ein Fleck im Gras sein, ein Wechsel in der Färbung, eine ausgebesserte Pitch-Marke oder irgend etwas anderes zum leichteren Erkennen der Laufbahn des Balles.

Situation 1:

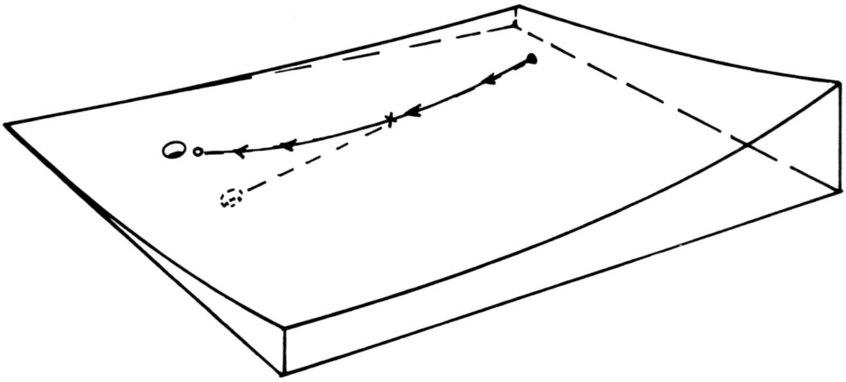

In all den vier hier gezeigten Situationen ist ein Punkt in der Verlängerung der Startlinie des Balles bestimmt worden, so als ob das Loch in unserer Vorstellung an diesen Punkt gerückt worden sei. Der Putt wird so angesetzt, als ob er in gerader Linie zu diesem »Einbildungs-Loch« rollen müßte. Die Bodenwellen und der Graswuchs werden den Ball dann von dieser geraden Linie zum wirklichen Loch hin abdrehen.

Situation 2:

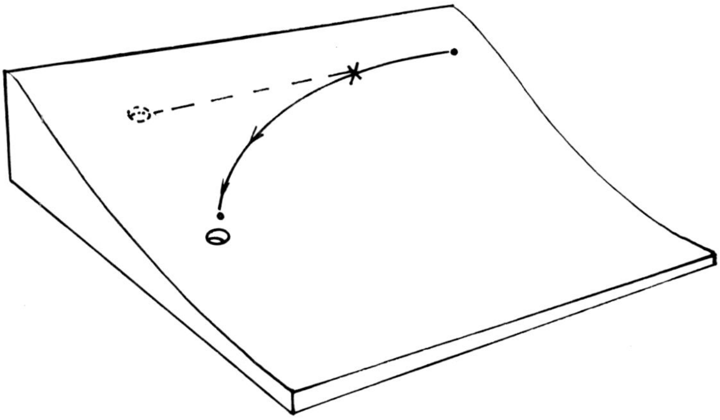

Situation 3:

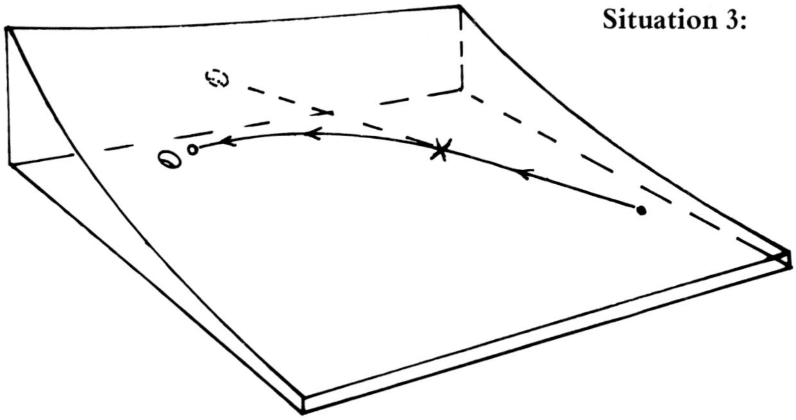

Situation 4:

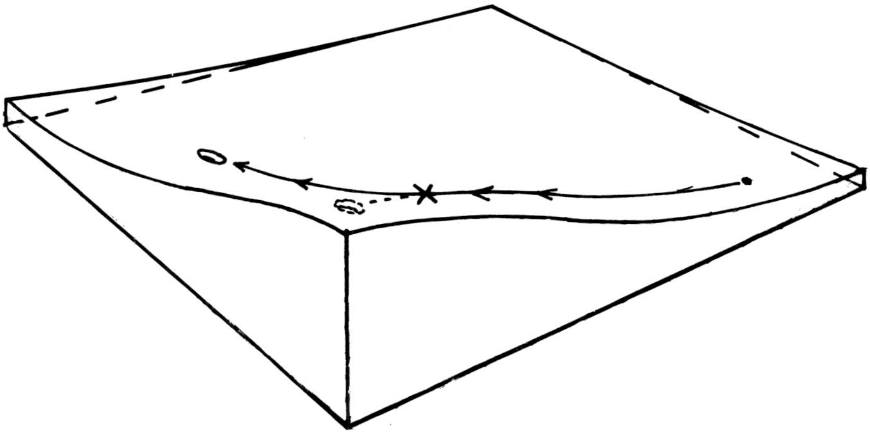

Wir üben das Putten

Übung 1:
»Eisenbahngeleise«: Legen Sie zwei Schläger parallel nebeneinander in Richtung auf das Loch, und lassen Sie zwischen den beiden gerade genügend Platz für die Breite des Putter-Schlägerblattes plus 1–2 cm an jeder Seite. Der Ball liegt zwischen den beiden Schlägern etwa auf halber Länge. Die Schläger dienen somit als Führungsschienen; und Sie können kontrollieren,
a) ob Sie den Schlägerkopf genau auf der Linie zum Ziel durch den Ball hindurchschwingen, das heißt ca. 10 cm vor und hinter dem Ball zwischen den beiden Schlägern;
b) ob das Schlägerblatt square zu den Führungsschienen ausgerichtet ist.

Wenn Sie so 10 Putts hintereinander eingelocht haben, können Sie die beiden Schläger weiter zurücklegen und dann die Übung wiederholen. Aus dieser Lage sollten Sie 8 von 10 Bällen einlochen.

Nehmen Sie die beiden Schläger nun immer weiter zurück, jeweils um eine Schlägerlänge, und setzen Sie sich als Ziel, aus jeder neuen Lage einen Ball weniger einzulochen. Die nicht eingelochten Bälle müssen hinter das Loch gehen, aber nicht weiter als ca. 40 cm.
Als erste Serie sollten Sie gerade Putts auf einem ebenen Teil des Übungsgrüns spielen. Danach können Sie in der Wahl der Aufgaben auf den jeweiligen Teilen des Übungsgrüns Ihrer Phantasie freien Lauf lassen.

Übung 2:
»Hürden«: Legen Sie 6–7 Schläger mit je etwa einem Meter Zwischenraum auf das Übungsgrün. Stellen Sie sich etwa 4,50 m von dem ersten Schläger entfernt auf und entscheiden Sie dann, wie weit Sie putten wollen. Wählen Sie zum Beispiel den fünften Schläger, dann muß der Ball – um in Ordnung zu sein – einen halben Meter vor diesem Schläger anhalten. Ändern Sie nun die Entfernungen nach oben und unten, so wie es im wirklichen Spiel auch der Fall ist.
Sinn dieser Übung ist es, Rückschwunglänge und Entfernung zum Ziel miteinander in Einklang zu bringen, und zwar in einem möglichst konstanten Schwungtempo.
Üben Sie zuerst auf einem ebenen Teil des Übungsgrüns und danach aufwärts und abwärts.

Übung 3:
»Putts steil abwärts«: Müssen Sie auf welligen, schnellen Grüns putten und haben Sie einen steilen Abwärtsputt vor sich, bei dem Sie sich kaum trauen, den Ball zu berühren, aus Angst, weit über das Loch hinauszuschlagen, so versuchen Sie einmal die folgende Übung: Treffen Sie den Ball nicht mit dem Sweet Spot, sondern statt dessen mehr mit der Spitze des Schlägerblattes. Das reduziert die Wirkung des Schlages, ohne daß Sie den Rückschwung zu einer unrhythmischen Bewegung verkürzen müßten.
Haben Sie keine Angst, daß das Schlägerblatt sich nach rechts drehen und den Ball dadurch ablenken könnte. Halten Sie den Schläger nur ein bißchen fester, und das Schlägerblatt wird völlig stabil bleiben. So können wir auf einem »gefährlichen« Grün einen richtigen Schlag machen. Rote Linie: Sweet Spot.

Übung 4:
»Heranziehen« von kurzen Putts: Konzentration ist für alle Schläge wichtig – aber ganz besonders beim Putten. Putts von einem Meter oder weniger können auch dem erfahrensten Turnier-Pro die wildesten Gedanken durch den Kopf jagen. Schauen Sie sich die Puttlinie ganz genau an, und entscheiden Sie dann, an welcher Stelle des Lochrandes der Ball hineinfallen soll. »Ziehen« Sie dann mit Ihren Augen diesen Punkt sozusagen zu sich heran, und denken Sie nur daran, daß und wie der Ball über diesen Punkt ins Loch gehen wird. Ich bin ziemlich sicher, daß Sie mit dieser Methode den Ball nur höchst selten so schief putten werden, daß er das Loch verpaßt.

Übung 5:
Das »Parken« eines langen Putts: Bei Putts von zehn und mehr Metern sind wir normalerweise mit einem Zwei-Putt-Finish zufrieden. Ein kleines Loch aus größerer Entfernung gesehen kann aber irritieren und einen ungezwungenen Puttschlag in Frage stellen.
Legen Sie drei Schläger um das Loch herum, im Abstand von etwa 80 cm, einen hinter das Loch und einen an jede Seite. Das ergibt um das Loch herum einen »Parkplatz«. Dieses Ziel anzuspielen erscheint nun plötzlich viel einfacher, und Sie werden entsprechend unbeschwerter schwingen. Haben Sie das Putten in diesen Parkplatz hinein erst einmal eine Weile geübt, so können Sie sich das dann auf dem Platz genauso vorstellen und auch lange Putts ganz entspannt angehen.

Zusammenfassung eines erfolgreichen Putt-Übungsprogrammes

1. Achten Sie schon aus der Entfernung auf die allgemeine Gestaltung des Grüns.
2. Schauen Sie sich die Puttlinie auch von hinter dem Loch an.
3. Schauen Sie sich die Puttlinie und die Bodenwellen auch von der Seite an.
4. Schauen Sie sich die Puttlinie auch von hinter dem Ball an.
5. Stellen Sie sich den Lauf des Balles mit verschiedenen Zwischenzielen (Kontrollpunkten) vor.
6. Suchen Sie sich einen Punkt, von dem aus Ihrer Meinung nach der Ball von der Geraden abdrehen wird. Stellen Sie sich eine gerade Linie vom Ball durch diesen Punkt hindurch bis zu einem »Einbildungs-Loch« vor, in der gleichen Entfernung wie das richtige Loch.
7. Machen Sie ohne Zielansprache ein paar Probeschwünge, um das Gefühl für Länge und Tempo des Putts zu bekommen.
8. Richten Sie das Schlägerblatt auf das »Einbildungs-Loch«, und stellen Sie sich dann so an den Ball.
9. Konzentrieren Sie Ihren Blick zuerst auf den Ball, und drehen Sie dann den Kopf leicht nach links, so daß Ihre Augen der geplanten Puttlinie durch die Zwischenziele bis zum »Einbildungs-Loch« folgen können.
10. Schlagen sie den Ball nun ohne weitere Verzögerung.

Kapitel 4

Auf und ab ums Grün

Bis hierher hat der Spieler mit hohem Handicap (= Wochenend-Golfer) sich durch die Befolgung unseres Programmes mit zwei Schwungabläufen vertraut gemacht:

a) Der Ein-Hebel-Schwung, bei dem Arme und Schläger eine Einheit bilden. Wir haben ihn in der ersten Phase unseres Schwung-Aufbauprogrammes und – in abgewandelter Form – im vorhergehenden Kapitel über das Putten besprochen.

b) Der Zwei-Hebel-Schwung, bei dem linker Arm und Schlägerschaft über das Bindeglied (Gelenk) der Handgelenke zusammenwirken. Diesen Schwung wenden wir in all den Lagen an, in denen die Kraft des kontrollierten Ein-Phasen-Pendelschwunges nicht ausreicht.

Wenn es überhaupt möglich wäre, mit dem Ein-Hebel-Schwung einen 230 m Drive zu schlagen, so könnten wir alle Schläge sehr viel besser kontrollieren und den riskanten Zwei-Hebel-Schwung vergessen, es sei denn, wir wollten unseren Drive 360 m weit schlagen! Bei der Behandlung der kürzeren Schläge um das Grün herum sollten wir uns daher zuerst überlegen: »Können wir in dieser Lage den zuverlässigeren Ein-Hebel-Schwung anwenden?« Beim kurzen Spiel ist ein kontrollierter Bewegungsablauf für die Präzision des Schlages von entscheidender Bedeutung. Der Ein-Hebel-Schwung paßt genau in dieses Konzept. Natürlich müssen wir für diese Situation auch den richtigen Schläger wählen. Nehmen wir an, Ihr Ball liegt knapp 5 m außerhalb des Grüns und die Fahne steht am anderen Ende des Grüns. Der Schlag ist 25–30 m weit, es sind keine Bunker oder Bodenwellen zwischen Ball und Loch und das Grün hängt leicht von hinten nach vorn (auf Sie zu). Da ist die Versuchung groß, den Wedge zu nehmen und den Ball aus den Handgelenken (also mit einem Zwei-Hebel-Schwung) hoch in die Luft zu schlagen, ihn ein paar Meter vor dem Loch aufsetzen zu lassen und zu hoffen, daß er tot am Loch liegenbleiben wird. Lassen Sie mich bitte eines klarstellen: Wenn Sie den Ball auf diese Weise in 80 % der Fälle auf 1,50 m an das Loch heranbringen, dann spielen Sie den Schlag nur ja weiter so – und überlegen Sie sich gleichzeitig, ob Sie nicht Pro werden wollen! Der Wochenend-Golfer ist zu so einem Schlag normalerweise nicht fähig und muß sich daher eine andere Lösung überlegen. Die nachstehenden Ausführungen sollen ihm dabei helfen.

Ich will versuchen, ein paar Aspekte aufzuzeigen, die Ihnen die Entscheidung darüber erleichtern sollen, welcher Schlag in dieser Lage das geringste Risiko beinhaltet. Welcher Schläger aus Ihrer Tasche ist am einfachsten zu kontrollieren? Die Antwort kann natürlich nur lauten – der Putter. Warum?

a) Er ist der kürzeste Schläger und sein Schlägerkopf daher am leichtesten zu kontrollieren.

b) Er hat keinen nennenswerten Loft, so daß wir uns nicht den Kopf darüber zerbrechen müssen, wie

weit der Ball beim ersten und zweiten Aufsetzen abspringen wird.
c) A conto des nicht vorhandenen Lofts können wir den Ball ohne allzu großen Rückschwung relativ weit schlagen.
d) Wir spielen den Schlag mit dem Ein-Hebel-Schwung.
All das könnte nun zu der irrigen Annahme verleiten, daß wir eigentlich überhaupt nur einen Schläger benötigen. Das »Putting-Prinzip« läßt sich aber nur so lange anwenden, wie wir den Ball nicht über ein Hindernis schlagen oder ihn aus irgend einem Grund kurz abstoppen müssen. Das gleiche gilt für den Ein-Hebel-Schwung. Er ist so lange bestens geeignet, bis unser Schlägerkopf schneller schwingen muß, um dem Ball Länge oder Backspin zu geben.
Basierend auf dem bisher Gesagten, wollen wir für das kurze Spiel folgende Konzeption postulieren:

»Wir versuchen, in allen Situationen den Schläger mit dem geringsten erforderlichen Loft zu nehmen und den Schläger so kurz wie möglich zurückzuschwingen.«

Sie werden das sicher besser verstehen, wenn wir uns die einzelnen Situationen, die ich für Sie ausgewählt habe, ganz genau anschauen. Zuerst aber ein Wort über die Vorbereitungen auf den Schlag.
Sobald wir uns außerhalb des Grüns bewegen, werden wir als erstes feststellen, daß die Lage des Balles jeweils sehr unterschiedlich sein kann. Ist der Rasen fast so gut wie auf dem Grün, so haben wir Glück gehabt. Der Ball kann aber ebensogut in tiefem Gras liegen oder auf einer völlig kahlen Stelle – vielleicht sogar auf einem Sandfleck, an einem Hang, auf einem Weg oder auf einer Stelle, von der ein anderer Spieler bereits einen Schlag gemacht hat.
Als erstes läßt sich also feststellen, daß die Lage des Balles bis zu einem gewissen Grad darüber entscheidet, was wir aus diesem Schlag überhaupt machen können. Als zweites müssen wir uns das Zielgebiet anschauen, wo unser Ball aufsetzen soll. Neben dieser Anfangs- und Endlage ist natürlich auch das ganze Gebiet dazwischen für unseren Schlag von Bedeutung. Und wenn wir das alles gesehen und abgeschätzt haben, dann können wir uns vorstellen, wie wir den Schlag ausführen werden. Zum besseren Verständnis wollen wir den Vorgang im einzelnen untersuchen.

Die Lage des Balles

Für die Konzeption dieses Lehrprogrammes werde ich die Lage des Balles in drei Klassen einteilen – gut, mäßig und schlecht. Die Lage ist gut, wenn man mit jedem Schläger des Satzes ohne Berücksichtigung des Lofts die Rückseite des Balles sauber treffen und ihn ohne Schwierigkeiten fliegen oder rollen lassen kann. Solche Lagen gibt es überall auf dem Platz. Sehen Sie zum Beispiel einen guten Spieler mit einem Holzschläger ins Rough gehen, dann hat er eben das Glück, den Ball sogar dort in einer guten Lage gefunden zu haben.
Die Lage ist mäßig (das muß nicht unbedingt negativ klingen), wenn der Ball in etwas tieferem Gras liegt und nur mit einigen Schlägern sauber herausgeschlagen werden kann, zum Beispiel einem Eisen 5, 6 oder mehr.
Aus einer schlechten Lage können wir den Ball – wenn überhaupt – nur mit einem Schläger mit sehr hohem Loft herausschlagen, also einem Eisen 9, dem Pitching Wedge und dem Sand Wedge. Im Extremfall sollten wir Zuflucht bei der Regel über den »unspielbaren Ball« suchen.
Je tiefer der Ball im Gras liegt, desto steiler muß der Auftreffwinkel unserer Schwungbahn in den Ball hinein sein. Das erfolgt zum Teil schon durch die entsprechende Schlägerwahl. Je kürzer der Schläger, desto steiler wird schon von Natur aus der Auftreffwinkel sein – und desto größer ist auch sein Loft. Das klingt beinahe so, als ob wir ein Kapitel übersprungen hätten und schon bei den »Trouble Shots« (Schlägen aus besonders schwierigen Lagen) angekommen wären.
Aber der erste Schritt bei der Vorbereitung auf einen Schlag ist nun mal die Analyse der Lage des Balles – und die kann auch auf einem Fairway sehr unterschiedlich sein. Aus einer guten Lage heraus kann man den Ball im allgemeinen normal und problemlos schlagen, weil Schlägerkopf und Ball sauber aufeinander treffen können. Liegt der Ball dagegen tiefer, so kann sich im Treffmoment etwas Gras zwischen Ball und Schlägerblatt schieben. Sie können das Ausmaß abschätzen, wenn Sie den Schlägerkopf vor dem Schlag hinter dem Ball aufsetzen (aber achten Sie darauf, den Ball dabei nicht zu bewegen, denn das kostet einen Strafschlag). Den Grad des Widerstandes des Grases zu erkennen, lehren uns Übung und Erfahrung. Je dichter das Gras ist, desto stärker ist er.

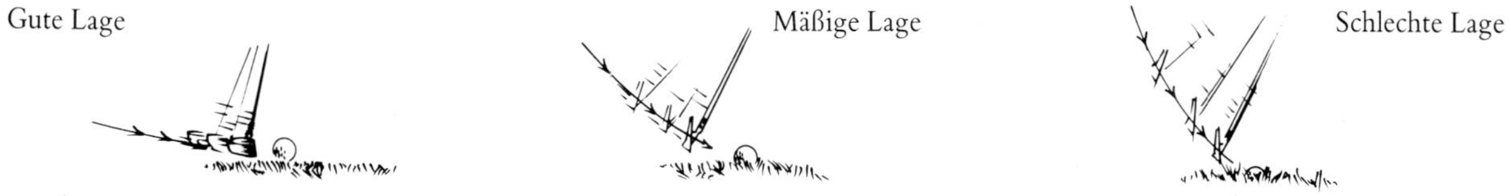

Aus solchen mäßigen oder schlechten Lagen geschlagenen Bällen kann das Schlägerblatt nur weniger Backspin geben, weil das Gras im Treffmoment gewissermaßen eine Schutzschicht über den Ball legt. Deshalb ist die Länge weiter Schläge aus solchen Lagen (sogenannte »fliers«) manchmal

»Tiddle-Winks« ergeben viel Backspin, aber nur von einem festen Untergrund. Das gleiche gilt für Golf!

schwer zu kontrollieren, während kürzere, mit mehr Loft geschlagene Bälle weniger Backspin erhalten und deshalb auf dem Grün schwer zu halten sind.

Dieser »Flier-Effekt« wird noch verstärkt, wenn das Gras durch vorangegangenes Sprengen oder Regen weich und glatt geworden ist.

Von einem festen Untergrund kann man dem Ball auch mehr Backspin geben, so daß er nur kurz ausrollt. Denken Sie dabei an das Kinderspiel »Tiddle-Winks«! Wenn die Scheibe hochfliegen soll, muß man einen festen Untergrund haben, um richtig pressen zu können. Dadurch erhält die Scheibe einen starken Backspin und fliegt hoch. Ein hoch auf dem Gras oder auf weichem Untergrund liegender Ball wird demzufolge schwerer zu stoppen sein. Aus all dem sehen Sie, daß die Lage des Balles einen großen Einfluß auf die Planung des jeweiligen Schlages hat.

Das Zielgebiet

Wir wenden uns jetzt dem Grün zu und untersuchen die Faktoren, die wir bei der Planung unseres Schlages zu berücksichtigen haben. Die Analyse der Lage des Balles hat uns die Möglichkeiten von diesem Standpunkt aus aufgezeigt. Was wollen wir nun aus der Begutachtung des Zielgebietes ersehen?

(1) Ist das Grün hart oder weich? Spielt Ihr Gegner vor Ihnen, so achten Sie – wie beim Putten – genau auf seinen Schlag und wie der Ball beim Aufsetzen auf das Grün reagiert. Hat er »Biß« (das heißt stoppt er nach dem ersten oder zweiten Hupfer), rollt er kurz oder weit? Wenn Sie das Spiel dadurch nicht aufhalten, können Sie vorgehen zum Grün und auch darüberlaufen, um die Grasbeschaffenheit vor allem dort zu prüfen, wo Ihr Ball aufsetzen soll.

(2) Wohin hängt das Grün? Fällt es von Ihnen aus gesehen ab, so wird Ihr Ball weiter rollen, steigt es zu Ihnen hin an, so ist das Gegenteil der Fall. Für seitlich hängende Grünflächen gilt das gleiche wie beim Putten.

(3) Ist das Loch so gesteckt, daß nach dem Annäherungsschlag ein Aufwärtsputt leichter wäre? Wenn ja – suchen Sie sich das entsprechende Zielgebiet.

(4) Ist das Loch nahe bei einer potentiellen Falle (Bunker, Rough oder eine steile Grünkante)? Je länger Ihr Annäherungsschlag ist, desto größer muß der Fehler-Spielraum sein, den Sie einkalkulieren. Den meisten Golfern fällt ein langer Putt leichter als ein kurzer Bunkerschlag.

(5) Spielen Sie auf ein hoch- oder tiefliegendes Grün? Liegt das Grün über Ihnen, so muß der Ball natürlich entsprechend hoch fliegen. Er wird aber relativ früh aufsetzen und deshalb weniger Länge haben. Auch ein unter Ihnen liegendes Grün werden Sie häufig hoch anspielen müssen; aber dieser Ball wird länger in der Luft bleiben und weiter fliegen, bevor er aufsetzt.

Diese Analyse des Zielgebietes zeigt uns, wie wir den Schlag spielen müssen; während die Lage des Balles uns sagt, wie wir den Schlag spielen können. Fügen wir unsere Erkenntnisse über das dazwischen liegende Gebiet hinzu, so wird die Sache langsam klar. Ist dieses Gebiet eben oder wellig? Müssen wir über einen Bunker oder ein Wasserhindernis spielen? So können wir dann die Flugbahn des Balles bestimmen, wie auch die Art des Schlages und die Wahl des Schlägers.

Wir wollen nun ein paar unterschiedliche Situationen betrachten und, ausgerüstet mit einem Satz Schläger und zwei verschiedenen Golfschwüngen, den jeweils verlangten Schlag definieren. Wir stehen zunächst nahe am Grünrand, nicht weiter als 20–30 m vom Loch.

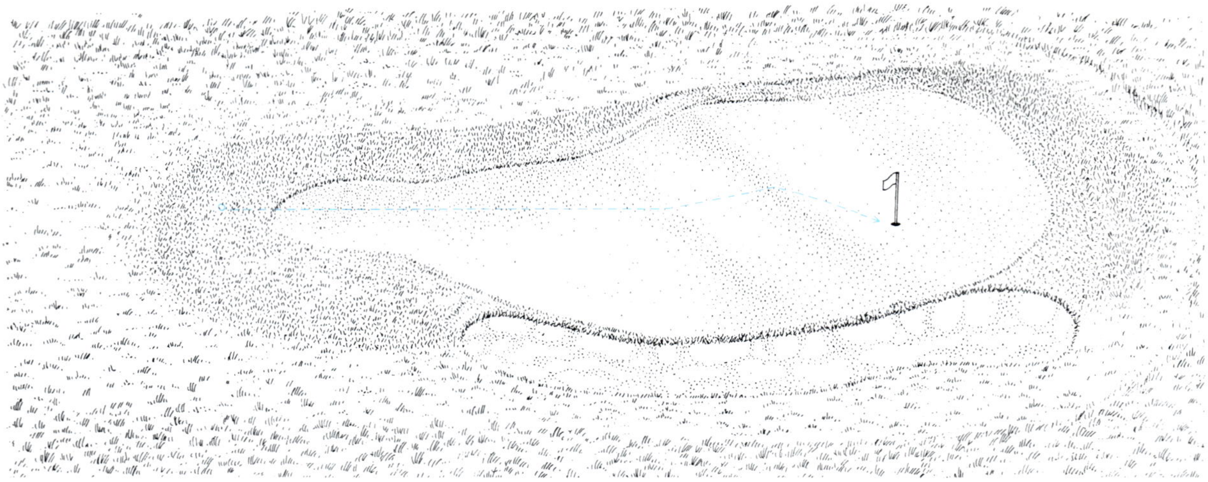

Situation 1

Analyse:
Der Ball liegt gut auf dem Vorgrün. Die Fahne steht auf der kleineren, erhöhten, hinteren Hälfte des Grüns, das nach rechts zu einem Bunker hin abfällt. Der Zustand des Grüns ist tadellos, und es steigt nach hinten zur Fahne an.
Der Schlag:
Da der Ball gut liegt und das Gras zwischen Ball und Grünrand kurz geschnitten ist, können wir den Schläger nehmen, den wir am sichersten kontrollieren – den Putter. Wir spielen das Loch von links an, weil der Ball durch die Bodenwelle des Grüns und den Hang zum Bunker nach rechts abdrehen wird. Da das Grün nach hinten ansteigt, sollten Sie nicht zu weit putten, weil der Rückputt zum Loch dann abwärts verläuft und womöglich wieder über die Bodenwelle hinunterrollt. Unser Zielpunkt liegt also etwa 1 m links von der Fahne, und wir versuchen, den Ball kurz vor das Loch zu putten.

Schlagtechnik und Schlägerwahl: Ein langer Putt mit äußerster Schwunglänge – und vielleicht mit erhöhtem Tempo, je nach der Höhe Ihres Standard-Schwungtempos. Ein-Phasen-Schwung. Der Ball muß stark geschlagen werden, um die Bodenwelle des Grüns und den Gegenhang zu überwinden.

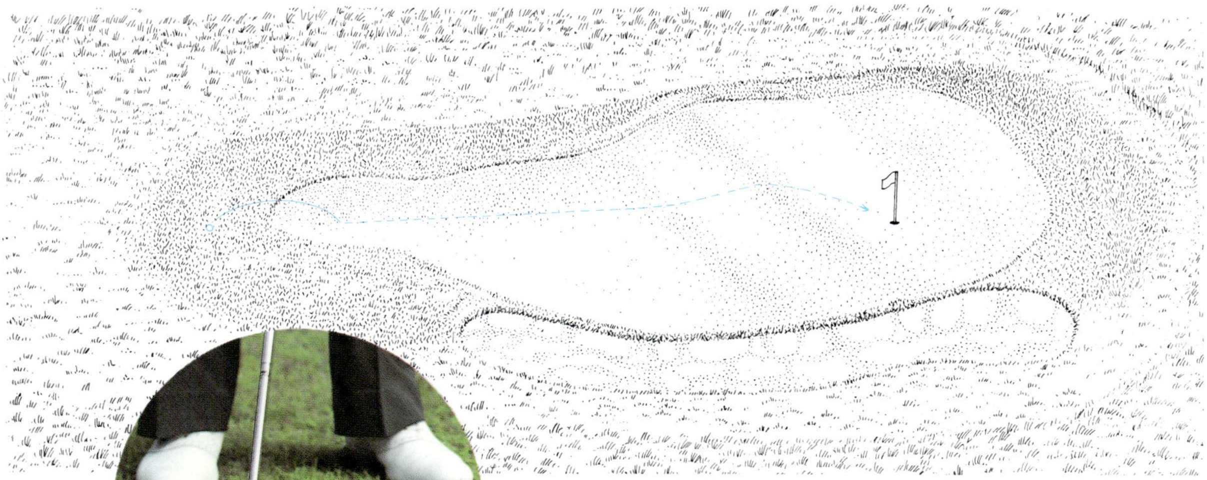

Situation 1 A

In Abwandlung von Situation 1 ist der Boden zwischen Ball und Grünrand uneben, so daß ein Putt riskant wäre. Ein rollender Ball könnte durch eine Unebenheit abgelenkt werden und an Länge verlieren. Aus dieser Lage muß der Ball also zuerst hochgeschlagen und über das Vorgrün gespielt werden, so daß er erst 60–90 cm hinter dem Grünrand auf dem Grün aufsetzt. Von dort wird er dann wie ein Putt weiterrollen.

Das heißt, daß der Ball zuerst etwa 3,50 m fliegt und die restlichen ca. 20 m rollt, davon die letzten Meter leicht aufwärts. In dieser Lage empfiehlt sich ein Eisen mit relativ geringem Loft, also Eisen 4 oder 5. Damit können wir den Schlag kurz halten und dem Schläger die Hauptarbeit überlassen. Wie aber spielen wir diesen Schlag?

Als erstes stellen wir fest, daß diese Eisen, normal gehalten, länger sind als ein Putter. Wir versuchen also, das Eisen in einen Putter umzufunktionieren. Schließlich interessiert uns in diesem Fall bei dem Eisen nur sein Loft. Greifen wir den Schläger also etwas tiefer am Schaft, so ergibt sich zwischen Griff und Schlägerkopf die gleiche Distanz wie beim Putter. Stellen Sie sich an den Ball, in einer dem Putten möglichst gleichen Weise, unterschiedlich nur in bezug auf die Lage des Balles. Beim Chip – so nennt man diesen Schlag – wird der Ball im Vergleich zum Putt mehr vom rechten Fuß gespielt. Dadurch stehen die Hände beim Ansprechen etwas vor dem Ball, schwingen den Schläger steiler in den Ball hinein und begünstigen dadurch den direkten Kontakt zwischen Schlägerblatt und Ball. Auch aus schlechteren Lagen in tiefem Gras muß man den Ball eher vom rechten Fuß spielen, um aus einem steilen Auftreffwinkel heraus unter dem Ball hindurchzuschlagen und ihn so in die Luft zu bekommen.

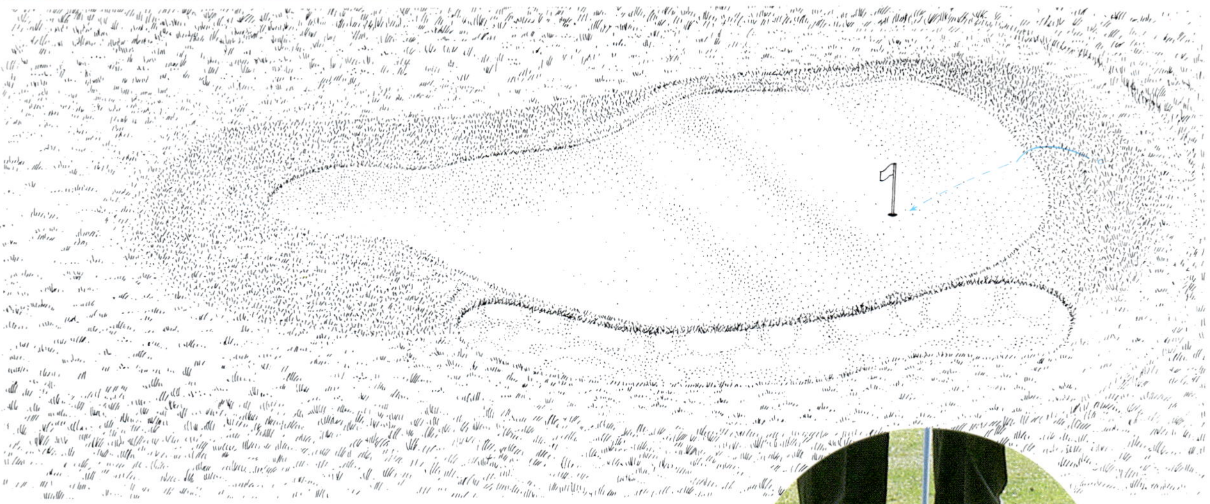

Situation 2

Analyse:
Der Ball liegt gut und ziemlich nahe (knapp 3 m) am Grünrand. Das Grün fällt zum Loch hin ab, und zwischen Grünrand und Fahne sind nur 4,50 m. Nach links fällt das Grün im weiteren Verlauf zum Bunker hin ab.
Der Schlag:
Halten Sie wegen der Hanglage des Grüns etwas nach rechts. Der Ball sollte steil in die Luft gehen und mit »angezogener Bremse« (Backspin) auf dem Grün aufsetzen, damit er nicht zu weit über das Loch hinausläuft – wenn auch ein Aufwärtsputt jeder anderen Lage ums Loch herum vorzuziehen ist. Es ist nur ein ganz kurzer Schlag mit langsam schwingendem Schlägerkopf, der dem Ball aber trotzdem Backspin geben muß.
Schlagtechnik, Schlägerwahl:
Ein-Hebel-Schwung und ein Schläger mit starkem Loft, um den Ball hoch zu bekommen und – was noch wichtiger ist – ihm Backspin zu geben. Wir werden wählen zwischen einem Eisen 9 und dem Pitching Wedge.

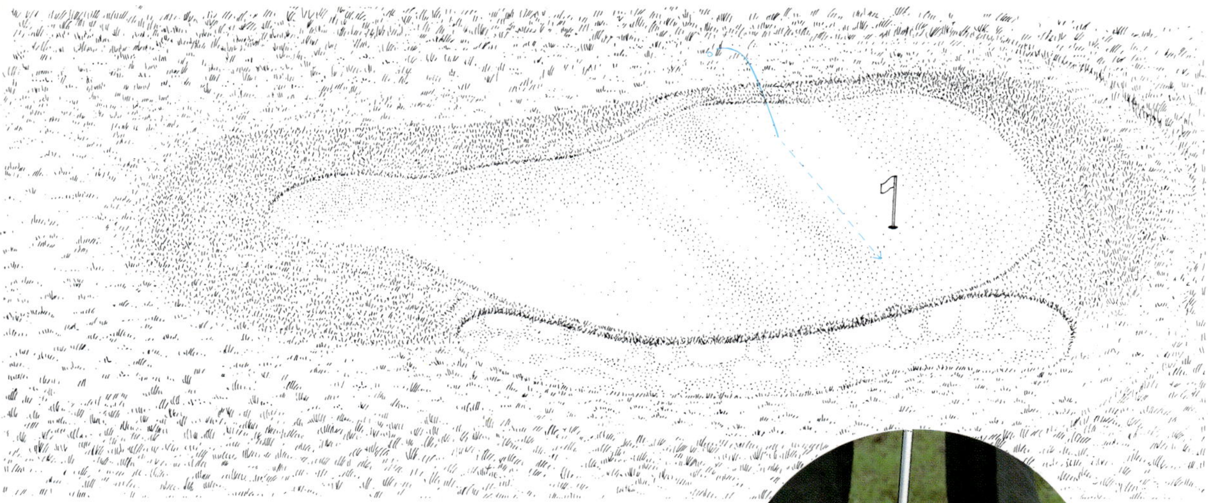

Situation 3

Analyse:
Der Ball liegt gut auf dem Fairway, ungefähr 9 m vom Grünrand, aber das Gras ist etwas hoch. Etwa 3–4 m vor dem Grün ist welliges Gelände. Das Loch ist 9 m vom Grünrand entfernt. Das Grün hängt nach links und fällt hinter dem Loch zu einem Bunker hin ab.
Der Schlag:
Der Ball fliegt über Fairway und Vorgrün und setzt 1 m hinter dem Grünrand auf dem Grün auf. Wir spielen das Loch von links an. Ein leichter Backspin läßt den Ball gerade noch bis zum Loch rollen. Er sollte (für einen Aufwärtsputt) möglichst etwas rechts und ein wenig zu kurz sein.
Schlagtechnik, Schlägerwahl:
Zur Erzielung eines leichten Backspins ein Eisen mit mittlerem Loft, also eine 7 oder 8. Damit können wir den Ball über das wellige Gelände hinweg aufs Grün schlagen und ihm durch den Loft den notwendigen Backspin geben. Auch in diesem Fall ist der Ein-Hebel-Puttschwung angebracht und in der Regel zuverlässiger.

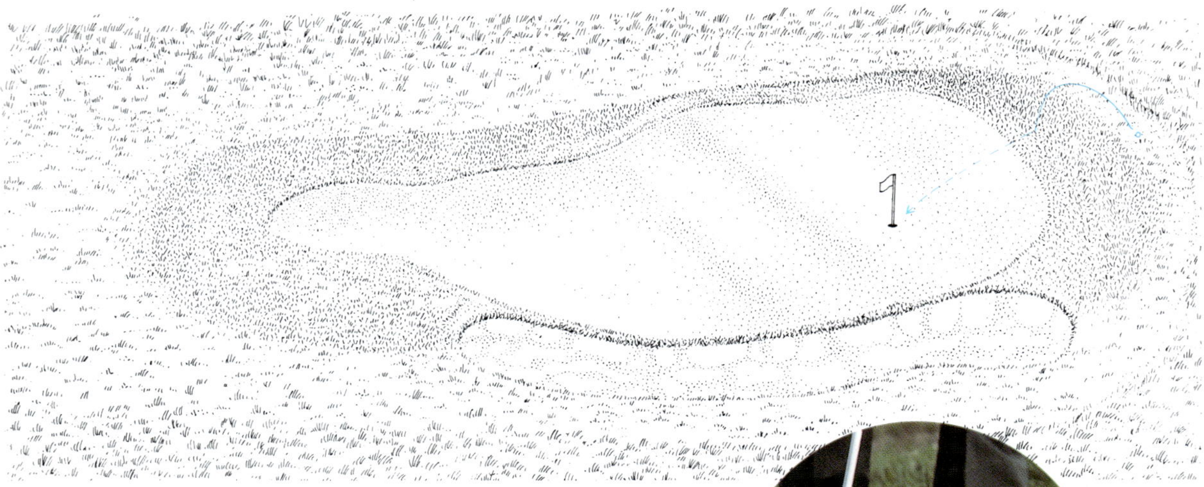

Situation 4

Analyse:
Der Ball liegt mäßig in etwas tieferem Gras, ungefähr 6 m vom Grünrand entfernt. Die Fahne steht ziemlich nahe am Grünrand. Das Grün fällt von uns aus gesehen ab.
Der Schlag:
Die Nähe des Grüns und die von uns aus gesehen abfallende Grünfläche erfordern einen steilen, schnell hochsteigenden Ball mit viel Backspin, der nicht zu weit ausrollt.
Schlagtechnik, Schlägerwahl:
Die tiefe Lage des Balles im Gras kann den Backspin-Effekt reduzieren. Unsere Schlägerwahl und unsere Schlagtechnik müssen also darauf abgestimmt sein, das Maximum an Backspin zu produzieren, um den Ball so hoch wie möglich zu bekommen und so wenig wie möglich ausrollen zu lassen. Wir nehmen den Schläger mit dem stärksten Loft, den Sand Wedge (hätte er eine Nummer, so wäre es wahrscheinlich die 12) und sprechen den Ball so an wie in Situation 1 A, nur ein bißchen mehr vom rechten Fuß, so daß die Hände wiederum leicht vor dem Ball und Schaft sind. Auch hier der Ein-Hebel-Schwung mit leichtem Einsatz der Handgelenke im Rückschwung. Die Arme führen den Schläger in einer steilen Abwärtsbewegung, um den Schlägerkopf unter dem Ball hindurchzuschwingen und dem Ball durch den früher beschriebenen »Tiddle-Winks-Effekt« mehr Backspin zu geben.
Will man den Ball aus einer solchen Lage rechtzeitig zum Stehen bringen, so muß man ihn unter Umständen schon vor dem Grün aufsetzen lassen. Dieses Risiko gehen wir nur ungern ein, können es in einer solchen Lage aber nicht vermeiden.

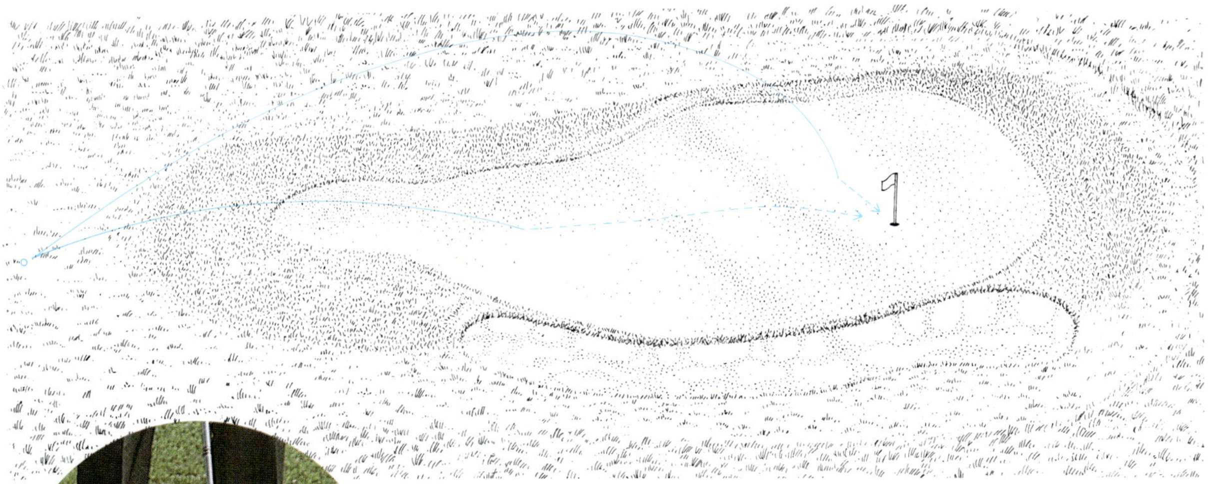

Alternative a)

Situation 5

Analyse:
Der Ball liegt auf dem Fairway ungefähr 18 m vom Grünrand und 40 m vom Loch entfernt. Die Fahne steht rechts auf dem Grün, nahe der Bodenwelle. Das Zielgebiet ist also relativ klein und sein Untergrund eher hart, weil die höher liegenden Teile des Grüns naturgemäß schneller austrocknen. Die direkte Linie zwischen Ball und Fahne bietet keine Probleme; auf der rechten Grünseite mit ihrem abfallenden Boden und dem nahen Bunker aber lauert die Gefahr.
Der Schlag:
Zwei Alternativen:
a) Ein hochfliegender Pitch direkt auf das hintere

Plateau des Grüns, so nahe an der Oberkante der Bodenwelle aufsetzend, wie Sie es riskieren, etwa 1–2 m links vom Loch angespielt.
b) Ein flacherer Pitch, auf der unteren Grünhälfte aufsetzend und zum Loch hinauf ausrollend.
Schlagtechnik, Schlägerwahl:
Zwei Alternativen:
a) Ein hochfliegender Präzisionsschlag von 40–45 m. Das mag für weniger geübte Golfer unerreichbar sein, weil sie mit Wedge oder Sand Wedge keine so langen Bälle präzise schlagen können. Nur diese beiden Schläger aber kommen in Frage. Für schwächere Spieler ist daher Alternative b) die sicherere Lösung.
Bei Alternative a) müssen wir den Zwei-Hebel-Schwung anwenden, weil:
1. Die Länge des Schlages eine hohe Schlägerkopfgeschwindigkeit verlangt.
2. Der Schlägerkopf bei diesem hochfliegenden Ball sehr schnell schwingen muß, um dem Ball sofort einen starken Backspin zu geben, damit er schnell und steil ansteigt, um dann am Loch aufzusetzen und tot liegen zu bleiben. Das erfordert einen »geschnittenen Schlag« mit Sand Wedge oder Pitching Wedge.
Halten Sie die Hände beim Ansprechen vor dem Ball, und greifen Sie den Schläger etwas tiefer, um ihn besser kontrollieren zu können. Die Füße stehen offen, Schultern und Hüften sind etwas nach links vom Ziel ausgerichtet, die Füße sind enger beieinander als sonst und das Körpergewicht ist gleichmäßig auf beide Füße verteilt.
Winkeln Sie die Handgelenke schon früh im Rückschwung ab, und schwingen Sie den Schläger relativ gerade und steil nach oben zurück. Stimmen Sie den Einsatz von Hüften und Armen im Abschwung gut aufeinander ab, lassen Sie die Handgelenke dabei abgewinkelt, und schlagen Sie fest von oben in den Ball hinein. Das im Verhältnis zur Schwungbahn leicht aufgedrehte Schlägerblatt verleiht dem Ball einen gewissen Seitwärtsdrall nach rechts, so daß er nach dem ersten Aufsetzen entsprechend nach rechts abrollen wird.
Alternative b): Sie ist für alle Spieler geeignet, für weniger geübte Golfer – wie schon gesagt – sogar die einzige Lösung. Die Schlägerwahl ist Geschmackssache; man sollte sich aber den Schlag in jedem Fall genau überlegen. Der Ball wird niedriger fliegen als bei Alternative a) und den Hang hinauflaufen. Der bessere Spieler wird wahrscheinlich zum Eisen 7 oder 8 greifen, der schwächere zum Eisen 6 oder 7.
Halten Sie die Hände beim Ansprechen über dem Ball, richten Sie die Füße square aus, und greifen Sie den Schläger kürzer und fester als sonst. Schwingen Sie zurück wie gewöhnlich und so weit, wie es der Schlag erfordert. Schwingen Sie durch den Ball hindurch, lassen Sie die Arme rotieren, und halten Sie dabei das Schlägerblatt im Treffmoment square, so daß der Ball nicht sehr hoch geht.
Wichtig ist, daß die Handgelenke beim Durchschwung nicht abgewinkelt werden. Sie schlagen diesen Ball also mit einem festen Griff mehr aus den Oberarmen heraus.

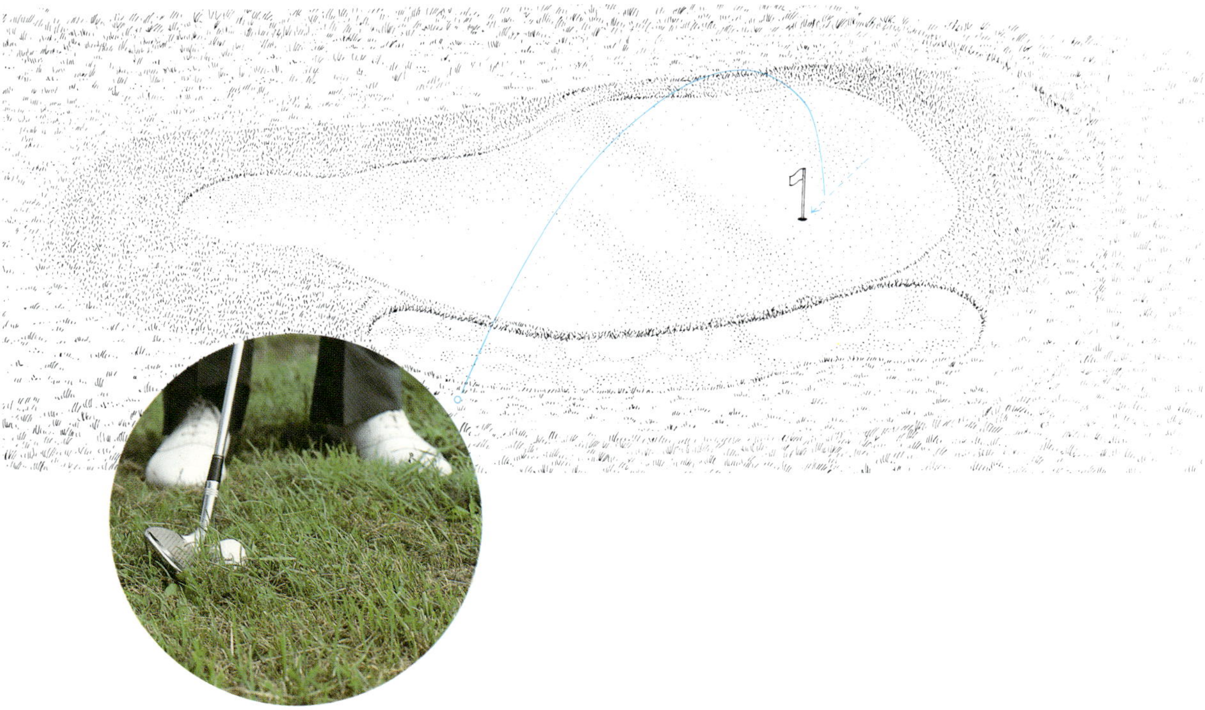

Situation 6

Analyse:
Der Ball liegt schlecht in tiefem Gras, das hinter ihm besonders dicht ist. Die Fahne steht kurz hinter dem Grünrand. Das Grün fällt zu uns und zu einem Bunker hin ab, der fast die ganze Fläche zwischen Ball und Fahne ausfüllt.
Der Schlag:
Der Ball muß möglichst hoch über den Bunker gehen und dann auf dem Grün aufsetzen. Die Lage des Balles hilft uns hier gar nichts; das im Treffmoment zwangsweise zwischen Ball und Schlägerblatt befindliche Gras wird den Backspin-Effekt vielmehr erheblich reduzieren. Taktisch schlau wäre ein Pitch kurz hinter die Fahne, in der Hoffnung, daß der Gegenhang den Ball möglichst bald abstoppen wird. Der Ball muß also fest geschlagen werden. Wir sind in einer solchen Situation leicht versucht, den Ball vor das Grün zu pitchen und ihn dann auf das Grün springen zu lassen. Da wir aber aus dieser Lage heraus die im Treffmoment tatsächlich wirksame Schlagkraft kaum exakt einschätzen können, ist ein Irrtum nur allzu leicht – und unser Ball landet im Bunker. Auch hier ist ein langer Putt einem kurzen Bunkerschlag vorzuziehen.
Schlagtechnik, Schlägerwahl:
Auch in dieser Lage ist der in Situation 5 beschriebene »geschnittene Schlag« die beste Lösung. Nehmen Sie den Sand Wedge. Sein leicht aufgedrehtes Schlägerblatt vergrößert noch seinen Loft. Der Widerstand des Grases verlangt im Abschwung ein stärkeres Zuschlagen als sonst.

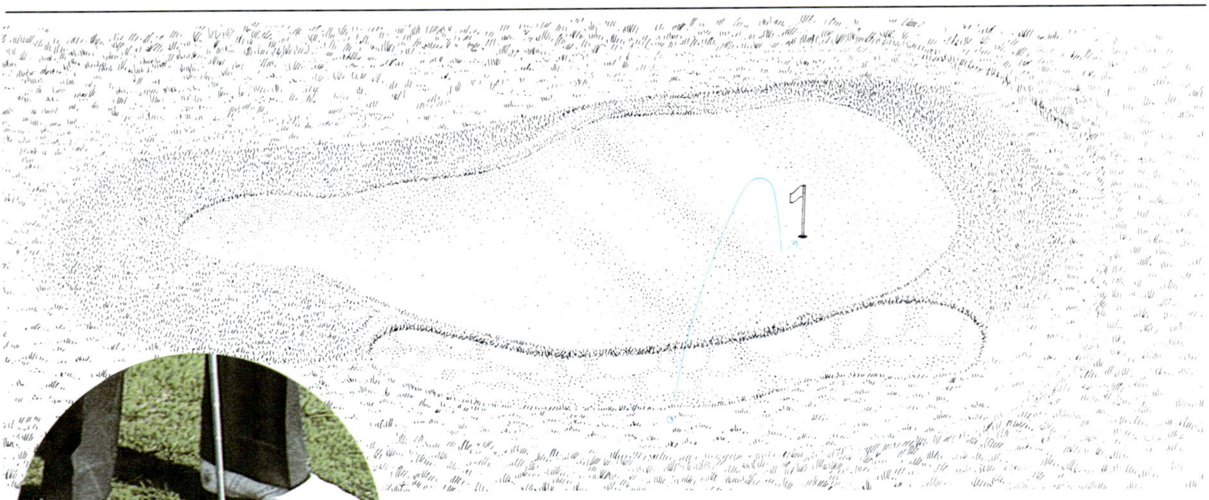

Situation 7

Analyse:
Der Ball liegt gut. Zwischen ihm und dem Loch ist ein Bunker. Die Fahne steht auf einem leicht nach links abfallenden Grün, das vor dem Loch etwas ansteigt.
Der Schlag:
Ein hochfliegender Ball, der »weich« aufsetzt und nur kurz zur Fahne ausrollt.
Schlagtechnik, Schlägerwahl:
Spielen Sie den Ball mehr vom linken Fuß, und halten Sie die Hände beim Ansprechen hinter dem Ball. Stehen Sie offen, etwas weiter als sonst, und legen Sie Ihr Gewicht ein bißchen mehr auf die rechte Seite. Drehen Sie das Schlägerblatt auf, so daß es zur Fahne zeigt. Halten Sie den Schläger fest, und schwingen Sie langsam. Zwei-Hebel-Schwung und frühzeitiges Abwinkeln der Handgelenke beim Rückschwung. Im Abschwung feste Handgelenke und offenes Schlägerblatt. Der Schlag wird ein sogenannter »Lob«, mit Backspin und Höhe, in erster Linie verursacht durch den Loft des Schlägers, in diesem Fall des Sand Wedge. Versuchen Sie bitte nicht, den Ball absichtlich »hochzulupfen« – überlassen Sie das dem Schläger.

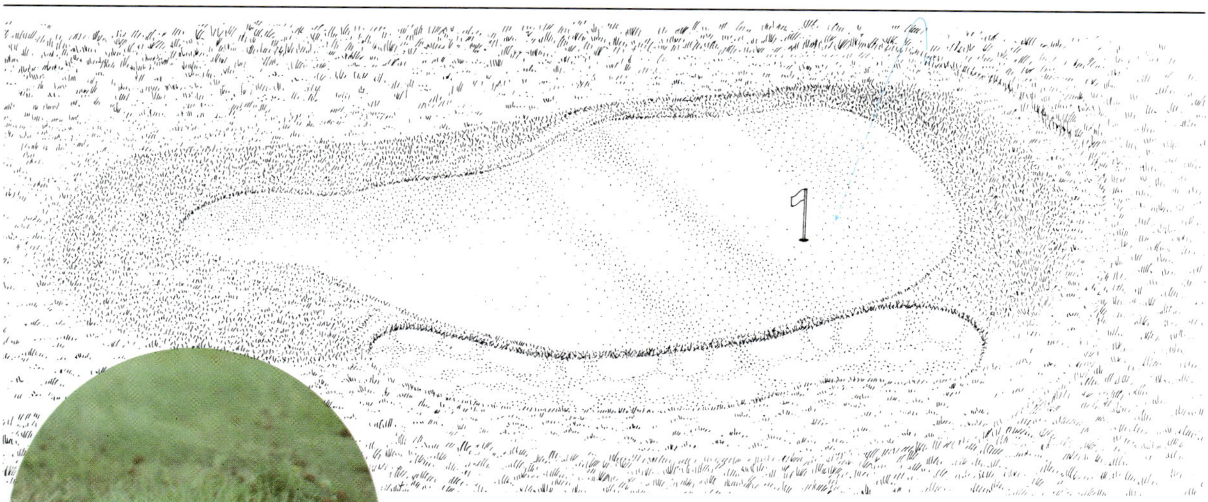

Der Schlag:
Ein halbhoher Pitch, der kurz vor dem Grün zum ersten Mal aufsetzt auf einer etwa 1,50 m links von der Fahne vorbeilaufenden Linie. Der Ball rollt dann nach rechts zum Loch und sollte kurz vor ihm liegen bleiben, damit man nicht einen langen Aufwärtsputt zurück hat.

Situation 8

Analyse:
Der Ball liegt in leichtem Rough hoch auf dem Gras und hat zwischen sich und dem Boden etwa 8 cm »Luft«. Das Ansprechen dieses Balles ist nicht so einfach, weil er leicht von seinem Thron herunterfallen kann.
Die Fahne steht hinten auf dem Grün, das zu einem Bunker nach rückwärts abfällt und außerdem von links nach rechts hängt. Der Ball muß zuerst über 2–3 m Rough und dann über Fairway und Vorgrün gehen, die allerdings beide ganz eben sind. Die Gesamtlänge des Schlages beträgt ca. 15 m.

Schlagtechnik, Schlägerwahl:
In diesem Fall ist die Lage des Balles ein wichtiger Faktor. Man kann nämlich leicht zu tief unter den Ball schlagen und ihn dann nur mit der Oberkante des Schlägerblattes »dünn« treffen, so daß er viel zu kurz bleibt. Man sollte ein Eisen 8 oder 9 nehmen und den Schläger kürzer und fest greifen. Der Ein-Hebel-Schwung wäre hier die einfachste Lösung; fürchten Sie jedoch stärkeren Widerstand durch das Gras, so setzen Sie die Handgelenke beim Rückschwung ein, um den Schlägerkopf etwas mehr zu beschleunigen.

Kapitel 5

Schwierige Lagen und wie man sie meistert

Irgend jemand hat irgendwo einmal Golf als ein Spiel beschrieben, bei dem es nicht so sehr darauf ankomme, gute Schläge zu machen, als vielmehr darauf, sich nach den schlechten Schlägen wieder aufzurappeln. Wahrhaft weise Worte! Die perfekte Golfrunde hat es nie gegeben und wird es auch nie geben. Das ist eine der schönen Seiten dieses Spiels. Golf gibt Ihnen immer die Chance, Fehler wieder gutzumachen, und das macht es zu einer so menschlichen Sportart. Mein Herz blutet für den Ski-Abfahrtsläufer, der ein paar Sekunden nach dem Start auf der Piste stürzt und damit ausscheidet. Im Golf aber können Sie selbst nach einem schlechten Start am Ende noch gewinnen. Fehler sind menschlich, sie wieder gutzumachen ist eine große Herausforderung, der endgültige Erfolg ist dafür der schönste Lohn.

Schwierigkeiten können uns auf dem Platz in vielfacher Gestalt begegnen und müssen keineswegs immer die Folge schlechter Schläge sein. Ein Billardspieler kennt sein »Spielfeld« ganz genau, er weiß, wie die Bälle reagieren usw.; bei einem Tennisspieler ist es ähnlich; der Golfer aber kämpft mit Mutter Natur und all den Überraschungen, zu denen sie fähig ist.

Kurze Schläge aus dem Sand

Im vorhergehenden Kapitel sprachen wir über die Aufgaben, Probleme und ihre Lösung rund ums Grün durch Chipping und Pitching Shots. Wir bleiben weiter in Grünnähe, gehen jetzt aber in den Bunker.

Wenn es eine Situation gibt, die dem Durchschnittsgolfer Kopfschmerzen bereitet, so ist es die Lage des Balles im Bunker am Grünrand, mit einer hohen Kante zwischen sich und dem nur ein paar Meter entfernten Loch. Doch Erfahrung fördert unser Selbstvertrauen; und wenn wir erst einmal das Grundprinzip der Schläge aus dem Sand erfaßt haben, kann aus den Kopfschmerzen ein Vergnügen werden. Es gibt sogar einige Spitzenspieler, die in gewissen Situationen lieber aus dem Sand als von der Bahn spielen!

Der von uns systematisch aufgebaute Golfschwung ist die Basis für alle Zwei-Hebel-Schläge; und wenn wir unseren Ball nicht aus dem Bunker herausschippen oder -putten, so werden wir genau diesen Schwung in all den folgenden Situationen anwenden.

Finden Sie Ihren Ball in einer solchen ungewöhnlichen Lage, so sollten Sie dieser Aufgabe vor allem mit Selbstvertrauen begegnen. »Ich werde den Ball da herausbekommen – und zwar in eine gute Ausgangslage für den nächsten Schlag!« Aber leider vergessen die meisten Golfer in einer solchen »Zwangslage« ihren natürlichen, normalen Schwung; vor allem, wenn der Schlag kurz ist. (Ich habe eine ähnliche Erfahrung gemacht, als ich beim Skilaufen vom »Idiotenhügel« zur richtigen Abfahrt wechselte.) In der sicheren, problemlosen

Suchen Sie sich eine flache Stelle im Bunker, und teen Sie Ihren Ball etwa 2 cm hoch auf. Sprechen Sie den Ball dann wie zu einem Schlag vom Fairway an. Stellen Sie sich

fest in den Sand, wobei sich Ihre Füße ruhig etwas eingraben können. Diese Tatsache und der aufgeteete Ball zwingen Sie, den Schläger etwa 2,5 cm kürzer zu greifen, weil Sie sonst hinter dem Ball tief in den Sand schlagen würden.

Als nächstes setzen Sie einen Ball auf ein etwa 1 cm hohes Sandhäufchen, nehmen die Füße etwas weiter zusammen und versuchen dann, mit einem vollen Sand Wedge das

Sandhäufchen unter dem Ball wegzuschlagen. Damit bekommen Sie das richtige Gefühl dafür, auf etwas anderes als den Ball zu schlagen und ihn hochfliegen zu sehen, ohne ihn direkt getroffen zu haben. Diesen Schlag spielen Sie mit ihrem ganz normalen Schwung.

Situation habe ich Mut – in der neuen, höchst problematischen verläßt er mich.
Ich möchte, daß Sie sich jetzt einen Bunker suchen, aus dem heraus Sie längere Schläge spielen können. Gibt es so etwas nicht auf dem Übungsgelände, so gehen Sie an einem ruhigen Tag auf den Platz, wenn er möglichst leer ist und nehmen ein Eisen 7, einen Sand Wedge sowie einen Haufen Übungsbälle und Tees und versuchen die folgende Übung. Bei den ersten Schlägen aus dem Sand werden Sie das Gefühl haben, den Ball aus einem Siruptopf herauszuspielen und gar nicht voll schwingen zu können. Das wird sich aber bald ändern, Ihr normaler Schwung wird sich durchsetzen, und Sie werden sich im Sand fast zu Hause fühlen. Es ist einfach eine Frage des wachsenden Selbstvertrauens.
Der durch den Schlägerkopf verdrängte Sand hebt den Ball aus dem Bunker heraus. Durch den Sand wird übrigens der ganze Schlag weicher, so daß der Ball ebenso »weich« aus dem Bunker herauskommt.

Der Sand Wedge (Das Sand-Eisen)

Wir wollen das Bälleschlagen mal einen Moment unterbrechen und uns das Instrument anschauen, das a conto seiner Gestaltung diesen Effekt im Sand auslösen kann. Und da möchte ich gleich feststellen, daß ein Golfer ohne richtigen Sand Wedge kaum in der Lage sein wird, mit einiger Regelmäßigkeit sicher aus dem Bunker zu spielen.
Wie ist der Loft dieses Schlägers? Ein Eisen 9 hat 48 Grad, ein Pitching Wegde 52 Grad, während der durchschnittliche Loft des Sand Wedge bei 56 Grad liegt. Schnell ansteigende, hohe Bälle sind mit dem Eisen 9 daher wesentlich schwieriger zu schlagen – und sogar auch noch mit dem Pitching Wedge.
Weiterhin ist beim Sand Wedge die Form der Sohle

Als dritten Schritt legen Sie einen Ball flach in den Sand und ziehen einen ovalen Kreis um ihn herum. Die Breite dieses Ovals sollte der Breite des Schlägerblattes des Wedge entsprechen und seine Länge etwa 19 cm betragen, also 7,5 cm auf beiden Seiten des Balles.
Versuchen Sie nun, mit einem normalen Schwung das Oval unter dem Ball wegzuschlagen, wobei der Wedge am Anfang des Ovals in den Sand eindringen, unter dem Ball hindurchschwingen und am Ende des Ovals wieder aus dem Sand herauskommen sollte.

Um Ihnen Beurteilung und Wahl des Sand Wedge zu erleichtern, verweisen wir Sie auf eine Tabelle aus dem so einmaligen Born des Wissens um den Schlägerbau, »Ralph Maltbys' Golf Club Design, Fitting, Alteration and Repair (Die Gestaltung, das Anpassen, die Änderung und die Reparatur von Golfschlägern)«.

Sand Wedge-Tabelle						
Sohlenbreite	*Abprallwinkel*	*Schwunggewicht*	*Loft*	*Der Sand*	*Wirkung vom Fairway*	*Kommentar*
Schmal	Leicht bis mittel, 7–11 Grad	Normal, D-5 bis D-8	56 bis 60 Grad	Dichter, fester Sand, flach, relativ hart. Schlecht gepflegte Bunker, selten geharkt.	Optimal. Dieser Sand Wedge ist für alle Fairway-Lagen geeignet, auch aus sehr flachen Lagen.	Nicht geeignet für tiefen Pulversand. Leidlich geeignet für losen, körnigen Sand.
Schmal bis mittel	Mittel, 10–14 Grad	Normal bis schwer, D-5 bis E-0	56 bis 58 Grad	Loser, sehr kerniger Sand bis zu kleinen Kieseln. Ball selten eingebohrt. Schwerer, stark körniger, häufig dunkler Sand. Mäßig gepflegte und geharkte Bunker.	Gut – aber das Abprallen kann problematisch sein, wenn das Fairway hart ist und der Ball sehr flach liegt.	Besser geeignet für tiefen Pulversand als für festen, dichten Sand.
Weit	Mittel bis extrem, 12–20 Grad	Schwer, D-8 bis E-2	56 bis 58 Grad	Feiner Pulversand. Häufig maschinengeharkte Bunker. Ball eher eingebohrt. Viel weißer Sand im Bunker.	Leidlich. Nur für Lagen in dichtem Fairway. Eine schmalere Sohle ist für Schläge vom Fairway besser geeignet, reduziert aber die Eignung des Schlägers für Bunkerschläge, es sei denn, der Spieler ist sehr erfahren.	Auch für lockeren Sand geeignet, weniger dagegen für festen, dichten Sand.
Mittel bis weit	Leicht bis mittel, 7–11 Grad	Normal bis schwer, D-5 bis E-0	55 bis 59 Grad	Normale, nur leicht wechselnde Sandverhältnisse. Keine extremen Bedingungen wie fester oder leichter Pulversand.	Gut – für fast alle Fairway-Lagen. Aus glatten Lagen aber nur für erfahrene Spieler.	Für fast alle Sandarten geeignet und daher als Allround-Wedge zu bezeichnen.
Diese Tabelle soll nur als Anhalt dienen. Bei all den heute und in der Vergangenheit angebotenen Möglichkeiten in bezug auf Gewicht, Länge, Abprallwinkel, Sohlenbreite sowie Kopfform- und Schaftkombinationen ist es völlig unmöglich, die Charakteristika jedes einzelnen Sand Wedge genau zu beschreiben.						

seines Schlägerblattes im Vergleich zu anderen Schlägern zu beachten. Um das bei jedem anderen Eisenschläger mehr oder weniger zwangsweise erfolgende »Eingraben« im Sand zu vermeiden, hat der gute Sand Wedge eine Sohle mit »Abpralleffekt«, die ihn durch den Sand gleiten läßt.
Das erleichtert dem Spieler die Dosierung des Sandes, den er herausschlagen will.
Die Breite der Sohle entscheidet auch weitgehend darüber, für welche Schläge und für welche Arten von Sand der Schläger geeignet ist. Je breiter die Sohle ist, desto höher steht ihre Vorderkante über dem Boden im Vergleich zu einem Schläger, dessen Sohle zwar die gleiche Wölbung hat, aber schmaler ist. Wenn Sie das Schlägerblatt aufdrehen, wird sich dieser Unterschied zwischen den beiden Schlägern dadurch noch vergrößern.
Da man auf eine Runde nur 14 Schläger mitnehmen darf, sollte man sie möglichst so auswählen, daß sie zumindest in einigen Situationen »Doppelfunktionen« erfüllen können. So erscheint zum Beispiel ein Sand Wedge sinnvoll, den man auch außerhalb des Sandes benutzen kann, wie bei den im vorigen Kapitel beschriebenen besonders hohen, kurzen Schlägen oder bie Schlägen aus tiefem Rough, auf die wir in diesem Kapitel noch zu sprechen kommen.

Der Standardschlag aus dem Sand

1. Füße nicht zu weit auseinander. Lage des Balles analog zu einem normalen Eisenschlag, etwas links vom Schwung-Zentralpunkt.
2. Schafthaltung vertikal und Schlägerkopf genau über der Stelle, an der Sie in den Sand schlagen wollen. (Berühren Sie mit Ihrem Schläger den Sand an irgend einer Stelle vor dem eigentlichen Schlag, so kostet Sie das zwei Strafschläge.)
3. Knie locker, bereit zum Einsatz; Körpergewicht etwas mehr auf der linken Seite.
4. Linke Hand und linker Arm führen den Schwung, während rechte Hand und rechter Arm ihn nur unterstützen.
5. Einsatz der Beine beim Rückschwung minimal. Bei Ab- und Durchschwung Koordination zwischen linker Seite und Vorwärtsverlagerung der Knie sehr wichtig. Linker Arm und linke Seite führen den gesamten Ab- und Durchschwung. Durch die aus den Knien heraus erfolgende Gewichtsverlagerung nach links vermeidet vor allem der schwächere Spieler den häufigen Fehler, zu früh und mit der rechten Hand zuzuschlagen.
6. Bestimmung der Schlaglänge durch wechselndes Schwungtempo. Längere Schläger – härterer Schwung, kürzere Schläger – weicherer Schwung. Schwung stets langsam genug, um Schwungtempo genau kontrollieren zu können.
7. Durchschwung wie bei einem normalen Schlag.

Der qualitativ gute Sand Wedge hat eine Abprallsohle, die ein Eingraben des Schlägerblattes im Sand verhindert.

Der Standardschlag aus dem Sand

Bis jetzt haben Sie den Bunkerschlag also mit Ihrem normalen Schwung gespielt. Das hat die Sache vereinfacht und Ihnen die Angst vor den Sandhindernissen genommen. Sie haben gesehen, wie es funktioniert, wenn man den Sand und nicht den Ball trifft, wie der Schlägerkopf unter dem Ball hindurchgeht und wie der Sand dann sozusagen für Sie den Ball nach oben und aus dem Bunker heraushebt.

Wir wollen jetzt die Schwungregeln in ihrer Relation zu dem Standardschlag aus einer guten Bunkerlage betrachten:

Der Sand Wedge kann auch außerhalb der Sandhindernisse benutzt werden, so zum Beispiel bei Annäherungsschlägen, die hoch über ein kurz vor dem Grün befindliches Hindernis gespielt werden müssen.

Situationen, in denen wir unseren Standardschwung variieren müssen:

1. Der Ball liegt etwas tiefer im Sand – eine »mäßige« Lage

Wenden wir hier unseren Standardschwung an, so werden wir den Ball nur »dünn« treffen, weil es sich um einen schwungvoll peitschenden Bewegungsablauf handelt, der in einem U-förmigen Bogen unter dem Sand verläuft. Um unseren Ball aber aus dieser besonderen Lage herauszubekommen, muß der Schlägerkopf unter dem Ball tief in den Sand gehen. Wir können das erreichen, indem wir den Ball mehr vom rechten Fuß spielen – eine Ballbreite mehr – und die Hände beim Ansprechen mehr nach vorn nehmen (in Richtung zum Ziel), so daß sie über der Vorderseite des Balles stehen. Rück- und Abschwung werden dadurch steiler und lassen den Schlägerkopf unter dem Ball tiefer in den Sand gehen. Dieser Schwung hat eher die Form des Buchstaben »V«.

2. Der Ball liegt tief im Sand – eine »schlechte« Lage

Drehen Sie das Schlägerblatt so weit auf, wie Sie es für richtig halten, gemessen an der Beschaffenheit des Sandes und Ihrer physischen Kraft. Je stärker Sie zuschlagen müssen, desto fester und tiefer sollte Ihr Stand sein. Das verkleinert den Schwungbogen. Die Handgelenke werden gleich zu Beginn des Rückschwunges abgewinkelt. Dieses eine Mal darf Ihr Schwung kurz und abgehackt sein.
Das ist in jedem Fall eine schwierige Situation, in der die Golfregeln eine ebenso große Rolle spielen wie die Schwungtechnik des Spielers. (Siehe den Kasten auf der folgenden Seite.)

Zeit zum Überdenken der Lage ist in einer schwierigen Situation stets gut angewandte Zeit. Liegt Ihr Ball zum Beispiel tief im Sand, so wird Ihnen schon nach ein paar Sekunden ruhiger Überlegung klar sein, daß Sie den Ball nur herausschlagen können, wenn der Schlägerkopf tief unter ihm durch den Sand geht. Dadurch werden Sand und Ball hochfliegen; aber nur, wenn der Schlägerkopf in einem steilen Winkel hinter dem Ball in den Sand hineingeschlagen wird.
Als nächstes werden Sie erkennen, daß der Schlägerkopf in diesem Fall länger im Sand bleibt (da er tief eingedrungen ist) und daß der auf ihn einwirkende Gegendruck das Schlägerblatt um den Schlägerhals herum wegdrehen, das heißt es öffnen kann. Wie weit es sich öffnet, hängt einmal von der Widerstandskraft des Sandes ab und zum anderen von der Gegenwirkung der Hände und Arme sowie von der Schwungkraft des Spielers, mit der er das Schlägerblatt im Schlag zudreht. Als letztes wird Ihnen aufgehen, daß der Sand zwischen Schlägerblatt und Ball den Backspin erheblich verringert und den Ball nach dem Aufsetzen weiter ausrollen läßt.

1. Sie dürfen den Sand zur Identifizierung des Balles nicht berühren. Es kostet aber keinen Strafschlag, wenn Sie nach dem Schlag feststellen, daß Sie einen falschen Ball gespielt haben.
2. Ist die Lage völlig hoffnungslos, so können Sie die Regel über den »unspielbaren Ball« anwenden. Es bieten sich Ihnen dann zwei Alternativen:
a) Zurückgehen zu der Stelle, von der Sie den Ball in die unspielbare Lage geschlagen haben. Innerhalb zweier Schlägerlängen von der Stelle einen Ball droppen und mit einem Strafschlag weiterspielen.
b) Droppen Sie einen Ball innerhalb zweier Schlägerlängen von der unspielbaren Lage, nicht näher zum Loch und innerhalb des Bunkers, und spielen Sie mit einem Strafschlag weiter.

Sie sehen also, daß Sie sich aus scheußlichen Lagen relativ billig »freikaufen« können, indem Ihr Score nur mit einem zusätzlichen Strafschlag belastet wird. Das sollte man sich in derartigen Situationen also sehr wohl überlegen.

Was können wir aus dieser Analyse ableiten?
1. Die Handgelenke müssen beim Rückschwung früher als sonst abgewinkelt werden, weil nur dann der steile Abschwungwinkel in der Form eines »V« möglich ist.
2. Je nach Ihrer eigenen physischen Kraft und dem Widerstand des Sandes müssen Sie damit rechnen, daß das Schlägerblatt sich im Schlag aufdreht.
3. Bei der Planung des Schlages müssen Sie das weitere Ausrollen des Balles mit einkalkulieren. Dieses Ausrollen wird von der Stärke Ihres Schwunges und vom Widerstand des Sandes abhängen.

Beurteilung des Sandes
Art und Beschaffenheit des Sandes können von Platz zu Platz sehr verschieden sein. Uns interessiert dabei:
(a) Die Stärke seines Widerstandes gegen den durch ihn hindurchdringenden Schlägerkopf und
(b) die Tiefe des geharkten Sandes.

Je luftiger und »flockiger« der Sand ist, desto weniger Kraft braucht der Schlägerkopf. Grober, schwerer Sand verlangt viel Kraft; und Sie werden Ihr Schwungtempo entsprechend erhöhen. Auf einem fremden Platz werden Sie Ihren Schwung den dort vorhandenen Sandverhältnissen anpassen. Sie werden im Vergleich zu Ihrem »Heimatschwung« etwas zulegen oder abziehen. Nasser Sand kann in Konsistenz und Widerstand wie Zement wirken. Der Abschwung muß also noch steiler, das »V« noch schärfer sein und das Schlägerblatt square oder sogar etwas zugedreht, um durch diesen Sand hindurchzukommen.
Anmerkung: Prüfen Sie beim Ansprechen des Balles mit Ihren Füßen, ob der Sand unter der Oberfläche naß oder trocken ist. Das ist vor allem bei einem eingebohrten Ball sehr wichtig.

Lange Schläge aus dem Sand

Wenn auch die meisten Bunker um die Grüns herum liegen, so plazieren Golf-Architekten doch gelegentlich auch Sandhindernisse an anderen Stellen, um einem Loch den richtigen Pfiff zu geben, um das Spiel in eine bestimmte Richtung zu steuern, um einen schlechten Drive zu bestrafen, manchmal aber auch zur Verhinderung einer unfairen Bestrafung, wie ein Abrollen des Balles ins Wasser oder ins Aus.
Je weiter ein Bunker vom Grün entfernt ist, desto flacher ist im allgemeinen seine Vorderkante. Auf einigen alten schottischen Küstenplätzen findet man allerdings auch auf den Fairways gelegentlich tiefe Bunker, in die man sogar auf Treppen hinabsteigt. Aus diesen Monstern kann man oft nur seitwärts oder im schlimmsten Fall nur nach hinten herausspielen. Die meisten Fairway-Bunker wollen aber, wie gesagt, nur einen verzogenen Ball bestrafen und das Können des Spielers bei der »Wiedergutmachung« testen.
Die Mehrzahl aller Schläge aus schwierigen Lagen ist eine Mischung aus Technik und Taktik. Dabei sollte der Spieler grundsätzlich bestrebt sein, den Ball mit dem geringsten Risiko möglichst nahe ans Loch beziehungsweise in eine für den nächsten Schlag optimale Lage zu spielen.
Wenn Sie an den Ball kommen, werden Sie sich seine Lage ganz genau anschauen, weil sie die Wahl des Schlägers in hohem Maß beeinflußt. Liegt der

1. Eine gute Lage im Sand. Der Ball liegt flach auf dem Sand und bis zur Vorderkante des Bunkers ist noch ein weiter Weg. Hier kann man sogar ein Holz spielen.

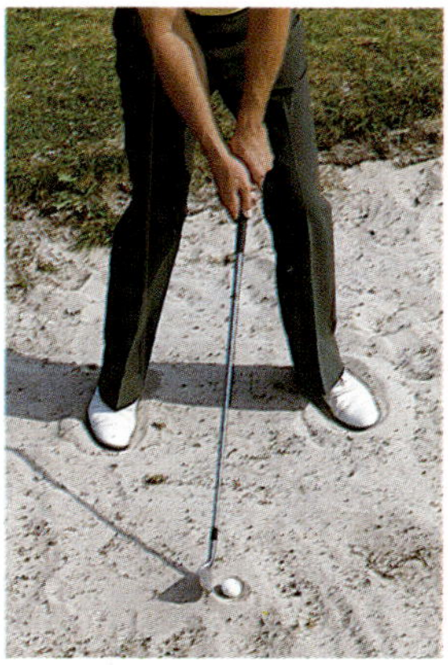

2. Eine mäßige Lage, ziemlich nahe an der Vorderkante des Bunkers. Mit einem Eisen 7, 8 oder 9 sollte man diesen Ball noch einigermaßen weit herausschlagen können.

3. Eine schlechte Lage, tief im Sand und gefährlich nahe an der Vorderkante des Bunkers. Hier kann nur noch der Sand Wedge helfen.

Ball gut, also zum Beispiel so flach auf dem Sand, daß seine »Trefferseite« offen daliegt, so ist die Schlägerwahl aus diesem Gesichtspunkt völlig frei. Liegt der Ball dagegen tief im Sand oder im Bunker-Hang, so ist Ihre Schlägerwahl begrenzt. Da wir hängende Lagen auf dem Platz später behandeln werden, können wir uns jetzt ganz auf solche Situationen im Bunker konzentrieren.
Aus einer mäßigen Bunkerlage werden Höhe und Weite Ihres Schlages erheblich bescheidener ausfallen, weil es kaum zu vermeiden ist, daß sich im Treffmoment Sand zwischen Schlägerblatt und Ball stauen wird. Solche Lagen können wir also nur mit dem Eisen 8 und 9 oder dem Pitching Wedge meistern. (Wir dürfen nicht vergessen, daß unser Hauptziel darin liegt, den nächsten Schlag aus einer möglichst guten Lage spielen zu können, also auf gar keinen Fall wieder aus demselben Bunker!) Ist der Ball im Bunker eingebohrt, so kommt nur der Sand Wedge in Frage; und wir sollten uns bei diesem Schlag vor allem auf die Richtung konzentrieren, da die Länge sowieso minimal sein wird. Im Extremfall können wir sogar gezwungen sein, auf dem nächsten Weg aus dem Bunker herauszuspielen, selbst wenn es nicht in Richtung auf die Fahne ist. Die Schwungtechnik ist in diesen Lagen identisch mit derjenigen in Grün-Bunkern.

Liegt der Ball gut im Bunker, so sollte die Schlägerwahl von folgenden Überlegungen bestimmt werden:
a) Die Entfernung bis zum Loch.
b) Die Entfernung vom Ball bis zur Bunkerkante, über die Sie spielen müssen.
c) Die Höhe dieser Bunkerkante.
d) Das Zielgebiet Ihres Schlages als Ergebnis der Analyse der vorherigen drei Faktoren.
e) Die Reduzierung des Lofts, ausgelöst durch die der Situation angepaßte Schwungtechnik (siehe Seite 99).

(Links) Für einen festen Stand und sicheres Gleichgewicht sollten Sie die Füße im Sand eingraben. Ziehen Sie dann die Knie zueinander, und drücken Sie die Innenkanten der Füße dabei in den Sand. Die dadurch unter der Außenkante der Füße entstehende Sand-Plattform verhindert zu starke seitliche Körperschwankungen in Auf- und Abschwung.
Spielen Sie den Ball etwas mehr vom rechten Fuß, als Sie es aus gleicher Lage vom Fairway tun würden. Das reduziert den Loft Ihres Schlägerblattes und läßt den Ball flacher und weiter fliegen.

Anpassung der Schlagtechnik

1. Anpassung: Die Füße
Das Schlagen eines langen Balles aus dem Sand erscheint uns eher ungewohnt, weil wir bei einem vollen Schwung auf weichem, nachgebendem Untergrund stehen. Ein möglichst fester Stand ist daher anzustreben. Das gilt in erster Linie für die Außenkante Ihrer Füße. Beim Rückschwung verlagert sich Ihr Gewicht ja etwas nach rechts und damit vermehrt auf den rechten Fuß. Im Sand kann der rechte Fuß diesem Druck nachgeben, etwas wegrutschen und sich nach rechts »öffnen«. Damit verlagert sich aber dann der ganze Körper zu sehr nach rechts, was wiederum dazu führt, daß Sie im Abschwung zu weit hinter dem Ball in den Sand schlagen.
Beim Durchschwung haben Sie das gleiche Problem mit dem linken Fuß. Hier führt die zu starke Körperverlagerung nach links dann dazu, daß Sie den Ball nur »dünn« treffen oder toppen.
Das läßt sich verhindern, wenn man beim Ansprechen des Balles die Knie etwas zueinander schiebt. Dadurch drücken sich die Innenkanten der Füße mehr in den Sand und bilden für die Außenkanten eine Art Plattform, die ein Wegrutschen der Füße und eine entsprechende Verlagerung des Körpers in Auf- und Abschwung weitgehend ausschalten kann.

2. Anpassung: Ball liegt beim Ansprechen mehr am rechten Fuß
Der frustrierendste Schlag im Golf ist wahrscheinlich der »Duff«, der Schlag in den Boden anstatt in den Ball. Passiert Ihnen das im Sand, so gibt das eine mittlere Katastrophe, weil der Sand die Schlägerkopfgeschwindigkeit abwürgt und dem Schlag Kraft und Länge nimmt.
Um diese Gefahr zumindest zu verringern, empfehle ich, den Ball etwa um eine halbe Ballbreite mehr vom rechten Fuß zu spielen, als es bei einem analogen Schlag vom Fairway richtig wäre. Dadurch wird schon beim Ansprechen der effektive Loft des Schlägerblattes um etwa eine Schlägernummer reduziert. Vergessen Sie diese Anpassung aber nicht bei der Schlägerwahl in einem Fairway-Bunker.
Übungsschläge aus einem Fairway-Bunker werden Ihnen vor Augen führen, wie der Ball mit verschiedenen Schlägern fliegen wird und wie schnell er ansteigt. Danach muß sich dann Ihre Schlägerwahl richten.
Nehmen Sie aber keinen Schläger, mit dem Sie auch bei einem guten Schlag nur gerade eben über die Bunkerkante kommen würden. Bauen Sie lieber etwas Spielraum ein. Besser mit dem Schlag etwas zu kurz bleiben, als den Ball in eine unspielbare Lage im Sand einzubohren!

Schläge aus schiefen Lagen

Es liegt in der Natur des Golfes, daß es uns immer wieder mit neuen Herausforderungen konfrontiert. Dabei ist es per se kein faires Spiel, weil auch die besten Schläge in »unfairen« Lagen enden können. Sie mögen bei der Planung Ihres Spiels die Gegebenheiten des Platzes sehr wohl berücksichtigen und müssen doch oft damit rechnen – ja es eigentlich von vornherein einkalkulieren –, den Ball in einer Lage wiederzufinden, die sich von Ihren Übungslagen – das heißt flacher Boden, Spieler und Ball in einer Ebene – ganz wesentlich unterscheidet. Sich solchen unterschiedlichen Lagen anzupassen, ist im Grunde gar nicht so schwer, es erfordert nur, wie so vieles im Leben, Übung und Routine.

1. Seitliche Hanglage. Der Spieler steht unter dem Ball

(Mitte) Liegt der Ball über dem Spieler, so zeigt ein korrekt aufgesetztes Schlägerblatt nach links.
(Rechts) Suchen Sie sich eine gut ausbalancierte Ausgangsstellung, das heißt, Füße etwas weiter vom Ball und das Gewicht mehr nach vorn zu den Zehen verlagert. Halten Sie nach rechts vom Ziel.

Sind Sie zum ersten Mal in einer solchen Lage, so werden Sie im Zweifel einen dicken Brocken von Gottes Erde heraushauen und den Ball – wenn überhaupt – nach links schlagen.
Beim Ansprechen des Balles werden Sie sich »beengt« fühlen; aber das kommt lediglich daher, daß der Ball näher bei Ihnen und Ihrem Schwung-Zentralpunkt liegt als sonst. Um mehr Raum für den Schlag zu bekommen, werden Sie sich daher instinktiv von der Hüfte aus mehr aufrichten. Das ist – im richtigen Maß – auch ganz natürlich und in Ordnung.
Aber selbst diese Haltungsänderung wird bei einer steilen Hanglage nicht verhindern, daß Sie zu früh und zu tief in den Boden schlagen. Wir müssen also noch die Entfernung zwischen Schlägerkopf und Schwung-Zentralpunkt verringern, indem wir den Schläger entsprechend kürzer greifen. Aber wieviel kürzer? Das hängt natürlich von dem Winkel der Hanglage ab. Sie können das durch ein paar Probeschwünge in der Nähe des Balles leicht herausfinden, und Sie sollten erst dann zufriedengestellt sein, wenn der Schlägerkopf genau an der Stelle über den Boden streicht, an der der Ball liegen würde. Und wenn Sie Ihren Ball dann genauso ansprechen, dann werden Sie ihn auch sauber treffen.
Was nun den Flug des Balles angeht, so wird er die Tendenz haben, nach links abzudrehen. Das kommt vor allem daher, daß ein in dieser Lage korrekt (also glatt auf dem schrägen Untergrund) aufgesetzter Schlägerkopf in der Relation zur Linie zum Ziel nach links ausgerichtet ist. Je stärker der Loft Ihres Schlägers ist, desto mehr wird sein Schlägerblatt nach links weisen. Diese »geschlossene« Schlägerblattstellung gibt dem Ball einen Seitwärtsdrall von rechts nach links und kann bei einem der kürzeren Eisen den Ball sogar nach links starten lassen. Diesem Dilemma können Sie am einfachsten dadurch begegnen, daß Sie sich beim Ansprechen des Balles nach rechts ausrichten und dann ganz normal schwingen. Das sich im Treffmoment leicht »schließende« Schlägerblatt wird den Ball dann nach links zum Ziel eindrehen lassen. Vergessen Sie dabei aber nicht, daß ein im Treffmoment geschlossenes Schlägerblatt einen effektiven Loft und damit die Flughöhe des Balles verringert. Das kürzere Greifen des Schlägers verkleinert außerdem den Schwungradius und verringert damit die Geschwindigkeit des Schlägerkopfes. Das würde an sich den ganzen Schlag verkürzen, wird aber durch den reduzierten Loft zum größten Teil kompensiert.

2. Seitliche Hanglage. Der Spieler steht über dem Ball

(Mitte) Liegt der Ball unter dem Spieler, so zeigt ein korrekt aufgesetztes Schlägerblatt leicht nach rechts.
(Rechts) Um die Balance im Schwung nicht zu verlieren, muß der Spieler sein Gewicht gleichmäßig auf beide Füße verteilen.

Steht der Spieler über dem Ball, so wird er ihn häufig zu »dünn« treffen oder sogar toppen. Hier ist das Problem genau entgegengesetzt, weil der Abstand des Balles zum Spieler und zu dessen Schwung-Zentralpunkt größer ist als sonst. Sie werden also unbewußt versuchen, den Schläger zu verlängern, indem Sie ihn weiter oben am Griff fassen.
Davon ist jedoch abzuraten, weil es Ihnen die Kontrolle über den Schläger nimmt. Aber was können Sie tun? Nun – da Sie den Ball nicht näher an den Schwung-Zentralpunkt heranbringen können, müssen Sie eben den Schwung-Zentralpunkt näher an den Ball heranbringen. Diese Anpassung der Schlagtechnik erfolgt in zwei Schritten:

1. Beugen Sie die Knie etwas mehr. Dadurch senken Sie den Schwung-Zentralpunkt. Sie werden beim Ansprechen des Balles Ihre »Sitzhaltung« also etwas übertreiben.
2. Verstärken Sie auch das Vorwärtsbeugen aus den Hüften. Achten Sie dabei aber darauf, daß Ihr Gewicht leicht nach vorn verlagert und gleichmäßig auf beide Fußballen verteilt ist. Die Sohle des Schlägerkopfes weicht dann auch nicht allzu sehr von ihrer normalerweise planen Stellung auf dem Untergrund ab.

Auf steileren Hängen kann die aufrechte »Lage« (der Winkel zwischen Schaft und Sohle des Schlägerblattes) von kurzen Schlägern zu einem Problem werden. Sie können das nur dadurch etwas ausgleichen, daß Sie den Schläger so kurz wie möglich greifen und den Ball möglichst nahe am Schlägerhals ansprechen.
Eine andere Lösung wäre die Benutzung eines Holzschlägers anstelle des Eisens, weil die Hölzer flacher »liegen« und Ihr Schlägerkopf daher besser hinter dem Ball am Boden aufliegen wird. Muß dieser Schlag mit dem Holz absichtlich verkürzt werden, so greifen Sie den Schläger einfach tiefer am Schaft. Damit reduzieren Sie automatisch die Geschwindigkeit des Schlägerkopfes.
Aus einer solchen Hanglage wird der Ball leicht nach rechts verzogen (ein Fade). Achten Sie auf den Grad des Abdrehens bei verschiedenen Schlägern, sei es auf dem Übungsplatz oder auf der Runde. Sie können Ihren Schlag dieser Situation dadurch anpassen, daß Sie sich entsprechend nach links ausrichten, so daß der Ball dann nach rechts in Richtung auf das Ziel eindrehen kann.

3. Lage hangaufwärts

Dies ist die einfachste aller Hanglagen; aber auch auf sie müssen wir uns richtig einstellen. Zwei Fehler sind hier möglich. Der Ball wird entweder zu »dünn« getroffen und keine Höhe bekommen, oder er wird sauber getroffen, geht aber trotzdem steil in die Luft und bleibt zu kurz.
»Dünn« getroffen oder getoppt wird der Ball, weil er zu früh im Abschwung getroffen wird, bevor der Schlägerkopf den Boden erreicht hat. Das liegt an der Hanglage. Unsere Stellung muß deshalb so abgeändert werden, daß wir den Ball da ansprechen, wo der Schlägerkopf tatsächlich den Boden erreicht. Das ist bei der Hangaufwärtslage etwas weiter links, also näher an dem höher stehenden Fuß.
Steil hochfliegen kann der Ball, weil Sie ihn in einem Aufwärtsschwung treffen (im Gegensatz zu einem horizontalen Schwung in ebenem Gelände). Das kommt daher, daß Sie sich beim Ansprechen etwas gegen den Hang neigen, um im Schwung nicht die Balance zu verlieren. Dadurch wird der Abschwungwinkel im Verhältnis zum Hangwinkel zu steil. Gleichen Sie das dadurch aus, daß Sie sich etwas mehr auf den rechten Fuß stellen, so daß Ihr Körper mit dem Hang nach Möglichkeit einen Winkel von annähernd 90 Grad bildet, ohne daß Sie dadurch im Rück- und Durchschwung aus dem Gleichgewicht kommen.

Zusammenfassung

1. Ball liegt beim Ansprechen mehr links.
2. Nehmen Sie einen Schläger mit weniger Loft, damit der Ball nicht unnatürlich hochgeht.
3. Stellen Sie sich so an den Ball, daß Ihr Körper mit dem Hang einen Winkel von 90 Grad bildet, so weit es die Erhaltung des Gleichgewichtes erlaubt.

In einer Lage hangaufwärts sollten Sie bestrebt sein, die Schultern parallel zum Hang zu halten, allerdings ohne dabei Ihr Gleichgewicht zu gefährden. Dadurch kann der Schwungbogen des Schlägerkopfes der Hangneigung folgen und der Ball korrekt getroffen werden.

Spielen Sie bei Aufwärts- und Abwärtslagen den Ball immer möglichst nahe von dem höher stehenden Fuß – bei der Hangabwärtslage also vom rechten Fuß.

Die Hangabwärtslage ist der schwierigere Fall, weil die Flugbahn des Balles im Vergleich zum normalen Schlag erheblich flacher sein wird. Das ist besonders problematisch, wenn Sie nahe am Grün liegen und den Ball kurz abstoppen oder über ein Hindernis hinwegspielen wollen.

Mit einem falsch angesetzten Schwung werden Sie in dieser Lage hinter dem Ball in den Boden schlagen. Hangabwärts ist der Boden rechts vom Ball höher und links von ihm tiefer. Der Schlägerkopf wird im Abschwung also früher auf den Boden auftreffen als in einer ebenen Lage. Sie müssen den Ball also mehr vom höher stehenden rechten Fuß spielen. Wie bei der Hangaufwärtslage neigt der Körper auch hier dazu, sich beim Ansprechen des Balles der Hangneigung anzupassen. Und die Abhilfe ist auch hier eine Körperhaltung, die so weit wie möglich mit dem Hang einen Winkel von 90 Grad bildet.

Die Flugbahn des Balles wird, wie gesagt, flacher sein, und diese Tatsache müssen Sie bei der Schlägerwahl berücksichtigen. Denken Sie daran, daß ein Schläger mit stärkerem Loft kürzer ist. Er mag also dem Ball zwar die gewünschte Flugbahn geben, sie wird aber wegen der geringeren Schlägerkopfgeschwindigkeit kürzer sein. Werden zum Beispiel die gewünschte Flugbahn und Fluglänge auf der Ebene normalerweise mit einem Eisen 5 erzielt, so mag hier das Eisen 6 die gleiche Flugbahn ergeben – natürlich abhängig vom Hangwinkel. Da der Schaft des Eisens 6 aber 1,3 cm kürzer ist als der des Eisen 5, werden die Schlägerkopfgeschwindigkeit und als Folge davon auch die Fluglänge des Balles etwas geringer sein.

Das läßt sich am einfachsten durch eine Steigerung des Schwungtempos kompensieren; ohne aber dabei die Kontrolle über den Schläger zu verlieren. Ein breiterer Stand wird das erleichtern.

Ein Pitch oder Bunkerschlag aus einer zum Grün hin abfallenden Lage ist natürlich nicht einfach, weil der Ball relativ flach fliegt und es schwer ist, ein Ziel präzise anzuspielen. Ein offener Stand (nach links) und der Extra-Loft eines aufgedrehten Schlägerblattes können den Ball jedoch in die Luft bringen.

Zusammenfassung

1. Ball liegt beim Ansprechen mehr rechts.
2. Körperhaltung zum Hang in einem Winkel von 90 Grad.
3. Nehmen Sie einen Schläger mit mehr Loft, und erhöhen Sie das Schwungtempo, um dem Ball die nötige Länge zu geben.
4. Bei einem kurzen Pitch oder Bunkerschlag stellen Sie sich offen an den Ball und drehen das Schlägerblatt auf. Sie haben bei all den vier hier besprochenen Lagen wahrscheinlich eine Gemeinsamkeit festgestellt: Der Körper des Spielers bildet, soweit es sein Gleichgewicht zuläßt, mit der Hanglage einen Winkel von 90 Grad. Damit soll erreicht werden, daß der Schwung mit Armen und Schläger um den Schwung-Zentralpunkt herum der Bodenneigung in gleicher Weise folgen kann wie bei einem Schlag auf ebenem Untergrund.

Gute Lage im Rough. Sie können sogar ein Holz spielen.

Mäßige Lage. Schlägerwahl begrenzt, höchstens ein Eisen 6.

Schlechte Lage. Der schwere Sand Wedge mit seinem starken Loft ist hier Ihre beste Waffe (wenn Sie den Ball überhaupt spielen wollen).

Schläge aus dem Rough

Mit »Rough« bezeichnet man das höhere Gras außerhalb der Fairways. Die Lage des Balles im Rough schreibt vor, wie Sie ihn spielen müssen. Sie können sich den Schlag also erst überlegen, wenn Sie seine Lage genau studiert haben.
Wir wollen auch hier, wie bei der Behandlung des kurzen Spiels in Kapitel 4, die Lage des Balles in drei Kategorien einteilen: Gut, mäßig und schlecht.

Gute Lage

Mit sehr viel Glück finden Sie Ihren Ball auch im Rough hoch auf dem Gras sitzend, fast wie auf einem Tee. Das passiert häufiger auf Plätzen in warmem Klima, wo das Gras stark genug ist, um das Gewicht des Balles zu tragen. In einer solchen Lage können Sie den gleichen Schläger nehmen wie vom Fairway. Kann sich aber das hinter dem Ball wachsende Gras im Treffmoment zwischen Schlägerblatt und Ball schieben, so gibt das leicht einen »Flier«. (Ein Flier fliegt flacher und weiter als er normalerweise dürfte, weil der Kontakt zwischen Schlägerblatt und Ball durch das Gras gestört wird und der Ball sehr viel weniger Backspin erhält.) Fürchten Sie also einen solchen Flier, so sollten Sie einen Schläger mit stärkerem Loft nehmen, zum Beispiel ein Eisen 6 anstelle des Eisens 4, damit Sie den Ball nicht zu weit schlagen. (*Achtung:* Das kann Ihnen nicht nur im Rough passieren, sondern ebenso in allen anderen guten Lagen, in denen sich aus irgend einem Grund im Treffmoment Gras zwischen Schlägerblatt und Ball schieben kann.)
Beim Ansprechen eines Balles in einer derartig »aufgeteeten« Lage müssen Sie unbedingt darauf achten, ihn nicht zu bewegen, denn das kostet Sie einen Strafschlag. Ich empfehle Ihnen daher, den Schlägerkopf hinter dem Ball etwas über dem Gras zu halten und im Extremfall den Schläger etwas kürzer zu greifen. Außerdem sollte dieser Ball um eine Ballbreite mehr vom rechten Fuß gespielt werden. Das begünstigt einen etwas steileren Schlag in den Ball hinein und bringt ihn schneller hoch und aus dem Rough heraus.
Sie können hier, wie gesagt, genau den Schläger nehmen, der zur Entfernung paßt. Dem Spieler mit höherem Handicap würde ich allerdings raten, als höchstes ein Holz 5 zu nehmen.

Zusammenfassung

1. Schauen Sie sich die Lage des Balles genau an. Kann es ein »Flier« werden?
2. Halten Sie den Schläger beim Ansprechen des Balles über dem Gras und greifen Sie ihn kürzer.
3. Spielen Sie den Ball um eine Ballbreite mehr vom rechten Fuß.
4. Schwingen Sie ganz normal.

Gras hinter dem Ball verringert die Schlägerkopfgeschwindigkeit, während das Rough vor dem Ball seinen Flug beeinträchtigt.

Mäßige Lagen

Finden Sie Ihren Ball in einer mäßigen Lage, so besteht Ihre erste und wichtigste Aufgabe darin, ein realistisches Bild vom Flug des Balles **aus dieser Lage** zu gewinnen. Unerfahrene Golfer verlieren in einer solchen Situation leicht einen Schlag, weil er oder sie den »Traumschlag« versucht, der unter hundert Anläufen nur einmal gelingt. Und es nützt auch nicht viel, über den Zauberschlag am vierten Loch zu reden, wenn der Ball in Wirklichkeit weiter flog als geplant und in noch tieferem »Salat« landete!

Spitzenspieler verlassen sich nicht auf Wunder. Ihre Planung basiert auf klaren Tatsachen und der eigenen, mühsam gewonnenen Erfahrung. Sie wissen, daß Schläge aus solchen mäßigen Lagen im Zweifel eher kurz bleiben und in jede Richtung abdrehen können. Realistische Einschätzung und Planung sind in allen schwierigen Lagen die Grundvoraussetzung für einen erfolgreichen Schlag.

Sobald Sie Ihren Ball im Rough erreichen, prüfen Sie bitte folgendes:

1. Die Entfernung vom Ball zur Fahne.
2. Die Stärke des Widerstandes, den das Gras hinter dem Ball dem Schlägerkopf entgegensetzen wird.

Zusammen mit dem Wissen um Ihren eigenen Schwung werden die aus diesen Analysen gewonnenen Erkenntnisse Ihnen die Wahl des Schlägers erleichtern, mit dem Sie den Ball möglichst nahe an die Fahne spielen können.

Ist klar zu erkennen, daß Sie das Grün nicht erreichen können, so müssen Sie sich ein neues Ziel suchen, dabei aber in bezug auf Schlaglänge und -richtung einen ausreichenden Fehler-Spielraum einkalkulieren. Das ist deshalb so wichtig, weil diese Schläge nur schwer zu kontrollieren sind und weil eine erneute Lage im tiefen Rough sicher das Letzte wäre, was Sie sich wünschen. Rechnen Sie also lieber mit einem Extra-Schlag, um dafür in eine wirklich gute Lage zu kommen, aus der sich dann der Flug Ihres Balles wieder sicher bestimmen läßt. Wählen Sie darum ein weites Zielgebiet und dann den entsprechenden Schläger. Was den Loft dieses Schlägers angeht, so werden Sie wahrscheinlich nicht weniger als ein Eisen 6 oder 7 nehmen können, um sicher herauszuschlagen.

Sprechen Sie den Ball mit einem leicht aufgedrehten Schlägerblatt an, und spielen Sie ihn etwas mehr vom rechten Fuß. Das Schlägerblatt muß aufgedreht sein, weil sich das lange Gras vor und im Treffmoment um Schlägerhals und -schaft herumwickelt, sie abbremst und dadurch bewirkt, daß das Schlägerblatt sich um den Schaft herum zudreht. In sehr hartem Gras oder in der Heide ist dieser Effekt besonders stark und muß daher um so mehr in die Planung des Schlages einkalkuliert werden.

Zusammenfassung

1. Nach der Beurteilung der Lage des Balles:
(a) Stellen Sie sich den endgültigen Schlag genau vor.
(b) Suchen Sie sich das Zielgebiet
(c) Wählen Sie den Schläger.
2. Drehen Sie das Schlägerblatt je nach Stärke des Grases oder Rough auf.
3. Stellen Sie sich an den Ball und spielen Sie ihn etwas mehr vom rechten Fuß.
5. Schwingen Sie ganz normal.

Schlechte Lagen

Zwischen Lagen im tiefen Rough und schlechten Lagen im Bunker gibt es verschiedene Analogien. Zuerst einmal können Sie entscheiden, ob Sie den Ball überhaupt spielen oder die Regel über den »unspielbaren Ball« anwenden wollen. Die zwei »Droppen + Strafschlag-Alternativen«, die wir auf Seite 100 besprochen haben, bleiben Ihnen nach wie vor. In dieser Lage, außerhalb des Bunkers, gibt es aber noch eine dritte Möglichkeit.
Sollten Sie sich dazu durchringen, den Schlag zu spielen, so müssen Sie Ihren Schwung der Situation

Halten Sie den Schläger im tiefen Rough besonders fest und drehen Sie das Schlägerblatt auf.

Suchen Sie sich einen festen Stand, etwas breiter als sonst, und ziehen Sie die Knie zusammen.

Der V-förmige Schwung, im Bunker bei eingebohrten Bällen angewandt, ist auch im tiefen Rough die optimale Lösung. Schlagen Sie hart von oben in die Rückseite des Balles hinein und schwingen Sie den Schläger voll durch.

Sie können den Ball hinter der Stelle droppen, an der er lag, in Verlängerung der Linie zum Loch so weit zurück, wie Sie wollen. Dem Score ist ein Strafschlag zuzurechnen.
Überlegung Nr. 1 sollte also sein: »Kann ich irgend etwas gewinnen, wenn ich den Ball spiele, oder sollte ich lieber eine der beiden »Unspielbar-Ball-Alternativen« anwenden?« Haben Sie keinen falschen Stolz, diese Regel anzuwenden! Sie ist geschaffen worden, um Ihnen auf dem langen Weg über die 18 Löcher in Gottes freier Natur eine Hilfe zu sein. Ein Strafschlag ist schließlich ein geringer Preis, um sich dafür aus Schwierigkeiten »freizukaufen«.

in ähnlicher Weise anpassen wie bei einer schlechten Lage im Bunker, mit der einen Ausnahme, daß das Schlägerblatt beim Ansprechen des Balles jetzt aufgedreht sein muß, und zwar aus den Gründen, die wir in dem Absatz »Mäßige Lagen« besprochen haben, und weil Sie durch das Aufdrehen den Loft des Schlägerblattes erhöhen.

In diesen tiefen Lagen werden Sie meistens zum Sand Wedge greifen. Er hat nicht nur den stärksten Loft, er ist auch der schwerste Schläger und wird daher noch am leichtesten durch schweres Gras oder Rough hindurchschwingen.

Sie müssen auf jeden Fall härter zuschlagen als sonst und sich zur Erhaltung des Gleichgewichts etwas breiter hinstellen. Der Ball wird ein bißchen mehr vom rechten Fuß gespielt. Genau wie im tiefen Sand müssen Sie den Schwung auch dieser Situation anpassen, das heißt, die Handgelenke gleich zu Beginn des Rückschwunges abwinkeln und den Schläger steil nach oben und ebenso wieder nach unten in den Ball hinein- und durch ihn hindurchschwingen. Der Abschwung muß unbedingt von den Armen geführt werden, weil nur dann der Schlägerkopf richtig unter den Ball und durch Gras, Heide oder was es sonst sein mag hindurchgeschwungen werden kann.

Der Widerstand der Pflanzen kann so groß sein, daß ein voller Durchschwung gar nicht möglich ist. Das macht aber nicht allzu viel aus; wichtig ist dagegen, daß durch den scharfen Abschwung so wenig Gras oder Rough wie möglich zwischen Schlägerblatt und Ball kommen und daß die höchstmögliche Schlagkraft auf Rück- und Unterseite des Balles einwirken kann.

Es leuchtet ein, daß der Ball nicht sehr lang sein kann. Sie sind in solchen Lagen manchmal sogar schon froh, wenn der Ball nur ein paar Meter weit geht. Aber die paar Meter müssen sich lohnen, und der Ball muß hinterher klarer zum Ziel und überhaupt besser liegen; denn sonst hätten Sie ebenso gut die »Unspielbar-Ball-Regel« anwenden können. Gehen Sie bloß nicht auf Länge! Sind Sie nahe am Fairway, so spielen Sie nur auf die Bahn, und wenn es auch zur Seite oder gar nach hinten ist.

Zusammenfassung

1. Suchen Sie sich ein realistisches Zielgebiet, und fragen Sie sich ganz nüchtern, ob es sinnvoll ist, den Ball aus dieser Lage überhaupt zu spielen. Die Alternative ist das Zurückgehen und Droppen des Balles.
2. Spielen Sie einen Sand Wedge, so drehen Sie sein Schlägerblatt auf. Ball etwas mehr am rechten Fuß und breiterer Stand.
3. Scharfes Abwinkeln der Handgelenke im Rückschwung. Steil von oben in den Ball hinein- und unter ihm hindurchschwingen.

Kapitel 6

Ihre Golfrunde

Bis zu diesem Punkt haben wir uns darauf konzentriert, ein Repertoire von Golfschlägen zu entwikkeln, mit dem Sie ohne allzu große Probleme »über die Runden« kommen sollten. Sinnvolles Üben, mit dem Akzent mehr auf der Qualität der Schläge als auf ihrer Quantität, müßte nach einiger Zeit zu einem mehr oder weniger dauerhaften Erfolg führen.
Dabei wollen wir uns immer wieder vor Augen führen, daß noch nie ein Golfer dieses Spiel vollständig gemeistert hat. So rechnet selbst Jack Nicklaus, daß er nur 10 bis 15 % seiner Bälle genauso trifft, wie er es sich vorgestellt hat.
Ein hervorragender Schlag macht natürlich Spaß; aber ist es nicht fast noch schöner, aus einer schwierigen Lage wieder herauszukommen und am Schluß immer noch einen guten Score nach Hause zu bringen? Dieses und das nächste Kapitel sind unserem Verhalten auf dem Platz gewidmet, von der Planung der Runde, der Analyse des Ergebnisses und unserer Fortschritte bis zur Selbstkritik und den Möglichkeiten, wie wir durch Entspannungsübungen unsere Einstellung dem Spiel gegenüber beeinflussen können. Dabei werden Sie vielleicht den Eindruck bekommen, daß einiges von dem, was wir jetzt besprechen, bereits weit über Ihren derzeitigen Entwicklungsstand im Golf hinausgeht. Sie mögen die weitere Verbesserung Ihrer Schlagtechnik für das zur Zeit wichtigste Anliegen halten. Aber der Zeitpunkt ist nicht mehr fern, von dem an Sie mit allen Kräften danach streben werden, die Runde mit möglichst wenig Schlägen zu beenden.

Wie »meistern« Sie einen Golfplatz?

Die Planung Ihres Spiels und das Messen Ihrer Fähigkeiten an den Gegebenheiten des Platzes zeigen an, ob und inwieweit Sie den Platz »meistern«. Drei Fähigkeiten bestimmen das Ergebnis: technisches Können, innere Einstellung und physische Kraft.
Wenn Sie vor einer 18-Löcher-Runde auf dem ersten Abschlag stehen, verfügen Sie über ein gewisses Maß dieser drei Fähigkeiten, die Ihre Stärke, Ihr »Plus« darstellen. Diese Stärke, dieses Plus setzen Sie ein, um den Platz zu meistern.
Eine Stärke meines Spiels liegt zum Beispiel darin, daß ich bei den Hölzern und langen Eisen (2, 3 und 4) damit rechnen kann, einen Fade zu spielen. Komische Art von Stärke, werden Sie sagen; aber es ist schon so, weil ich mich auf diesen Fade eben wirklich verlassen kann. Und darum versuche ich so oft wie möglich, mein Spiel auf der Basis dieser Stärke zu planen.
Eine weitere Stärke sehe ich in meiner Vorliebe, Annäherungsschläge zu chippen, anstatt sie zu pitchen. Stehe ich also vor einem langen Schlag zum Grün, so plane ich ihn in der Weise, daß – wenn der Ball das Grün verpaßt – ich dann eher einen Chip als einen Pitch spielen muß.
Nun werden Sie mir entgegnen, das sei ja ganz gut und schön für jemand, der seine Schläge so hervorragend kontrolliert wie ich und der sein Spiel entsprechend planen kann.
Ich behaupte aber, daß jeder Golfer in jedem Sta-

Nach diesem als Fade gespielten Annäherungsschlag bleibt mir noch ein leichter Chip aufs Grün, den ich sehr gern spiele. Ein Draw wäre dagegen auf der anderen Seite des Bunkers gelandet, und ich hätte einen Pitch zur Fahne spielen müssen.

dium seiner Entwicklung über gewisse »Stärken« in seinem Spiel verfügt. Das klare Erkennen dieser Stärken (und natürlich auch Schwächen) soll nun unser erster Schritt auf dem Weg zu einer erfolgreichen Golfrunde sein.

Definieren Sie Ihren derzeitigen Spielstand!

Wir haben ganz allgemein von den drei Fähigkeiten gesprochen – dem technischen Können, der inneren Einstellung und der physischen Kraft. Golf hat im Lauf der Zeit den ganz unberechtigten Ruf bekommen, nur ein Spiel und kein Sport zu sein. Golf ist natürlich für jeden das, was er sich darunter vorstellt und daraus machen will. Aber selbst wenn Sie es nur als Wochenend-Erholung betrachten, so werden Sie doch bald feststellen, daß die Verbesserung Ihrer Schlagtechnik weitgehend von Ihrer physischen und psychischen Konstitution abhängt. Das Bälleschlagen auf dem Übungsplatz ist eine Sache, das entscheidende »Schluß-Loch« in einem Wettspiel zu gewinnen erfordert aber sehr viel mehr als nur solide technische Kenntnisse.

Stehen Sie noch am Anfang des wirklichen Spiels, so ist die Schlagtechnik natürlich der wichtigste Faktor. Nun werden sich manche »Bereiche« Ihres Spiels schneller entwickeln als andere, und Ihr Spiel wird sich daher vorübergehend in wechselnden Übergangsphasen befinden. In dieser Zeit wird es schwer sein, eine Runde richtig zu planen; aber es wird nicht sehr lange dauern, bis Ihr Spiel eine gewisse Stabilität und damit eine verläßliche Grundlage bekommt. Das ist im Grunde nichts anderes als eine Zusammenfassung Ihres derzeitigen »Könnens« und »Nicht-Könnens«, Ihrer derzeitigen Stärken und Schwächen. In der Praxis bedeutet es die regelmäßige Analyse Ihrer jeweiligen Runden-Ergebnisse.

»Halt, nicht so schnell«, werden Sie protestieren. »Ich will hier nur ein bißchen üben und mich erholen und nicht die Offene Meisterschaft gewinnen:

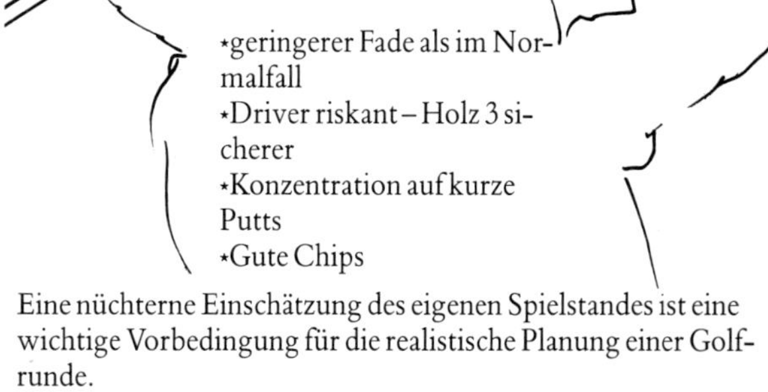

Eine nüchterne Einschätzung des eigenen Spielstandes ist eine wichtige Vorbedingung für die realistische Planung einer Golfrunde.

Und Papierkram habe ich genug in meinem Job!« Meine Erfahrung hat mich jedoch gelehrt, daß die meisten Spieler, die vier Stunden auf einer Runde und darüber hinaus noch einige Zeit auf dem Übungsplatz verbringen, die feste Absicht haben, ihr Spiel zu verbessern. Besseres Golf macht eben mehr Spaß, und man hat auch viel mehr davon, auf anderen Plätzen und gegen bessere Golfer zu spielen, wenn man die eigene Bestform einigermaßen halten kann.

Und wenn nur die Neugier Sie treibt, zu sehen, wie gut Sie im Ernstfall spielen können. Jede Golfrunde und ihre nachfolgende Analyse bilden immer wieder die Basis für Ihr Spiel, Ihr nächstes Übungsprogramm und Ihre weitere physische und psychische Entwicklung. So formt sich Ihr eigenes Bild als Golfer.

Analyse der Runde	Anzahl der Schläge	Kommentar
Abschläge und Schläge auf der Bahn, einschließlich Par-3-Löcher		
Zielgebiet getroffen	10	2 Schläge »dünn« getroffen
Zielgebiet verpaßt – links	1	Pull
Zielgebiet verpaßt – rechts	7	5mal Slice, 2mal Push
Grün innerhalb Zielgeb. getr.	8	3 Schläge ziemlich »dünn«
Grün verpaßt – links	5	alle Pulls, einer aus seitlich hängender Lage
Grün verpaßt – rechts	0	–
Grün verpaßt – zu kurz	4	2mal »dünn« getroffen, 2mal falschen Schläger gespielt
Grün verpaßt – zu weit	1	falscher Schläger
Kurzes Spiel		
Chips auf 1 m an die Fahne	5	scheint o.k. zu sein, gute Schlagkontrolle
Chips außerhalb 1 m Kreis ums Loch	0	–
Aus höchstens 4,5 m Entfernung		
Pitchs auf 4,5 m an die Fahne	0	–
Pitchs außerhalb 4,5 m Kreis um die Fahne	3	alle nach links, zu weit vom Loch
Aus dem Grünbunker		
Auf 2 m an die Fahne	0	–
Außerhalb des 2 m Kreises um die Fahne	2	beide zu kurz, mit zuviel Sand gespielt
Putten		
3 Putts innerhalb von 10 m vom Loch	4	1 langer Putt hangabwärts 3 gerade, aber zu kurze Putts

Jeder Teil Ihres Spiels kann in dieser Weise aufgezeichnet werden; so zum Beispiel, wenn Sie unter einem Slice leiden und diesen Fehler ausmerzen wollen. Sie können Ihre Fortschritte leicht verfolgen, wenn Sie über, sagen wir mal, 10 Runden genau Buch führen und dabei den Score blau und die Fehler rot eintragen.
Der Score der ersten Runde war 20 über Par mit 8 Fehlern (das heißt 8mal ein Slice). Nach 10 Runden und den jeweils dazwischenliegenden Übungsstunden liegen Sie nur noch 10 über Par und haben 4mal einen Slice geschlagen. Dabei hat sich auf den ersten 5 Runden die Fehlerquote sogar erhöht. Ihre bewußten Anstrengungen, den Slice zu vermeiden, waren noch nicht bis in Ihr Unterbewußtsein vorgedrungen, und Sie waren daher eher verkrampft. So wurde auch der Score in den ersten Runden immer schlechter, bevor es dann zügig aufwärts ging.

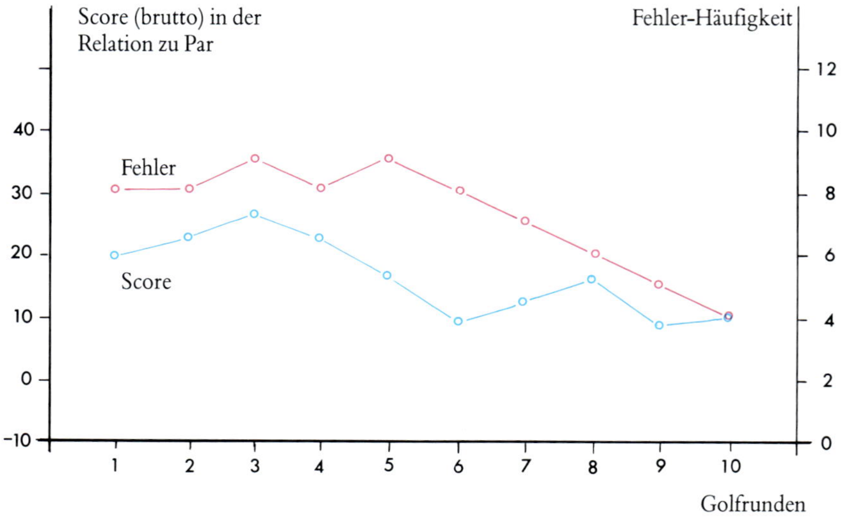

Aber zurück zur Analyse der Runde, um weitere Schwachstellen in Ihrem Golf aufzudecken, ein neues Aufbauprogramm zu konzipieren und eine neue Check-Liste für die kommenden Erfolge anzufertigen.

Aus dieser Runden-Analyse lassen sich die Bereiche des Spiels ablesen, die technisches Können verlangen. Sie lassen sich, wenn nötig, auch noch viel detaillierter darstellen. So kann zum Beispiel die Lage des Balles in die Kommentarspalte aufgenommen werden, um daraus gewisse schlechte Schläge zu erklären. Auch Schläge aus dem Rough und aus Fairway-Bunkern kann man als Rubriken einsetzen.
Eine Analyse dieser Art zeigt den Trend Ihres Spiels, auf dem Sie das weitere Übungsprogramm aufbauen können. So braucht ein guter Lehrer einen ungeschminkten Bericht von Ihrem Rundenergebnis, wenn er Ihnen auf dem Übungsplatz wirklich weiterhelfen soll. Und Sie selbst sollten sich während Ihrer kostbaren Übungsstunden auf das Ausmerzen der Ihnen bekannten Schwachstellen konzentrieren – natürlich ohne dabei die guten Seiten zu vernachlässigen.

All diese Informationen lassen sich aus den analytischen Unterlagen ablesen. So zum Beispiel, daß Sie zu viele Putts brauchen. Besseres Putten wäre also wünschenswert. Eine genaue Auswertung der einzelnen Scores könnte aber auch zeigen, daß Ihre Schläge zum Grün nur selten in der Nähe der Fahne landen und daher Ihr Putten zu sehr unter Druck stellen. Ein noch tiefer gehendes Nachprüfen könnte sogar aufdecken, daß Sie schon am Abschlag falsch operiert haben oder daß die langen Schläge vom Fairway Ihnen zu schwierige Annäherungsschläge zum Grün lassen, die wiederum zu viele lange Putts zur Folge haben.
Nachdem er oder sie die Schwachstellen im eigenen Spiel erkannt hat, kann der ehrgeizige Golfer (oder derjenige, der besser werden möchte) sich das weitere Entwicklungsprogramm zurechtlegen und die hoffentlich zu erwartenden Erfolge dann aus der Tabelle (siehe Muster) ablesen.

Wenn Sie das Gefühl haben, daß Ihre Schlagtechnik ein stabiles Niveau erreicht hat, so könnte ein Blick »hinter die Szene«, das heißt auf Ihre innere Einstellung zum Golf, zu einer weiteren Verbesserung des Spiels führen. Mit anderen Worten, Sie könnten erkennen, daß schlechte Schläge nicht notwendigerweise auf technische Fehler zurückzuführen sein müssen, sondern sehr wohl auch die Folge einer sicherlich ungewollten inneren Erregung oder Verkrampfung sein können. Nehmen wir einen Spieler, der seine Schläge auf der ganzen Runde vorzüglich unter Kontrolle hatte und am 17. Abschlag plötzlich einen Slice out-of-bounds schlägt. Vielleicht hatte er plötzlich Angst vor der eigenen Courage, vor dem bis dahin exzellenten Score und sah schon vor dem Schlag diesen Ball unweigerlich nach rechts ins Aus gehen. Wenn dieser Spieler dann das 18. Grün mit dem Eindruck verläßt, daß sich bei ihm der Slice als ein technischer Fehler eingeschlichen habe – und wenn er dann Zeit und Geld darauf verwendet, diesen Slice auszumerzen, so hat er den wahren Grund für eben diesen Slice (und wahrscheinlich auch für ein paar andere ausgelassene Bälle) nicht erfaßt. Eine solche Analyse der eigenen inneren Einstellung verlangt absolute Ehrlichkeit, kann dann aber das Golf-Training nachhaltig verbessern und für Ihr persönliches Leben auch von Nutzen sein.

Planung und Spiel

»Schönheit liegt im Auge des Betrachters«, sagt das Sprichwort. Achtung und Anerkennung eines Platzes sind sicher individuell verschieden. So soll sich Lee Trevino, einer der ganz Großen im Golf, lange Zeit geweigert haben, an den weltberühmten »Masters« auf dem Augusta National in Georgia teilzunehmen, weil er die Konzeption des Platzes ablehnte. Das heißt nicht, daß er die exzellente Gestaltung und die herrliche Natur nicht anerkannt hätte – es lag eigentlich nur daran, daß Trevinos natürlicher Schlag, ein Fade, nicht zu der Anlage des Platzes paßte, der zahlreiche doglegs nach links hat. Inzwischen hat Trevino sich mit Augusta ausgesöhnt und kann sich heute vollständig auf den Charakter des Platzes einstellen. Trevinos Geschichte erinnert uns an das alte Golfgesetz: »Spiel den Ball so, wie er liegt, und den Platz so, wie er ist!« Im Lauf der Zeit sind die Golfregeln immer weiter entwickelt worden, mit dem Ziel, uns in unfairen Situationen, was die Lage des Balles oder den Zustand des Platzes betrifft, eine Hilfe zu sein. Andererseits ist es eine Maxime unseres Golfer-Lebens, den Platz in seiner vorliegenden Gestaltung und die Situationen im Spiel so zu akzeptieren, wie sie sich uns bieten. Saisonale und sogar tägliche Wetterbedingungen machen den Golfplatz zu einer immer wieder neuen Herausforderung, der wir nur begegnen können, wenn wir die »Platzverhältnisse des Tages« richtig analysieren. So wird das Spiel zu einem Kampf zwischen »Ihnen – heute« und dem »Platz – heute«. Prüfen Sie vor der Runde Ihre derzeitige Gemütsverfassung. Eine praktische Methode dafür ist das Bälleschlagen auf dem Übungsplatz. Nach 15–20 Lockerungsschlägen werden Sie ein »Bild« davon bekommen, wie Sie und Ihr Golfschwung an diesem Tag »in Stimmung sind«. Die nächsten 20–25 Bälle sollten Sie dann genau beobachten, weil ihr Flugverhalten zusammen mit Ihren Erfahrungen aus der letzten Zeit die Basis Ihres »Rundenplanes« bilden.

Warum überhaupt ein solcher Plan?

Eine Golfrunde im voraus zu planen erscheint vielleicht etwas naiv und wie ein Kinderglaube; die Festlegung Ihrer persönlichen »Fahrtroute« hat aber doch zahlreiche Vorteile.

1. Sie überprüfen dadurch fortlaufend Ihre Spielstärke im allgemeinen und besonderen und können so sehr leicht feststellen, wo und wie sich Ihr Spiel weiter verbessern läßt.
2. Sie können dadurch gewissermaßen die 18 Löcher schon einmal im voraus »in Gedanken« spielen und werden sich dann auf der eigentlichen Runde schon viel mehr »zu Hause« fühlen.
3. Sie werden dadurch leichter die Vorstellung los, »Hier spiele ich doch immer ein Eisen 5«. Sie passen vielmehr Ihre augenblickliche Spielstärke der augenblicklichen Situation an.
4. Ein Rundenplan wird Sie besser »im Gleis« halten. Lassen Sie mich das näher erklären. Nehmen wir an, Sie hätten für die ersten vier Löcher einen Score von 5, 4, 5, 5 eingeplant, spielen dann aber tatsächlich 4, 3, 4, 4 – also vier Schläge unter Ihrer Kalkulation. Welche Überlegungen werden Ihnen dabei kommen? »Handicap-Herabsetzung, Wettspielgewinn, persönliche Bestleistung usw.« Mit dem Rundenplan bleiben Sie dagegen »auf dem Teppich« und konzentrieren sich auf die momen-

Machen Sie sich für Ihre »Reise über die 18 Löcher« einen Rundenplan. Damit bleibt Ihr ganzes Spiel besser »im Gleis« und wird von unerwarteten Zwischenfällen weniger beeinflußt.

tane Aufgabe, nämlich den nächsten Schlag und das nächste Loch. In gleicher Weise kann aber auch der katastrophale Schneeball-Effekt vermieden werden, der nach einem schlechten Loch oder mehreren so leicht über uns kommt. Unerwartet Gutes und Schlechtes werden mit Hilfe des Rundenplanes leichter »verdaut« und schneller vergessen, eben weil Sie sich voll und ganz auf den Rundenplan und seine Durchführung konzentrieren.

5. Der Rundenplan hält Sie davon ab, »einmalige Traumschläge« zu versuchen, weil der Plan auf Ihre Spielstärke an diesem Tag abgestimmt ist und nicht auf irgendwelche Träume von übermorgen.

6. Der Rundenplan und der nachfolgende Vergleich mit dem tatsächlichen Rundenergebnis gibt Ihnen ein realistisches Bild Ihrer derzeitigen Spielstärke und erspart Ihnen damit Enttäuschungen auf Grund von unrealistischen Erwartungen.

7. Sie »erfassen« Ihr eigenes Spiel sehr viel besser, wie auch den Platz – Sie erkennen alles klarer, machen bewußte Erfahrungen, spielen besser und haben ein entsprechendes Erfolgserlebnis.

Wenn ich Sie mit all diesen Argumenten davon überzeugt habe, daß ein solcher Rundenplan nicht ganz unproduktiv ist, dann wollen wir uns die Sache jetzt mal etwas mehr im Detail anschauen.

Schlaglänge

Wenn Sie Ihre Runde sinnvoll planen und Ihre Fehler erfolgreich bekämpfen wollen, dann müssen Sie zuerst einmal ganz genau wissen, wie weit Sie den Ball mit den einzelnen Schlägern schlagen. Durch Üben und Spielen werden Ihre »im Zentrum« getroffenen Schläge zunehmen, das heißt, daß Mitte des Balles und Sweet Spot der Schlagfläche in einer Linie sind; und unter der Annahme, daß Ihr Schwungtempo sich langsam stabilisieren wird, sollte auch die Schlaglänge mit den einzelnen Schlägern zuverlässiger werden.

Nun träumen wir zwar davon, eines Tages den perfekten Golfschwung zu beherrschen; aber die menschliche Unzulänglichkeit sorgt dafür, daß wir immer wieder anders schlagen und daher auch andere Längen erzielen werden. Und so ist es ein unter Durchschnittsgolfern weit verbreiteter Fehler, daß er oder sie damit rechnet, den Ball jedesmal perfekt zu treffen und entsprechend weit zu schlagen.

Wir müssen für unser Golfer-Leben die Tatsache akzeptieren, daß der Kontakt zwischen Schläger und Ball stets verschieden sein wird und daß wir bei der Aufstellung eines Rundenplanes daher nur von der <u>durchschnittlichen</u> Schlaglänge mit den einzelnen Schlägern ausgehen können, das heißt der mittleren Länge zwischen unseren besten und den eher schwachen Schlägen. Es versteht sich von selbst, daß wir der Rundenkalkulation nicht unsere allerschlechtesten Schläge zugrunde legen werden. Eine verläßliche, mittlere Schlaglänge sollte sich finden lassen. Sie können dieselbe mit jedem einzelnen Schläger des Satzes entweder in Metern oder in Schritten messen.

Auf manchen Plätzen findet man heutzutage kleine Markierungstafeln, die zum Beispiel bis zur Mitte des Grüns eine Entfernung von 150 m angeben. Das kann für die Bestimmung der eigenen Schlaglängen natürlich eine Hilfe sein.

Gehen Sie an einem ruhigen und windstillen Tag einmal diese 150 m ab und zählen Sie Ihre Schritte. Suchen Sie sich dann auf dem Übungsplatz einen ebenen Bereich, nehmen Sie 20–25 gute Bälle derselben Marke und numerieren Sie dieselben. Schlagen Sie nach kurzem Aufwärmen dann alle Bälle mit dem Eisen 5 und merken Sie sich, wie viele nicht Ihrer derzeitigen Spielstärke entsprechen. Nehmen Sie diese Bälle dann weg. Die übrigen ergeben dann eine Aussage über (a) Die Durchschnittslänge der geschlagenen Bälle und (b) die Ober- und Untergrenze der Schlaglänge.

Um einen guten Score zu erzielen, muß man nicht nur die Durchschnittslänge mit jedem einzelnen Schläger wissen, sondern auch die akzeptable Ober- und Untergrenze.

Anhand dieser Erkenntnisse können wir dann für den betreffenden Schläger – in diesem Fall das Eisen 5 – das Zielgebiet bestimmen. Wir schreiten die Durchschnittslänge sowie die weiteste und kürzeste ab, notieren sie in Metern und Schritten und merken sie uns oder – besser noch – schreiben sie beim Planen der Runde auf eine Muster-Scorekarte.
Bei »Long-Hittern« werden zwischen den Schlaglängen mit den einzelnen Schlägern größere Unterschiede bestehen als bei »kurzen« Spielern. Für schwächere und ältere Spieler und Spielerinnen, wie auch für Kinder, lohnt es sich deshalb nicht, mehr als jeden zweiten Schläger der insgesamt 14 in der Tasche zu haben – also zum Beispiel bei den Eisen die Nummern 3, 5, 7 und 9 oder 4, 6, 8 und Pitching Wedge.
Für die Schlaglänge als solche gibt es zwei Definitionen:
Länge des Carry: Die Entfernung, die der Ball vom Treffpunkt mit dem Schlägerkopf bis zum ersten Aufsetzen auf dem Boden in der Luft zurücklegt.
Gesamtlänge des Schlages: Der Carry plus Ausrollen auf dem Boden. Je höher die Flugbahn des Balles verläuft, desto weniger wird er normalerweise ausrollen, und je flacher sie ist, desto weiter rollt er.
Die »Leistung« des Balles hängt nicht zuletzt von den Wetter- und Bodenverhältnissen sowie von der gesamten Charakteristik des Platzes ab. Je weiter sich Ihr Spiel entwickelt, desto wichtiger wird es, den Carry mit jedem einzelnen Schläger und seinem Loft zu wissen; weil Sie nur dann den richtigen Schläger auswählen können, wenn Sie zum Beispiel einen langen Annäherungsschlag auf ein von Hindernissen versperrtes Grün spielen müssen.

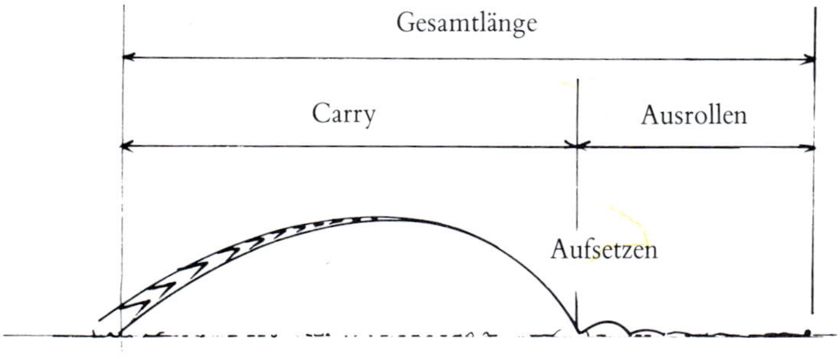

Gerade bei Schlägen über Hindernisse ist es besonders wertvoll, die »Carry-Länge« mit den einzelnen Schlägern zu wissen. Das kann pro Runde leicht ein paar Schläge einsparen.

Wie spiele ich den Platz?

Die 18 Löcher des Platzes sind eine Mischung aus »Spielbereichen« und »Problembereichen«. Sie werden nun versuchen, Ihre Spielbereiche und die Planung für jedes einzelne Loch analog zu Ihrer Spielstärke festzulegen. So wird die Aus-Grenze rechts dem zu einem Slice neigenden Golfer mehr Sorge machen als einem anderen, der eher einen Hook spielt, während es bei einem Bunker links vom Grün genau umgekehrt ist.
Die Planung vom Abschlag bis zur Fahne sollte immer um einen Schlag voraus sein; das heißt, daß Sie bei jedem Schlag bereits an die optimale Ausgangslage für den nächsten denken. Auf dieser Basis gestalten Sie Ihre »Straßenkarte« vom Abschlag bis zum Grün. Und auch auf dem Grün selbst wird ein langer Putt meistens so geplant, daß der nachfolgende ins Loch möglichst einfach ist. Liegt die gesamte Straßenkarte (der Rundenplan) erst einmal fest, so sollten Sie sich immer nur auf den jeweils zu spielenden Schlag konzentrieren; denn jeder Schlag hat ja jetzt sein Zielgebiet, aus dem der nächstfolgende dann gespielt wird.
Aber: »Der Mensch denkt und der Golf-Gott lenkt!« Nur wenige Runden verlaufen nach Plan; und das stellt schließlich die große Attraktion und Herausforderung im Golf dar. Ein weit verzogener Schlag erfordert entweder einen an Ort und Stelle blitzschnell konzipierten neuen Plan für dieses Loch, um möglichst schnell auf die alte »Route« zurückzukommen, oder aber einen ganz neuen Plan für das weitere Spiel – beides natürlich ausgehend von einer realistischen Einschätzung Ihrer Spielstärke.
Dieses »Safety-first«-Konzept dem Platz gegenüber mag beinahe langweilig erscheinen; wollen Sie aber mit einem guten Score zurückkommen, so kann dies nur auf der Basis eines realistisch gestalteten Rundenplanes geschehen. Keine Sorge, die Aufregungen kommen von ganz allein!

Das Par des Platzes und Ihr eigenes

Jedes Loch hat ein auf der Scorekarte verzeichnetes Par. Par heißt zwei Putts plus ein, zwei oder drei lange Schläge, je nachdem, ob es ein Par 3, 4 oder 5 Loch ist. Das Par eines Loches ist zum Beispiel besonders wichtig bei einem Spiel gegen Einheit; wogegen bei einem Zählwettspiel die Summe aller Ihrer Schläge abzüglich des Handicaps entscheidend ist. Mit der Aufstellung eines Rundenplanes bestimmen Sie also gewissermaßen Ihr eigenes Par für diesen betreffenden Tag. Viele Spieler machen aber den Fehler, gegen das Par auf der Scorekarte zu spielen. Das ist unrealistisch und bringt einem nur Enttäuschungen. Für Scratch-Golfer (Handicap 0) bedeutet Par die große Barriere; und unter Par zu spielen ist wie unter Wasser tauchen. Man kann eine Weile unten bleiben, aber früher oder später muß jeder wieder 'raufkommen!

Das kommt in erster Linie daher, daß diese Golfer sich selbst nicht a priori als »Unter-Par-Spieler« einschätzen, obwohl sie vielleicht bis zu 75 % aller Löcher des Platzes unter Par spielen können. Für sie ist der Rundenplan gewissermaßen der erste Schritt zu einer neuen Selbsteinschätzung und zu besseren Ergebnissen.

Für den wenig erfahrenen Neuling ist ein gelegentliches Par (nach der Scorekarte) ein ebenso interessanter wie durchaus notwendiger Erfolg und noch viel mehr natürlich das erste Birdie (ein Schlag unter Par). Das Par des Platzes ist also schon wichtig; ein realistisches Erfolgserlebnis kann aber nur darauf basieren, wie Ihr Ergebnis im Vergleich zu dem von Ihnen geplanten Par ausschaut.

SPIEL

DATUM

SPIELER

VORGABE

Loch	Herren m	Damen m	Vorgabe	Par	Spiel 1 (mein Par)	2	3	4
1	404	356	3	4	5			
2	466	414	9	5	6			
3	390	350	13	4	6			
4	360	338	5	4	5			
5	161	135	17	3	3			
6	371	325	11	4	5			
7	362	316	7	4	3			
8	138	113	15	3	3			
9	565	520	1	5	7			
1–9	3217	2867		36				

Loch	Herren m	Damen m	Vorgabe	Par	Spiel 1 (mein Par)	2	3	4
10	447	391	12	5	6			
11	158	133	16	3	3			
12	338	309	10	4	5			
13	390	334	8	4	5			
14	465	409	6	5	6			
15	122	105	18	3	3			
16	516	451	2	5	7			
17	361	313	4	4	5			
18	145	126	14	3	3			
10-18	2742	2571		36				
1–9	3217	2867		36				
Total	6159	5438		72				

VORGABE

NETTO

ZÄHLER SPIELER

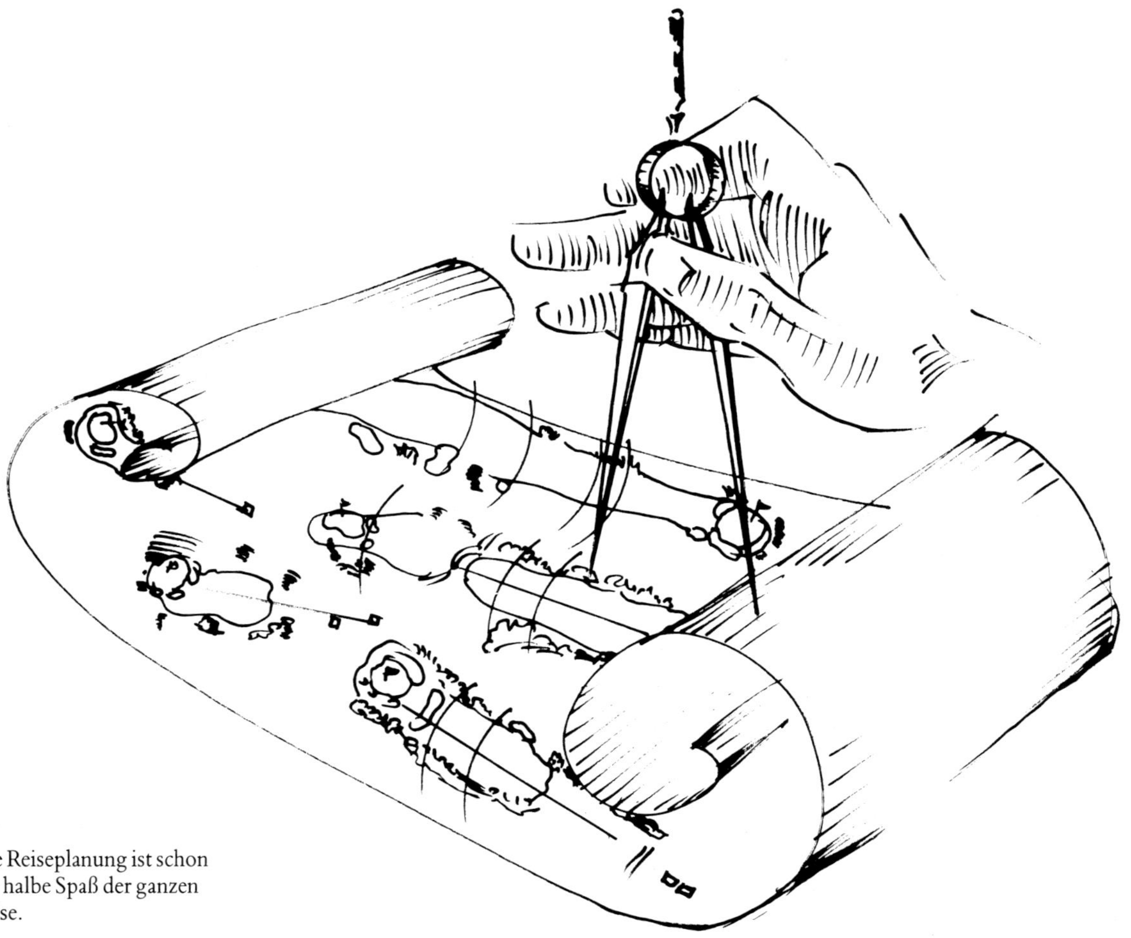

Die Reiseplanung ist schon der halbe Spaß der ganzen Reise.

Wie erkenne und erfasse ich den Platz?

Wenn Sie Ihr Golf wirklich verbessern wollen, müssen Sie sowohl sich selbst als auch den Platz richtig erkennen. Jeder Platz ist anders – wie wir schon feststellten – und er wechselt auch ständig sein Gesicht. Wollen Sie also auf einem Platz erfolgreich bestehen, so müssen Sie ihn bis ins Detail kennen. Um nicht nur das Spiel vom Abschlag zu planen, sondern auch mit den unweigerlich auf Sie zukommenden unerwarteten Situationen optimal fertig zu werden, sind die nachfolgenden Informationen unumgängliche Voraussetzung:

1. Die Entfernung vom Abschlag bis zu der Ihnen zugewandten Seite jedes Hindernisses, das Sie mit dem ersten Schlag erreichen können.

2. Die Breite des Fairways an der Stelle, wo Ihr Ball voraussichtlich aufsetzen wird. (Ist diese Stelle sehr schmal, so sollten Sie den Ball lieber kürzer spielen, um ihn in einem breiteren Teil der Bahn aufkommen zu lassen.)

3. Der notwendige Carry, um ein Hindernis zu überspielen, das Sie mit dem ersten Schlag erreichen können.

Bei der Festlegung eines Zielgebietes sollten Sie wenigstens eine 75 %ige Chance haben, dieses Gebiet auch wirklich zu erreichen.

Die obigen drei Punkte gelten gleichermaßen für alle Schläge auf der Bahn bis hin zu den Annäherungsschlägen aufs Grün.
Die Entfernung vom vorhergehenden Zielgebiet bis zum nächsten und die Breite dieses Zielgebietes sind Standardwerte für Ihre Entscheidung, ob das nächste Zielgebiet nah und breit genug ist, so daß zumindest eine 75 %ige Chance besteht, es mit dem nächsten Schlag auch wirklich zu erreichen. Das gleiche gilt für das Grün als Zielgebiet für den Annäherungsschlag. Die Schlägerwahl kann dabei um 3–4 Nummern schwanken, je nachdem, ob die Fahne am Anfang oder Ende des Grüns steht. Auch seine Gestaltung ist wichtig, weil viele Grüns an einigen Stellen besonders schmal sind; und weil für die meisten Spieler ein langer Putt von einem breiten Teil des Grüns aus leichter ist als ein kurzer Chip, Pitch oder Bunkerschlag.
Auch die Entfernung vom Grün-Bunker bis zur Mitte des Grüns ist nicht uninteressant. Gerade über diese Entfernung kann man sich nämlich leicht täuschen und sie zu kurz einschätzen.
Allgemein läßt sich sagen, daß die Entfernung aller Sand- und Wasserhindernisse vom Tee oder Grün

(je nachdem welches näher ist) festgehalten werden sollte, so daß die jeweilige Entfernung von dem Platz, an dem Ihr Ball gerade liegt, bis zu jedem gefährlich nahen Hindernis richtig kalkuliert werden kann. Die Länge des gesamten Loches vom Abschlag bis zur Mitte des Grüns steht auf der Scorekarte. Einfaches Kopfrechnen wird Ihnen also die Relation Ihrer Lage zum Grün und den darumliegenden Hindernissen aufzeigen.

Zusammenfassung
Das Erkennen der eigenen Spielstärke und die Aufstellung eines Angriffsplanes gegen den Platz sind in jedem Fall eine reizvolle Herausforderung. Es ist ein Geben und Nehmen, das nicht zuletzt auch Ihrer eigenen Charakterstärke und damit dem »Kampf« im täglichen Leben zugute kommt.
Die Entscheidung, ob man ein Loch angreifen oder es »überlisten« will, ob man den ersten Schlag mit Risiko oder auf Sicherheit spielt, beeinflußt den Score genauso wie die Verbesserung der Schwungtechnik. Verwenden Sie also genügend Zeit auf das Planen Ihrer Runde, so daß Sie Ihre technischen, psychischen und physischen Fähigkeiten auch optimal einsetzen können.

Kapitel 7

Das Spiel der Nerven – Konzentration und Beherrschung

von Lars-Erik Sandler

Warum spielt man Golf? Stellen Sie diese Frage mal in einem Golfclub, und man wird Sie wie einen Irren anstarren! Wenn wir uns jetzt aber der inneren Einstellung dem Spiel gegenüber zuwenden, hat die Frage doch einen Sinn. Was motiviert uns also zum Golfspielen? Weil es Spaß macht, aufregend ist und eine Herausforderung darstellt. Mit anderen Worten, Golf ist eine gute Medizin für die Seele. Es entspannt und stimuliert zugleich.

Nun trainieren wir fast alle unsere Schlagtechnik, unsere strategischen und natürlich auch unsere physischen Fähigkeiten, um dadurch besser zu spielen. Wie aber schaut es mit unserer inneren Einstellung, mit unseren psychischen Voraussetzungen aus?

Viele Golfer werden Ihnen erklären, daß das Spiel zu 90 % aus Psychologie und zu 10 % aus Technik besteht. Und selbst wenn das auch übertrieben ist, so läßt sich nicht ableugnen, daß psychologische Aspekte im Golf eine wichtige Rolle spielen. Natürlich besteht unser Golf nicht nur aus Psychologie; aber die innere Einstellung des Spielers entscheidet in einem erstaunlich hohen Maß darüber, wie gut oder wie schlecht er spielt.

So können wir das Golf in mancher Hinsicht mit dem täglichen Leben vergleichen. Für die meisten von uns bedeutet Glücklichsein das Ziel allen Strebens; und Glücklichsein ist gleichzusetzen mit Befriedigung, Freude und Harmonie. Für uns selbst und für die Zukunft der Menschheit ist es ein Glück, daß wir das Ziel vollendeten Glücklichseins niemals erreichen. Wir verbringen vielmehr unser Leben damit, danach zu suchen, immer weiter strebend, auf immer neuen Wegen. In einem nie endenden Kreislauf wechseln Sieg und Niederlage einander ab. Genauso ist es beim Golf.

Eine Runde Golf kann mit Ihrem Weg durchs Leben verglichen werden. Es gibt sogar Superschlaue, die behaupten, daß das Leben selbst wie ein Golfball sei – zuerst eine Menge harter Schläge und am Schluß landet man in einem Loch. Auf dem Weg durchs Leben werden Sie mit Problemen, Erfolgen und Fehlschlägen konfrontiert. Bei einer Golfrunde sind Sie da fast besser dran, weil keine Runde der vorhergehenden oder der kommenden gleicht. Die nächste kann besser oder schlechter sein als ihre Vorgängerin. Sie können eine Golfrunde jedoch in gewisser Weise wiederholen – im Leben ist das ausgeschlossen.

Unabhängig von Ihrer bereits erreichten Spielstärke läßt sich jede Komponente Ihres Spiels noch weiter verbessern, die Schwungtechnik, das Putten und natürlich auch die physische Kondition. Aber auch die innere Einstellung zum Spiel, die »psychologische Kondition« kann besser werden. Man nennt das manchmal einfach »Routine«. Wie aber kann man Routine gewinnen? Normalerweise nur durch Erfahrung – Runde für Runde und Übungsstunde für Übungsstunde.

Zum rein technischen Üben gehen Sie auf den Übungsplatz und schlagen dort in schneller Folge mehr Bälle, als Sie in der gleichen Zeit auf dem Platz spielen würden. Versuchen Sie, jeden einzelnen Schlag mit der bestmöglichen Technik so präzise wie möglich auszuführen. Von jedem Schlag lernen Sie etwas, jeder bringt ein weiteres Stück Erfahrung, das in Ihrer »Erfahrungs-Bank«, Ihrem Gehirn, gespeichert wird. So kann Ihr Gehirn auf dem Übungsplatz mehr Erfahrung speichern, als dies in der gleichen Zeitspanne auf dem Platz möglich wäre. In gleicher Weise trainieren Sie Ihr »Golf-

Mit einer prinzipiell positiven Einstellung können Sie die Gedanken an Hindernisse und Rough verdrängen und nur den Flug des sauber getroffenen Balles und sein Aufsetzen im geplanten Zielgebiet vor Augen haben.

Denken« und sammeln darin auf dem Übungsplatz ebenfalls mehr Erfahrung als es bei analogem Zeitaufwand im Spiel der Fall wäre.

Positive Einstellung = Gutes Golf

Die innere Einstellung kann Erfolg oder Mißerfolg Ihrer Handlungen bestimmen. Wie geschieht das? Sie stellen sich vor, was passieren wird. Dieses Bild überträgt sich auf Ihr Unterbewußtsein. Und wenn dieses Unterbewußtsein das Bild akzeptiert und findet, daß sich diese Vorstellung auch realisieren läßt, so wird das auf die folgenden Handlungen eine positive Wirkung ausüben. Das Dumme dabei ist nur, daß das Unterbewußtsein – so wie ein Computer – alle Erfahrungen speichert, die positiven wie die negativen. Wenn Sie sich sagen, »Ich werde den Ball nicht in dieses Rough schlagen«, so schicken Sie damit ein Signal an Ihr Gehirn, das solange negativ ist, solange Sie nicht ein positives Signal hinterherschicken, in dem das enthalten ist, was Sie tatsächlich erreichen wollen. Wenn negative Signale also nicht durch positive blockiert oder »ausgeschaltet werden«, so kann das dazu führen, daß Sie den Ball erst recht ins Rough schlagen. Lektion 1 lautet also – Denken Sie positiv! Ich werde Ihnen jetzt das dazu notwendige geistige Training darlegen, damit Sie Ihre Gedanken in positive Bahnen lenken und Ihrem Unterbewußtsein positive Vorstellungen über Ihre weiteren Handlungen signalisieren können. So bauen Sie sich eine positive Einstellung für das Schlagen des Balles auf. Gewinner sehen nur das, was sie anstreben – Verlierer fürchten das, was passieren könnte!

Ein realistischer Optimismus ist die richtige Einstellung zum Golf

Dazu müssen Sie die Grenzen Ihres Könnens objektiv einschätzen. Sind Sie dazu in der Lage, und verlangen Sie von sich selbst nur das wirklich Mögliche, dann ergibt dies ein positives Bild, das Ihr Unterbewußtsein voll und ganz akzeptieren kann. Natürlich wird trotzdem nicht jeder Schlag gelingen; aber die Erfolgsquote wird auf jeden Fall höher sein. Voraussetzung dazu ist eine einigermaßen

Übung von Ziel- und Flugbahnbestimmung. Stärken Sie Ihr Selbstvertrauen, den Ball mit einem bestimmten Schläger in ein festgelegtes Zielgebiet schlagen zu können. Programmieren Sie Ihr Unterbewußtstein darauf, diese Einstellung zu akzeptieren.

zuverlässige Schlagtechnik, so daß Ihr Unterbewußtsein fortlaufend positive Eindrücke über Ihr Spiel erhält. Als Anfänger werden Ihnen wahrscheinlich fünf von zehn Schlägen gelingen. Haben Sie erst einmal ein niedriges Handicap, so werden es vielleicht acht von zehn sein. Ihre erfolgreichen Schläge müssen nicht notwendigerweise perfekt sein; aber ihr Ergebnis und das von Ihnen erwartete Ergebnis (das Bild, das Sie vor Augen hatten) werden oft identisch sein.

Üben Sie es, Ihre Gedanken auf den Ball und das angestrebte Zielgebiet zu konzentrieren. Stellen Sie sich auf den Übungsplatz, suchen Sie sich verschiedene Ziele und spielen Sie mit verschiedenen Schlägern auf diese Ziele. Denken Sie dabei an den Flug des Balles, seine Flugrichtung, den Bereich der Landung und sein Ausrollen. Schlagen Sie anfangs nicht mehr als fünf Bälle; danach eine Pause und dann noch einmal fünf. Sinn dieser Übung ist ein unbewußt positives Denken. »Wenn ich den Ball mit diesem Schläger zu dem bestimmten Ziel schlagen will, dann muß er in diese Richtung und in dieser Bahn fliegen, er muß an der und der Stelle landen und so und so weit ausrollen.«

Haben Sie das mehrmals wiederholt und fängt es an zu funktionieren, so stärken Sie damit das Vertrauen in die eigene Fähigkeit, das zu erreichen, was Sie anstreben, oder – mit anderen Worten – was Sie Ihrem Unterbewußtsein als Ihren Plan übermittelt haben.

Man kann es auch so ausdrücken, daß Sie Ihr Unterbewußtsein darauf programmieren, die Tatsache zu akzeptieren, daß Sie über eine gewisse Spielstärke verfügen. Haben Sie das Ihrer Meinung nach genügend geübt, so verlegen Sie das weitere »geistige« Training auf den Platz. Spielen Sie anfangs nur ein paar Löcher und erhöhen Sie die Zahl beim nächsten Mal, bis Sie am Ende eine volle Runde spielen – mit positiver innerer Einstellung und einem sich automatisch einstellenden Erfolgserlebnis.

Versuchen Sie jedoch, sich selbst vorzumachen, Sie seien ein besserer Golfer, als Sie es tatsächlich sind, so werden Sie erschreckt feststellen, daß Ihr Unterbewußtsein sich nicht betrügen läßt. Es kennt die Wahrheit. Es ist durch viele Erfahrungen über Ihr wirkliches Können und Nichtkönnen so programmiert, daß es Ihnen nicht glauben wird, Sie könnten über diesen Bunker pitchen und den Ball tot an die Fahne legen. Ihre bewußt gefaßten Pläne oder Entschlüsse müssen für ihr Unterbewußtsein akzeptabel sein, weil es das wirkliche Geschehen entscheidend beeinflußt. *Ihr wirklicher Erfolg im Golf wird also zu einem großen Teil davon abhängen, ob und inwieweit es Ihnen gelingt, die psychologischen Barrieren abzubauen, die sich in Ihrem Unterbewußtsein in bezug auf Ihre Fähigkeiten im Golf aufgebaut haben!* »Ich kann den Ball niemals so weit schlagen. Über den Bunker komme ich doch nie rüber. Ich setze den Ball doch todsicher in den Teich.« Das nenne ich negatives Denken; und es kann nur zu einem negativen Ergebnis führen.

Was aber kann man gegen eine solche negative Einstellung tun?
Durch ein kontinuierliches Training dieser Art werden alle negativen Einstellungen, die Sie bisher in bezug auf Ihr Golf hatten, durch die neuen, in Ihrer Vorstellungswelt gesammelten positiven Erfahrungen hinweggefegt. Dieses geistige Training kann zeitlich in unregelmäßigen Abständen erfolgen; Sie können sich aber vornehmen, es regelmäßig zu tun, sei es, bevor Sie morgens zur Arbeit gehen oder abends nach Ihrer Rückkehr. Ein Problem, das sich zum Beispiel mit dieser Trainingsmethode in Angriff nehmen läßt, ist der Slice vor einem Hindernis, wie einer Bunkerkette oder einem Teich. Normalerweise slicen Sie nämlich gar nicht; aber gerade an dem Loch mit dem Teich auf der rechten Seite, da passiert es immer wieder. Nun sollten Sie an diesem Loch nicht nur den Slice vermeiden, Sie müßten eigentlich auch etwas länger sein, um den Ball in eine bessere Ausgangslage für den nächsten Schlag zu bringen. Aber da sind Sie innerlich irgendwie blockiert. Sobald Sie Ihrem Ball die hier benötigte Extralänge geben wollen, sehen Sie das Wasser auf der rechten Seite vor sich und schlagen prompt einen Slice. Kämpfen Sie mal einen Monat lang gegen diese Zwangsvorstellung und benutzen Sie dabei den im vorhergehenden Kapitel beschriebenen »Entwicklungsbogen«.
Und nun gehen Sie weiter nach oben – die Waden, Knie, Hüften und so weiter. Anspannen – entspannen, anspannen – entspannen; bis Sie den Unterschied zwischen angespannten und entspannten Muskeln genau fühlen können. Dabei werden Sie sich von innen heraus völlig entspannen, so daß Ihre Gedanken unbeschwert »herumwandern« können. Nach etwa 15 Minuten »wecken« Sie sich wieder auf, indem Sie Zehen, Finger und Hände langsam bewegen. Atmen Sie nun ein paarmal tief durch, strecken und beugen Sie die Arme und öffnen Sie dann die Augen.
Warum sollen Sie das alles tun? Nun – Ihr Körper und Geist sehnen sich direkt nach dieser Entspannung. Ihre innere Uhr geht langsamer, und Sie werden viel ruhiger. Und indem Sie Ihre Muskeln darauf trainieren, sich gänzlich zu entspannen, erhöhen Sie damit auch Ihre Fähigkeit, innerlich zur Ruhe zu kommen, was aus folgendem Grund sehr wichtig ist: »In einem Zustand innerer Entspannung kann Ihr Unterbewußtsein sehr viel leichter Signale empfangen und speichern, und Sie können dieses Unterbewußtsein dann ebenfalls sehr viel leichter beeinflussen.«
Natürlich kann der eine sich besser entspannen als der andere. Wer Schwierigkeiten damit hat, muß vielleicht zwei, drei oder sogar vier Wochen daran arbeiten. Mit viel Glück kann es Ihnen aber schon in der ersten Übungsstunde gelingen.
Mit diesem geistigen Training ergänzen Sie also die Arbeit auf dem Übungsplatz und auf der Runde, so daß Ihr Unterbewußtsein auch in bezug auf eine so schwierige Situation wie mit dem Slice permanent positive Anstöße erhält. Wir wollen dieses geistige Training in zwei Stufen einteilen, wobei die erste als Einleitung zur zweiten dient. Das Ganze sollten Sie während der Dauer eines Monats jeden zweiten Tag praktizieren.

Geistiges Training: Teil 1

Finden Sie einen Raum, in dem Sie nicht gestört werden. Vielleicht ist Ihr Schlafzimmer der beste Platz. Stellen Sie Ihre Lieblingsmusik an, weich und leise – ja nicht laut. Entspannen Sie sich so gut wie möglich. Atmen Sie tief ein und aus und denken Sie intensiv an jeden Teil Ihres Körpers. Fühlen Sie, wie das ruhige Atmen Sie mehr und mehr entspannt. Beginnen Sie mit den Zehen und spannen Sie dieselben kurz an, um sie dann richtig zu entspannen.
Zuerst und vor allem muß man die augenblickliche Situation realistisch beurteilen. Ist Ihr Schwung für diesen Schlag gut genug? Sind Sie rein physisch in der Lage, den Ball so weit zu schlagen? Können Sie diese Fragen mit ja beantworten, so wird der Schlag auch gelingen. Wissen Sie aber aus Erfahrung, daß Ihr Schwung nicht gut genug ist und Sie ganz einfach nicht stark genug sind, den Ball so hart zu schlagen, so wählen Sie sich bitte ein realistisches Ziel, das Sie bewußt und unbewußt akzeptieren können. Wenn Sie Ihr Vorstellungsvermögen mit einem Eisberg vergleichen, so ist das Bewußtsein der Teil über dem Wasser und das Unterbewußtsein der Teil darunter. Und der von den Meeresströmungen erfaßte Unterwasserteil des Eisberges entscheidet ja darüber, wohin der Eisberg treibt. Sie müssen also alles daransetzen, den »Unterwasserteil« Ihres Vorstellungsvermögens, Ihr Unterbewußtsein, in die gewünschte Richtung zu lenken. Wie und wodurch kann das geschehen? Durch das Sammeln von Erfahrungen. Sind die Erfahrungen, die Sie beim Schlagen Ihrer Bälle gemacht haben, in der Mehrzahl gut, dann werden Sie auch jedem

In Ihren Gedanken sind Sie auf dem Abschlag voller Zuversicht. Ihr Ball fliegt in der korrekten Bahn. Er landet genau im Zielgebiet. Sie sind mit dem Ergebnis zufrieden.

künftigen Schlag mit einer positiven Einstellung gegenüberstehen. Sind sie dagegen eher schlecht, dann ist eigentlich schon vor dem Schlag alles verloren.
Gute Golfer verbessern sich durch permanentes Training. Dabei schlagen sie Übungsbälle aus unterschiedlichen Situationen und Lagen. Und bei jedem dieser Schläge sammelt ihr Unterbewußtsein neue Erfahrungen und baut dadurch eine Datenbank auf, in der ihr eigenes Können, das Mögliche und das Unmögliche gespeichert ist.
Nun können die meisten Wochenend-Golfer nicht so viel Zeit in ein derartiges Training investieren. Ich schlage Ihnen daher eine Alternative vor, die den gleichen Weg geht, aber eine Menge Erfahrungen in eine kurze Zeitspanne preßt, ohne daß man dabei auf dem Golfplatz zu sein braucht.
Sie stellen sich ganz einfach vor, Sie befänden sich in verschiedenen Situationen und Lagen auf dem Platz, Sie überlegen, wie man den Ball am besten spielen könnte, spielen ihn dann (alles in Ihrer Vorstellung), schlagen ihn so wie geplant und geben dadurch Ihrer positiven Datenbank einen weiteren positiven Erfahrungssatz ein. Nun ist es allerdings nicht immer leicht, in den Gedanken und in der Vorstellung das Tatsächliche vom Eingebildeten zu trennen. Aber fortgesetztes positives Üben in der Vorstellungswelt wird die positive Datenbank Ihres Unterbewußtseins zwangsweise erweitern.

Geistiges Training: Teil 2
In Teil 1 kommen Sie in den Zustand tiefer Entspannung. Tief und ruhig atmend haben Sie diese innere Ruhe erreicht und können nun die Gedanken auf die vor Ihnen liegenden Probleme lenken.
Sie sind in Gedanken also wieder auf dem Abschlag und sprechen den Ball an. Das Wasserhindernis liegt auf der rechten Seite. Gehen Sie nun in Gedanken alle die Handlungen durch, die den Ball genau in das Zielgebiet bringen werden – den Schwung, das Treffen, die Flugbahn, die Flugrichtung, das Aufsetzen und das Ausrollen. Ist das vollbracht, haben Sie ein positives Resultat erzielt, so lassen Sie Ihre Gedanken etwa eine Minute lang ziellos »wandern«. Danach »wecken« Sie sich auf, so wie in Teil 1.
Die damit an das Unterbewußtsein übermittelte positive Nachricht wird in die Datenbank eingehen, allmählich alle negativen Vorstellungen ausschalten und so den psychologischen »Block« in Ihrem Unterbewußtsein auflösen.

Golf sollte eine Herausforderung sein!

Die meisten von uns sind von dem Gedanken an eine Herausforderung sehr angetan. Und indem wir uns ihr stellen, mobilisieren wir Kräfte in uns, deren Existenz uns bisher gar nicht bewußt war. Dadurch aber kann sich unsere ganze Persönlichkeit entwikkeln. Bei heranwachsenden Kindern kann man einen ähnlichen Prozeß beobachten. Sie riskieren plötzlich Dinge, die neu und ungewohnt sind. So gibt ihnen das erste Aufrechtstehen, ohne sich irgendwo festzuhalten, mit Recht ein Gefühl des Stolzes. Sich einer Herausforderung mit Erfolg zu stellen, kann eine Sternstunde für das ganze Leben sein. Weichen wir dagegen vor ihr zurück, so wird unser Leben arm, langweilig und uninteressant. Aufregenden Situationen paßt sich unser Körper an. Das Herz schlägt schneller, die Aufmerksamkeit ist geschärft und alle Sinne arbeiten mit höchster Anspannung. Aufregende Situationen können ebensogut erheiternd wie erschreckend sein; und Sie werden sie vielleicht als »angenehm schmerzhaft« empfinden. Manchmal wird es eine ausschließlich schmerzhafte Erfahrung sein, und die Aufregung kann Sie fast krank machen. Passiert das in solchen Situationen regelmäßig, so schaffen Sie sich damit eine negative Abwehrhaltung gegen aufregende Herausforderungen.

Der Gegensatz des Zustandes starker Aufregung ist ein völliges Fehlen derselben. Manche Leute schaffen es, sich gegen jegliche Aufregung und Herausforderung im Leben abzuschotten und können diesen Zustand sogar auf den Golfplatz übertragen. Das Spiel erscheint dann langweilig, weil nichts passiert.

Keines der beiden Extreme ist anzustreben. Abhilfe für eine extrem hohe Aufregung liegt in dem Herabsetzen Ihrer Erwartungen. Sie können das an einem stillen Tag auf dem Platz, fern von allem Streß, gut üben. Rekonstruieren Sie sich eine Situation, in der Sie sich beim letzten Mal furchtbar aufgeregt haben. Vereinfachen Sie zuerst einmal das Problem, so daß Sie leichter damit fertig werden. Und dann machen Sie es fortlaufend immer schwieriger bis zum höchsten Grad.

Planen Sie dieses Training auf lange Sicht. Gehen Sie das Übungsprogramm in Gedanken durch, bevor Sie morgens das Haus verlassen, und führen Sie es auf dem Platz dann entsprechend aus. Abends, nach Ihrer Rückkehr, können Sie dann das Ergebnis auswerten und den folgenden Plan danach ausrichten. Jede so gewonnene positive Erfahrung verstärkt Ihre positive Datenbank und damit die positive Einstellung gegenüber Ihrem Golf.

Dem anderen Extrem, der gelangweilten und interesselosen Einstellung, ist viel leichter beizukommen. Wenn etwas Sie nicht anspricht, so werden Sie es normalerweise einfach lassen, es sei denn, Sie sind dazu gezwungen. Aber Sie wollen Ihr Golf ja keineswegs aufgeben, Sie wollen nur diesen Anfall einer gelangweilten Einstellung dem Spiel gegenüber überwinden. Also ändern Sie erst einmal den Ablauf Ihres Spiels. Suchen Sie sich neue Partner, die der Sache einen neuen Reiz geben. Oder spielen Sie selbst aggressiver und fordern Sie damit Situationen heraus, die an Ihr Können und an Ihre Nerven größere Anforderungen stellen. Starten Sie ein auf lange Sicht angelegtes Übungsprogramm mit Ihrem Pro, zum Beispiel mit dem Ziel, Ihren Schlägen eine größere Länge zu geben. Setzen Sie sich zusammen mit dem Pro solch ein Ziel und konzentrieren Sie alle Anstrengungen darauf, es zu erreichen.

Wirkt das alles aber nichts, so kann Ihre allgemeine Apathie dem Spiel gegenüber auch daher rühren, daß Sie ganz einfach überspielt sind. Machen Sie ein oder zwei Wochen Pause. Gehen Sie zum Fußball oder treiben Sie in Ihrer Freizeit irgend etwas anderes. Das Spiel muß Ihnen Spaß machen, und Sie müssen »hungrig« danach sein, sonst kann nichts daraus werden. Nach ein paar Wochen Abstinenz werden Sie gierig danach sein, wie der Tiger nach dem Lamm.

»Du sollst nicht stehlen!«

Als Kind haben Sie sicher manchmal die Schule geschwänzt, besonders, wenn an dem Tag eine schwierige Klassenarbeit drohte. Sie liefen in der Stadt herum und genossen die Freiheit. Aber war da nicht so ein nagendes Gefühl in Ihrem Bauch? Schlechtes Gewissen, Angst vor Strafe; nennen Sie es wie Sie wollen. Haben Sie dieses Gefühl auch als Erwachsener mal gehabt? Ich schon! Sie haben richtig geraten – es kam, als ich auf dem Platz war, während meine Familie irgendwo auf mich wartete oder ein Kollege bei meiner Arbeit für mich einsprang. Ich »stahl« meine Golfzeit von jemand anderem. Leute wurden im Stich gelassen, und es war meine Schuld.

Dem Golf verfallen zu sein, ist ein ernsthaftes psychologisches Problem, wie das Glücksspiel. Sie können sich daran richtig festhaken, und die Symptome von rein psychologischen bis zu physischen reichen. Sie fangen an, sich schlecht zu fühlen, Sie sind streßgeplagt, ein Magengeschwür bildet sich, und Ihr Blutdruck ist überhöht. Das ist für alle Beteiligten gefährlich; und Sie können dieser Gefahr nur dadurch begegnen, daß Sie jedem Teil Ihres Lebens seine eigene Zeit konzedieren – der Familie, der Arbeit, der Freizeit und dem Golf. Ja – ich weiß – viele stehen auf dem Standpunkt, daß Golf auch nichts anderes als Freizeit sei. Wir Golfer wissen das besser und sind uns daher wohl einig, das Leben in diese vier Bereiche einzuteilen, jeder so wichtig wie die anderen. Planen Sie Ihre Zeit vernünftig zwischen diesen vier Bereichen, so brauchen Sie keine Schuldgefühle mehr zu empfinden, wenn Sie in der dafür zugemessenen Zeit auf dem

Golfplatz sind. Ihre Familie weiß dann, daß Sie jeden Samstag vormittag 18 Löcher spielen, und Ihre Arbeitskollegen können sich darauf einstellen, daß Sie am Dienstag nachmittag früher Schluß machen, um noch 9 Löcher zu spielen.
Und jedermann wird das akzeptieren, solange er sich darauf verlassen kann, daß Sie sich nicht heimlich auf den Platz stehlen, wenn Sie der »Hafer sticht«. Also merken Sie sich – nicht Ihr Golf von einem anderen »stehlen«! Dann neidet Ihnen auch keiner Ihr Vergnügen auf dem Platz.

Sind Sie ein ängstlicher Golfer?

Der menschliche Körper ist ein phantastisches Gebilde mit einem automatisch funktionierenden »Verteidigungs-System« für alle Teile dieses Organismus. Steigt die Körpertemperatur über den Normalstand, so setzt das automatische Kühlungssystem ein, und Sie fangen an zu schwitzen. Und so ist es mit jeder anderen falsch ablaufenden Funktion. Das Verteidigungs-System löst eine Gegenwirkung aus, die das Gleichgewicht wiederherstellen soll. Setzen Sie sich aber physisch und psychisch fortgesetztem Streß aus, dann zerstören Sie damit langsam, aber sicher die Fähigkeit Ihres Körpers, dem Streß entgegenzuwirken und den Ausgleich wiederherzustellen.
Schauen Sie sich doch einen Anfänger im Golf an. Er ist auf der ersten oder zweiten Runde seines Lebens, und ein Vierer ist hinter ihm auf dem Abschlag und verfolgt, wie nicht anders zu erwarten, den Schlag unseres Anfängers. In einer solchen Situation sollten die Partner dieses Anfängers ihn keinesfalls als ersten abschlagen lassen. Diese nervliche Anspannung könnte ihm das Spiel ein für allemal verderben. Schließlich und endlich ist Golf zu unserer Freude da und soll kein nervliches Wrack aus uns machen!
Wie reagiert nun der Anfänger in einer solchen Situation oder der erfahrene Golfer, wenn er tief im Rough liegt? Es mag etwas weit hergeholt erscheinen, aber sie reagieren genauso wie ihre prähistorischen Vorväter, wenn sie einer gefährlichen Situation gegenüberstanden – zum Beispiel dem Angriff eines wilden Tieres oder einer ähnlichen Gefahr. Der Körper produziert Adrenalin und Noradrenalin, allgemein bekannt als »Streß-Hormone«, um sich gegen die drohende Gefahr zu wappnen. Ein erhöhter Ausstoß an Streß-Hormonen führt zu einer Erhöhung des Blutdrucks und läßt das Herz schneller und stärker schlagen. Dadurch kommt das Blut schneller in die Muskeln und erhöht deren Fähigkeit, schnell und mit aller Kraft zu reagieren. Diese Reaktion zur Abwendung drohender Gefahren entwickelte sich allerdings zu einer Zeit und in einer Welt, in der wir nicht mehr leben. Unsere prähistorischen Vorväter mußten ihre Konzentrationsfähigkeit, ihre Reaktionsgeschwindigkeit und ihre physische Kraft erhöhen, wenn sie in einer Welt wilder Kämpfe überleben wollten. Dem plötzlichen

Anstieg der Adrenalinproduktion folgte eine heftige Aktion (Schlacht oder Flucht), in der sich die gesamte angestaute Energie erschöpfte. Das aber gibt es bei uns heute nur höchst selten. Eine Streß verursachende Situation erhöht auch unseren Hormonausstoß. Gibt es dafür dann aber kein entsprechendes Auslaßventil, so fressen wir den Streß in uns hinein, bekommen Kopfschmerzen, Magengeschwüre und ähnliche Dinge. Zuviel Streß kann nur schaden; und der Körper wird auf eine solche Situation nicht mehr sinnvoll reagieren. Zu wenig Streß ist allerdings auch von Übel, weil dann unsere Konzentration und die Kräfte erlahmen und nicht mehr optimal reagieren. Die graphische Darstellung zeigt, wie die körperliche Leistung sich dem jeweiligen Streß anpaßt.

Wenn Sie das Gefühl haben, im Golf zu starkem Streß ausgesetzt zu sein, so wird sich in Ihrem Unterbewußtsein dem Spiel gegenüber eine negative Einstellung verhärten und es zwangsweise darunter leiden. Setzen Sie Ihr Ziel dagegen nur so hoch, daß es auch tatsächlich erreichbar ist, so werden sich in Ihrem Unterbewußtsein eine Menge positiver Gedanken und Erfahrungen ansammeln, die wiederum zu einer positiven Einstellung dem Spiel gegenüber führen. Selbst wenn also ein Schlag daneben geht, so wissen Sie, daß der nächste wieder ein Erfolg werden kann. Der Fortschritt wartet immer hinter der nächsten Ecke.

Wie kann man Konzentration optimal »einteilen«?

Trotz allem, was wir bisher über Streß-Situationen im Golf gesagt haben, ist eine seiner besten Seiten nach wie vor die Tatsache, daß wir uns bei diesem Spiel von den Sorgen des täglichen Lebens erholen können. In diesem Bewußtsein kann man sich innerlich voll und ganz auf das Spiel einstellen. Golf verlangt nicht zuletzt geistige Energie und innere Einsatzbereitschaft. Beide werden automatisch freigesetzt, wenn Sie richtig entspannt sind, bereit, das Spiel zu genießen und motiviert, es gut zu spielen. Versuchen Sie aber nicht, Energie und Konzentration 18 Löcher lang auf Höchsttouren laufen zu lassen. Das würde Sie innerhalb kurzer Zeit physisch und psychisch fertig machen, und Ihr Spiel müßte langsam, aber sicher, kaputt gehen. Sie sollten vielmehr vor jedem Spiel Ihre physischen und

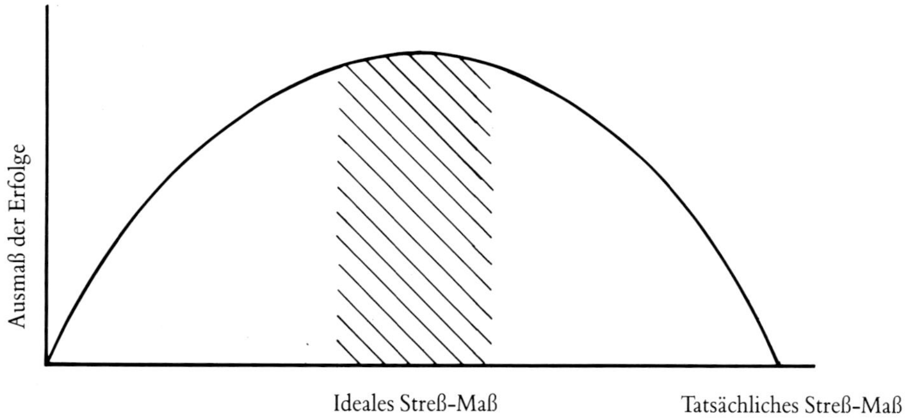

Wenn wir in einer kritischen Situation im Golf oder bei jeder anderen Gelegenheit, die uns fordert, zu wenig Streß empfinden, so werden wir uns im Zweifel nicht genügend anstrengen; während zu viel Streß die Produktion der Streß-Hormone hochtreibt, was wiederum zu einer Verkrampfung des Körpers und zu einem unnatürlichen Schwung führt.

psychischen »Batterien aufladen«, sie dann aber nicht bei jedem Ansprechen eines Balles gleich wieder voll belasten!
Verbrauchen Sie immer nur so viel »Strom« aus Ihren Batterien, wie die gegebene Situation verlangt. Laden Sie dann die Batterien zwischen den Schlägen wieder auf, indem Sie sich physisch und psychisch so weit wie möglich entspannen.
Eine positiv erwartungsvolle Einstellung dem Spiel gegenüber – »Das wird eine fröhliche Runde« – und Vertrauen zu Ihren Schlägern dienen natürlich auch dem Aufladen Ihrer Batterien. Nehmen Sie Ihre Schläger richtig liebevoll in die Hand; schließlich haben sie in dem vor Ihnen liegenden Spiel eine Schlüsselrolle. Tun Sie das gleiche mit den von Ihnen bevorzugten Bällen.
Schließen Sie dabei die Augen, sehen Sie die Bälle im Geist auf der idealen Flugbahn ins Zielgebiet fliegen, und hören Sie im Hintergrund das Beifallsgemurmel Ihrer Partner. Alles zusammen ergibt dann ein von Grund auf positives Bild. Ordnen Sie dann alle die übrigen Utensilien, wie Ball-Markierer, Pitchmarken-Entferner, Bleistift, Tees und so weiter. Dann plaudern Sie ganz entspannt mit ein paar Freunden und bauen systematisch die eigene gute Stimmung auf. Machen Sie vielleicht noch ein paar »spielerische« Übungsschläge auf dem Übungsplatz oder dem Putting-Grün, und gehen Sie dann in bester Laune zum ersten Abschlag. Den Drive schlagen Sie mit voller Konzentration. Nach dem Schlag aber gleich wieder entspannen und möglichst an etwas ganz anderes denken. Freuen Sie sich an der Natur, reden Sie mit Ihren Partnern (natürlich ohne denjenigen zu stören, der gerade abschlägt!). Bei Ihrem nächsten Schlag wiederholt sich dann dieser Prozeß. Der legendäre Walter Hagen hat einmal gesagt, »Vergeßt nicht, an den Blumen zu riechen, die am Wege stehen!«
Das Ganze läßt sich mit der Situation vor einer Verkehrsampel vergleichen. Wenn Sie entspannt sind und vor dem nächsten Schlag noch etwas Zeit haben, so steht die Ampel auf Rot = Halt, einen Augenblick Pause! Sind Sie binnen kurzem an der Reihe, so wechselt die Ampel auf Gelb, und Sie machen sich bereit. Beim Ansprechen des Balles wechselt die Ampel dann auf Grün; und ab geht die Post! Die physische und nervliche Konzentration gilt dann nur noch dem Schlag. Nach dem Schlagen des Balles wechselt das Licht von neuem; Sie entspannen sich wieder und laden Ihre Batterien auf.

Kurz bevor Sie an der Reihe sind. Freuen Sie sich unbeschwert an der Natur.

Machen Sie sich bereit – gleich ist es soweit.

Volle Konzentration und voller Einsatz beim Schlag.

Einfache Regeln für die innere Einstellung zum Spiel

1. Eine positive Einstellung bringt auch positive Ergebnisse.
2. Erkennen Sie sich selbst und Ihre Fähigkeiten.
3. Spielen Sie offensiv unter vollem Einsatz aller Kräfte.
4. Gehen Sie über sich hinaus, und stellen Sie sich der Herausforderung.
5. Entspannen Sie sich, und haben Sie an dem Spiel Freude, Freude, Freude!

Kapitel 8

Das physische Spiel – die körperlichen Bedingungen

von Rolf Wirhed

Welche physischen Qualitäten sind nun die Voraussetzung dafür, ein guter Golfer zu werden? Die Antwort hängt von verschiedenen Faktoren ab – zum Beispiel Ihrem Alter, wie gut Sie im Golf letztlich werden wollen, und welche Fähigkeiten Sie sonst noch aufzuweisen haben. Eine Eigenschaft aber ist unabdingbar für alle guten Golfer und solche, die es werden wollen – und das ist die optimale Beweglichkeit der Schultern und des Rumpfes. Daran müssen Sie ständig arbeiten. Der gute Spieler hat auch ein sehr flexibles Rückgrat, was Sie am Ende seines Rückschwunges am besten erkennen können. Und Spitzenspieler demonstrieren die extreme Flexibilität ihrer Schultern dadurch, daß sie mit ausgestreckten Armen die Hände flach hinter ihrem Rücken gegeneinanderschlagen. Auf Grund dieser Elastizität kann der Rückschwung weich und harmonisch einsetzen, und die ideale Endposition wird erreicht, ohne daß Steifheit oder unbewußte Gegenreaktionen einzelner Gliedmaßen dies behindern.

Es versteht sich von selbst, daß ein guter Golfer körperlich fit und kräftig sein muß; nicht ein Muskelpaket, aber die wichtigen Rücken-, Bauch- und Unterarmmuskeln sollten schon durchtrainiert sein. Wollen Sie einen weiten Ball schlagen, so erfordert das auch gut ausgebildete Beinmuskeln (unter der Annahme, daß Ihr Schwung mehr oder weniger korrekt ist).

Ein gut durchtrainierter Golfer ist in seinem Oberkörper sehr flexibel, so daß er die ideale Endposition des Rückschwunges leicht und ohne zu viele unbewußte Gegenreaktionen einzelner Gliedmaßen erreichen kann.

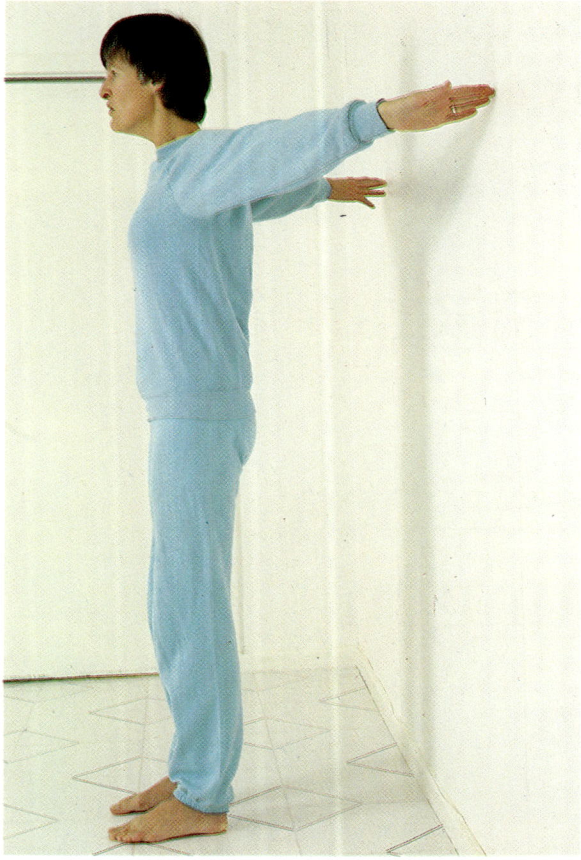

Flexibilität

Wir wollen erst einmal schauen, wie gut oder wie schlecht es um Ihre Flexibilität bestellt ist und dann einige Übungen zu ihrer weiteren Entwicklung beschreiben.

Test Nr. 1:

Stellen Sie sich mit dem Rükken zu einer Wand und finden Sie dann heraus, wie weit entfernt von der Wand Sie stehen können, während die Fingerspitzen beider Hände bei nach hinten gestreckten Armen die Wand noch berühren. Die Arme sind dabei in Schulterhöhe. Sie stehen gerade und gut ausbalanciert. Beugen Sie nicht die Knie, und lehnen Sie sich auch nicht zurück. Messen Sie dann die Entfernung zwischen der Wand und Ihren Absätzen.

Test Nr. 2:

Setzen Sie sich auf einen Hokker mit dem Rücken gegen die Kante eines offenen Türflügels. Versuchen Sie, Nacken und untere Rückenpartie gegen die Türkante zu pressen. Heben Sie dann die Arme über den Kopf, legen Sie beide Hände mit den Handflächen gegen je eine Seite des Türflügels und versuchen Sie, so weit wie möglich nach hinten zu greifen. Messen Sie dann die Entfernung zwischen Türkante und Ihren Fingerspitzen.

Test Nr. 3:

Versuchen Sie, so wie auf dem Bild dargestellt, die Fingerspitzen beider Hände hinter Ihrem Rücken zusammenzubringen. Messen Sie den Unterschied zwischen der »besseren« und der »schlechteren« Seite. Schaffen Sie es auf einer Seite überhaupt nicht, so ziehen Sie die dabei fehlende Länge vom Gesamtergebnis ab.

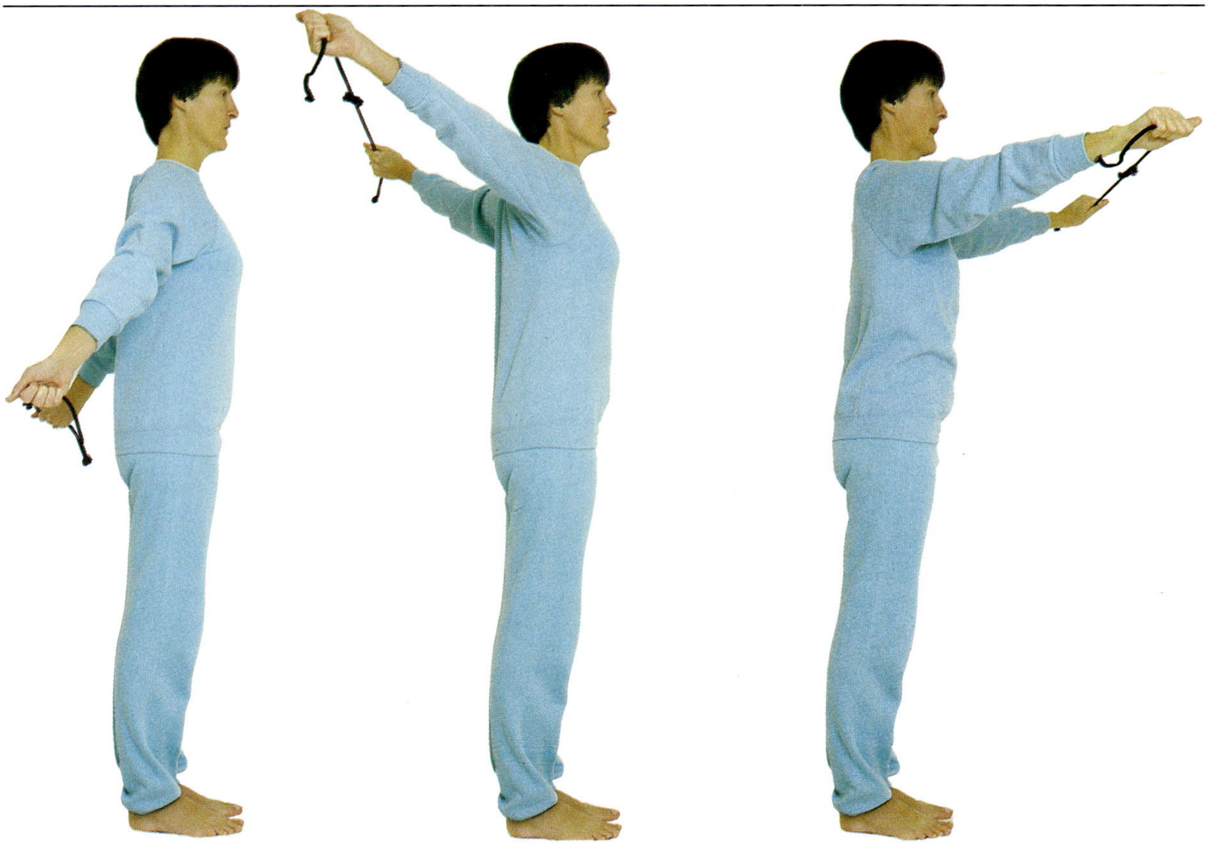

Test Nr. 4:
Halten Sie die Arme gerade ausgestreckt vor sich, und stellen Sie dann fest, welches das kürzeste Stück Schnur ist, das Sie mit beiden Händen halten, und dieselben dann noch über Ihren Kopf und auf dem Rücken wieder zusammenführen können. Messen Sie die Länge dieser Schnur.

Die Ergebnisse dieser Tests zeigen Ihnen, wie flexibel Ihre Schultern wirklich sind. Bei einem Spitzenspieler könnte das Ergebnis zum Beispiel null Zentimeter sein. Der Verfasser selbst spielt zwar viel Golf, hat aber dennoch ziemlich steife Schultern, weil er in seiner Jugend ein eifriger Turner war und seine Muskeln dabei zu sehr auf reine Kraft trainiert hat. Seine Meßergebnisse bei diesen Tests sollten daher eher als Warnung dienen. Testen Sie sich also genauso, wie hier beschrieben, und vergleichen Sie Ihre Ergebnisse mit denen in der Tabelle. Sie können daraus dann Rückschlüsse über Ihre eigene Flexibilität ziehen!

Test Nr.	*Spitzenspieler*	*Autor*	*Ihre Maße*
1	49 cm	25 cm	cm
2	35 cm	20 cm	cm
3	+ 12, + 4 cm	./. 20, ./. 10	cm
4	100 cm	cm	cm
		140 cm	

Zur Bestimmung des Flexibilitätsgrades können Sie Ergebnis 1, 2 und 3 von 4 abziehen. Der Spitzenspieler hat also einen Flexibilitätsgrad von 100 ./. 12 ./. 4 ./. 35 ./. 49 = 0. Der Autor hat 140 + 20 + 10 ./. 20 ./. 25 = 125.

Strecken Sie beide Arme in Schulterhöhe zur Seite, und versuchen Sie dann, in dieser Haltung so weit wie möglich durch einen offenen Türrahmen hindurchzukommen. Die Arme werden dabei genauso zurückgedrückt wie bei dem Flexibilitätstest. Bei dieser Übung sind vor allem die großen Brustmuskeln und die Frontpartien der Deltamuskeln betroffen. Wollen Sie sich nun weiter dehnen, so versuchen Sie, die Brustmuskeln so weit wie möglich zu entspannen und drücken sie dann vorsichtig ein paar Zentimeter weiter vor, bis Sie an der Frontseite der Schultern starken Widerstand spüren. Halten Sie diese Position ungefähr 30 Sekunden lang, lockern Sie sich dann und wiederholen Sie das gleiche drei- oder viermal.

Gehen Sie jedoch lieber nach der Methode »Zusammenziehen – Entspannen – Strecken« vor, so nehmen Sie die gleiche Stellung ein, fangen dann aber damit an, die Hände sechs Sekunden lang so stark wie Sie können gegen die Wand zu pressen, und entspannen Sie sich dann zwei Sekunden lang in der gleichen Haltung. Lehnen Sie sich dann vorsichtig ein paar Zentimeter nach vorn, bis Sie an der Frontseite der Schultern wieder den starken Widerstand spüren. Halten Sie diese Stellung ungefähr 10 Sekunden lang, und wiederholen Sie das ganze drei- oder viermal.

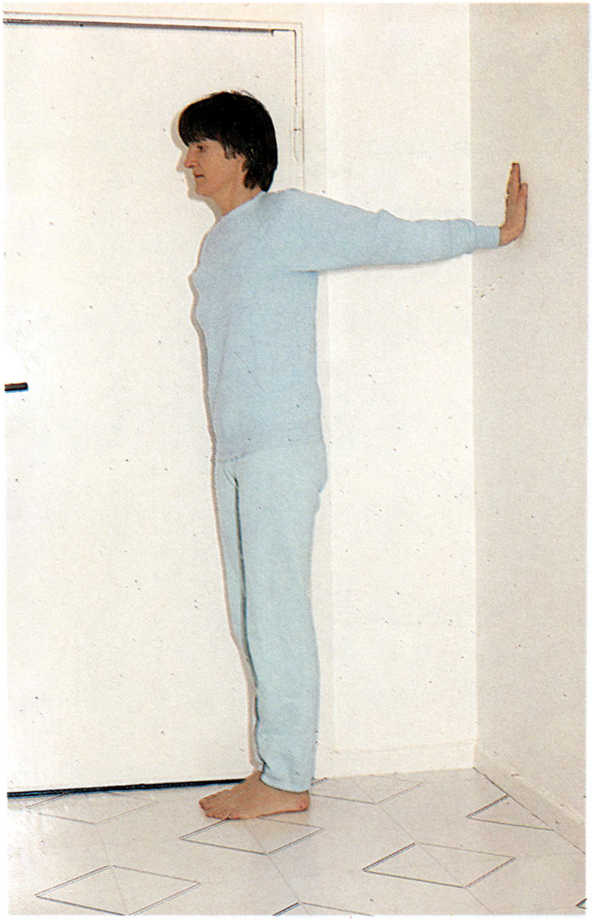

(Rechts) Eine weitere Übung zur Stärkung der Brustmuskeln. Handflächen gegen die Wand pressen und dann aus den Schultern heraus nach vorn drücken.

Die auf dieser und den folgenden Seiten gezeigten Übungen werden die Flexibilität Ihrer Schultern und Ihres Körpers erhöhen oder sie auf dem derzeitigen hohen Stand halten.

Üben Sie mindestens ein paarmal pro Woche. Die Erhaltung der Flexibilität ist besonders für ältere Golfer ein absolutes Muß. Sie bewahren sich damit nicht nur Ihren Schwung, Sie verhindern dadurch auch Zerrungen oder gar Verletzungen der Rücken- und Schultermuskeln. Was wir Ihnen hier zeigen, sind seit langem bewährte Dehn- und Streckübungen, bei denen jeweils ein Muskel oder eine Muskelgruppe ungefähr 30 Sekunden lang gedehnt oder gestreckt wird. Danach kommt immer die Periode der Entspannung. Beides, Spannung und Entspannung, sollten Sie niemals übereilen. Übungen sollen langsam ausgeführt werden, immer angenehm und niemals schmerzhaft sein.

Noch effektiver ist eine Weiterentwicklung dieser Methode. Sie nehmen die gleiche Stellung wie beim Dehnen der Muskeln ein. Bevor Sie aber mit dem Dehnen anfangen, ziehen Sie die Muskeln sechs Sekunden lang fest zusammen (wird ein Muskel fest zusammengezogen, so ist es leichter, ihn danach sofort wieder zu entspannen). Dann folgt eine Entspannung von zwei Sekunden und schließlich 10 Sekunden Dehnen. Wiederholen Sie diese Übung – sechs Sekunden Zusammenziehen, zwei Sekunden Entspannung, 10 Sekunden Dehnen – drei- bis fünfmal. Man nennt dies die »Kontraktions-Entspannungs-Stretching-Methode«. Mit den hier gezeigten Übungen werden Sie die Flexibilität Ihrer Schultermuskeln verbessern und den Ablauf Ihres Golfschwunges weicher und harmonischer gestalten.

Regelmäßiges Training wird bald zu greifbaren Erfolgen führen. Messen Sie gleich zu Anfang Ihre Testergebnisse, so wie es weiter vorn beschrieben wurde, trainieren Sie dann regelmäßig vier Wochen lang, und messen Sie dann noch einmal. Glauben Sie, Ihr Ziel annähernd erreicht zu haben, so wird zur Erhaltung Ihrer Kondition eine Trainingseinheit pro Woche ausreichen.

Für ältere Leute ist die Verbesserung ihrer Flexibilität schon eher ein Problem; aber auch sie können nach Durchführung dieser Übungen erstaunliche Erfolge vorweisen. Ein positiver Nebeneffekt dieser Übungen liegt darin, daß man den altersbedingten Rückgang der Flexibilität dauernd unter Kontrolle halten kann.

Zur Stärkung und Verbesserung der Flexibilität Ihrer Schultermuskeln benötigen Sie keine kostspieligen Geräte. Ein einfaches Handtuch ist für die hier dargestellten Übungen völlig ausreichend.

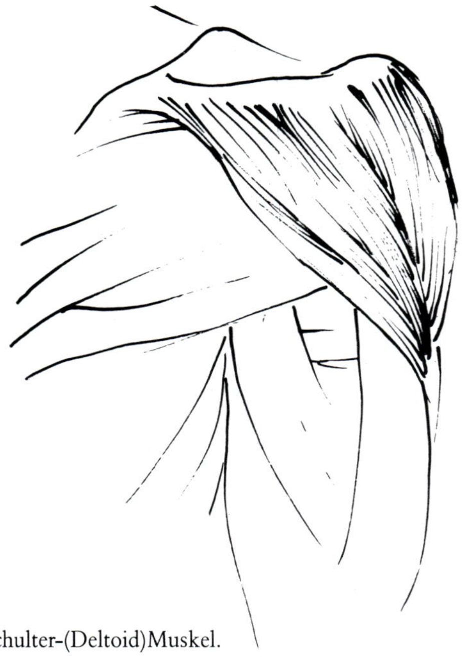

Der Schulter-(Deltoid)Muskel.

»Trocknen« Sie Ihren Rücken, indem Sie den höheren Arm mit dem tieferen herunterziehen. Ziehen Sie dann den unteren Arm mit dem höheren etwas nach oben. Wiederholen Sie das zehn-

Der große Brustmuskel. Diese beiden Muskeln werden beim Golfschwung besonders beansprucht.

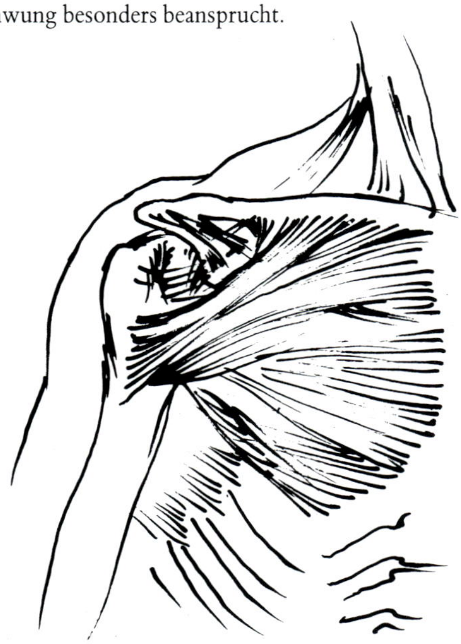

Halten Sie das Handtuch so fest, wie es hier gezeigt wird, und »trocknen« Sie dann Hals und Nacken. Sie müssen das Handtuch so fest greifen, daß Sie einen Arm mit dem anderen ziehen

mal mit dem linken Arm zuoberst und dann zehnmal mit dem rechten Arm zuoberst.

können. Dadurch kann ihre Flexibilität jedesmal um das gleiche Maß erhöht werden.

Halten Sie das Handtuch mit ausgestreckten Armen, und spreizen Sie die Arme so weit auseinander, daß Sie sie über Ihren Kopf strecken können. Die Arme sind gestreckt, das Handtuch gespannt. Bewegen Sie dann die Arme zwanzigmal vor und zurück.

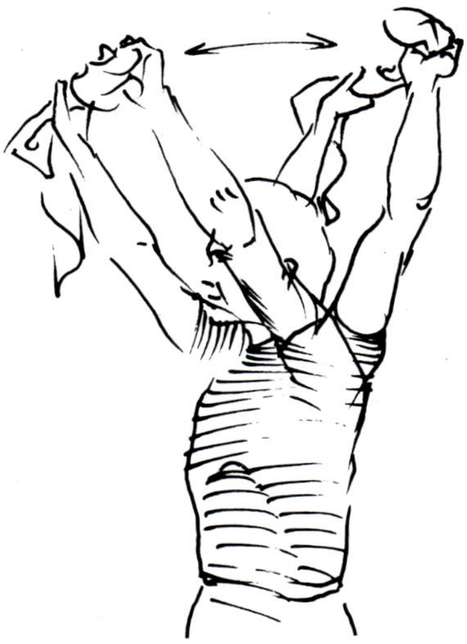

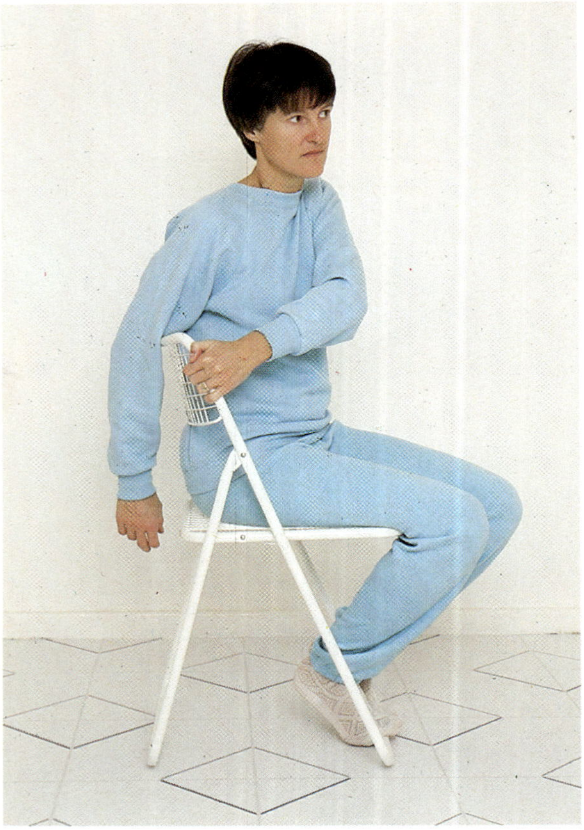

Setzen Sie sich auf einen Stuhl und ziehen Sie – so wie auf dem Bild gezeigt – im Wechsel die linke und die rechte Hand hinter die Stuhllehne.

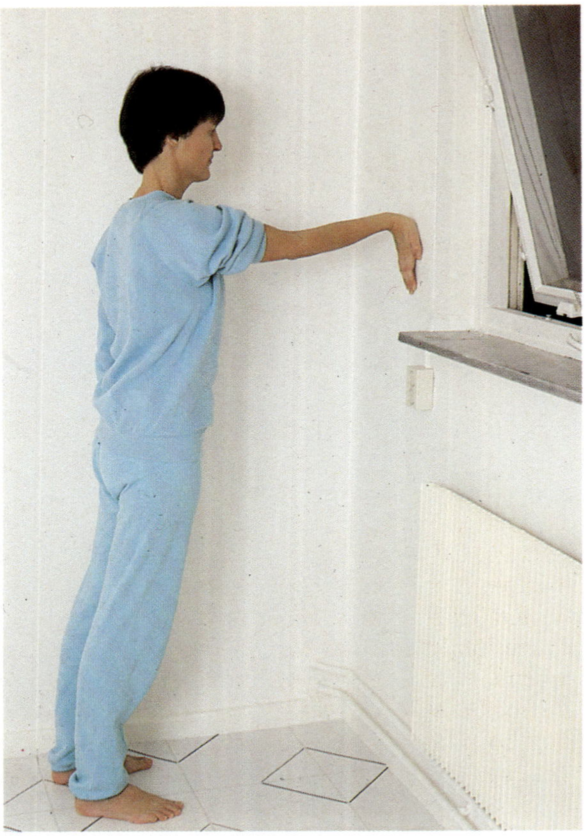

Das Dehnen der Unterarme. Pressen Sie die Handfläche gegen die Wand, während Sie gleichzeitig den Ellbogen nach unten zum Boden drücken.

Das Dehnen der Schultermuskeln. Achten Sie auf das Zusammenklatschen der Hände.

Krafttraining

Beim guten Golfer vereinen sich Flexibilität und physische Kraft. Reines Krafttraining macht aber die Muskeln steif und verkürzt sie, so daß derartige Übungen für Golfer als nutzlos oder gar schädlich gelten. Das ist falsch! Wenn wir uns ins Gedächtnis zurückrufen, was wir über den Zusammenhang zwischen Flexibilität und Kraft wissen, so können wir vor allem jungen Golfern, die es zu etwas bringen wollen, nur einen Rat geben. Entwickeln Sie Ihre physischen Kräfte, und zwar des ganzen Körpers, durch ein geeignetes Training. Zu einem späteren Zeitpunkt konzentrieren Sie sich dann auf ein Krafttraining für die Beine, den Rücken, den Bauch und die Unterarme. Gleichzeitig laufen nebenher Flexibilitätsübungen für den Rücken und die Schultern.
Der hormonmäßig bestimmte Kräfteunterschied zwischen Mann und Frau zeigt sich unter anderem darin, daß der Mann einen längeren Drive schlagen kann. Was jedoch die Schwungtechnik angeht, so kann eine gute Spielerin es darin mit einem Mann durchaus aufnehmen. Der Kräfteunterschied zwischen Mann und Frau liegt übrigens weniger in den Beinmuskeln als in den Unterarmen. Ehrgeizigen Spielerinnen kann man daher nur raten, Rücken und Unterarme »kräftig« zu trainieren. Sie können ihre Schlagkraft dadurch nämlich ganz erheblich steigern. Beim Krafttraining der Muskeln sollten Sie stets folgendes im Auge behalten:

1. Die Ausdauer eines Muskels wird dadurch erhöht, daß man ihn zu wiederholten Malen durch »schwache Belastungen« ermüdet!
Ein derartiges Training erhöht die Zahl der kleinen Blutkörperchen (Kapillaren) in dem Muskel. Das Herz kann diesen Muskel bei seiner Arbeit leichter mit Sauerstoff und Nahrung versorgen. Der Muskel kann seinerseits dann die gleiche Bewegung häufiger ausführen, bevor er ermüdet; das heißt, daß seine Ausdauer höher wird.
Ein »Ausdauertraining« kann zum Beispiel darin bestehen, daß man den Muskel bis zu 50 % seiner Kapazität belastet. Ein Gewicht von 20 kg, das Maximum, was Sie mit einer Hand heben können, wäre wahrscheinlich richtig. Nehmen wir an, Sie könnten vor Beginn des Trainings 10 kg 25mal und 20 kg nur einmal heben, so sollten Sie nach regelmäßigem Üben mit schwachen Belastungen in der Lage sein, 10 kg 40 bis 50mal zu heben, während Ihre höchste Kraftentfaltung kaum gesteigert wird, so daß Sie die 20 kg nach wie vor wahrscheinlich nur einmal hochbekommen werden.

2. Ihre höchste Kraftentfaltung kann dadurch gesteigert werden, daß Sie mit Gewichten trainieren, die gerade unter Ihrer Belastungsgrenze liegen!
Liegt Ihre Maximalleistung bei 20 kg, so sollten Sie mit Gewichten trainieren, die 80 bis 90 % davon ausmachen. Durch regelmäßiges Training wird sich Ihre Maximalleistung langsam erhöhen – auf 22 kg, 24 kg und so weiter. Mit zunehmender Maximalleistung erhöhen Sie gleichzeitig die Trainingsgewichte, so daß Sie nach wie vor 80 bis 90 % Ihrer Maximalleistung ausmachen.
Der Trainingsablauf sollte genau festgelegt sein. Sechsmal Stemmen (Repetitionen oder »Reps« genannt), dann zwei Minuten Pause. Sechs Reps bilden eine »Serie«. Als nächstes eine weitere Serie, und danach wiederum zwei Minuten Pause. Die »Normaldosis« bei diesem Training enthält drei Serien zu je sechs Reps, das heißt also insgesamt 18 Reps mit einem Gewicht, das 80 % Ihrer Maximalleistung ausmacht. Das wird ebenfalls Ihre Ausdauer steigern, wenn auch nicht so schnell wie bei der oben geschilderten Methode 1.

Tabelle der Gewichte, Reps und Serien, um verschiedene Bereiche zu trainieren:

	Ausdauer	*Geschwindigkeit*	*Höchste Kraftentfaltung*
% der Spitzenleistung	25–50	50–80	80–100
Zahl der Reps über 40	über 40	ca. 10	1–6
Zahl der Serien	5	4	3

Training der Rückenmuskeln

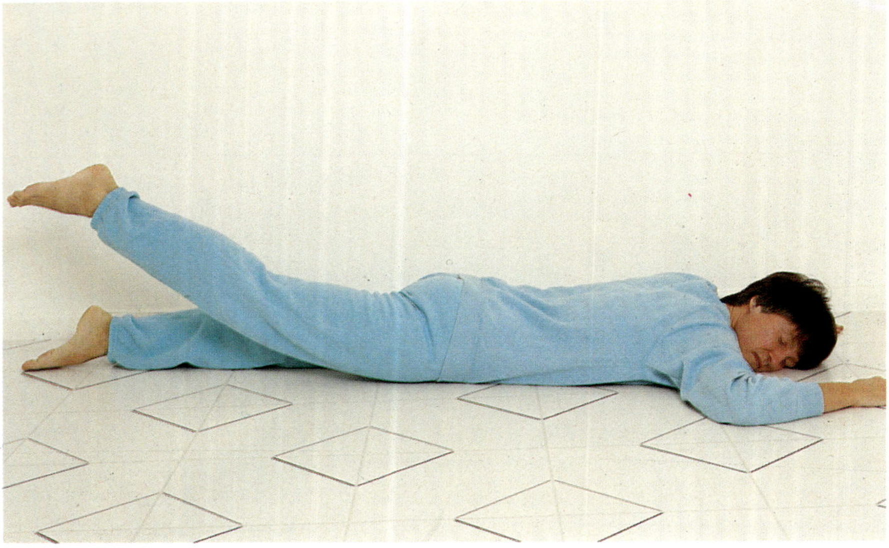

Jeweils ein Bein vom Boden abheben.

Hände, Schultern und Brust vom Boden abheben.

Linker Arm, linkes Bein vom Boden abheben. Danach rechter Arm und rechtes Bein.

Training der Bauchmuskeln

Arme über der Brust gekreuzt.

Heben Sie die Schultern so weit wie möglich vom Boden ab.

Legen Sie sich auf den Rükken, und heben Sie das Gesäß vom Boden ab.

Gehen Sie nur auf den Zehen und Händen, und bleiben Sie dabei vollständig gestreckt. Achtung: Die drei oben angegebenen Übungen steigern sich in ihrer Schwierigkeit. Vermeiden Sie daher Übertreibungen, vor allem am Anfang.

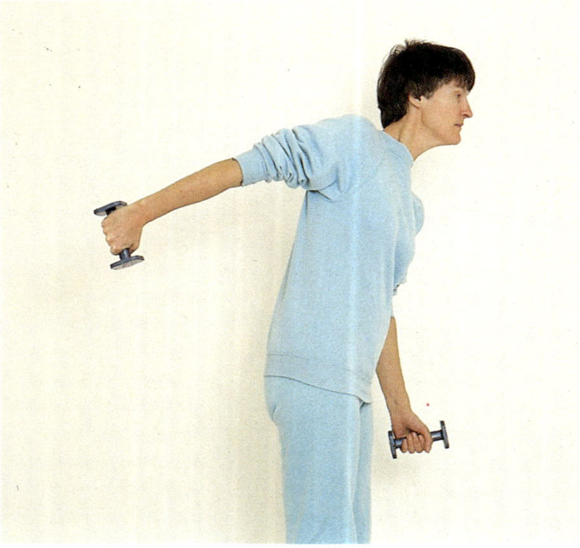

Training der Arme

(Oben links) Fangen Sie mit leichten Hanteln an, und nehmen Sie dann laufend schwerere. Heben Sie die Hanteln mit nach hinten gestrecktem linken und rechten Arm.

(Oben) Liegestütze sind am leichtesten an einem Tisch oder aus einem Stuhl auszuführen.

(Links) Liegestützbeugen im Knien ist schon schwieriger.

(Links) Liegestützbeugen mit gestreckten Beinen.

»Klimmzüge« dienen der Stärkung der Armmuskeln.

(Oben) Legen Sie sich auf den Rücken unter einen Tisch, und ziehen Sie sich hoch, wobei der Rücken möglichst gerade bleiben sollte.

(Rechts) Ist eine Turnhalle in der Nähe, so gehen Sie für Klimmziehen an die Ringe oder ein ähnliches Gerät.

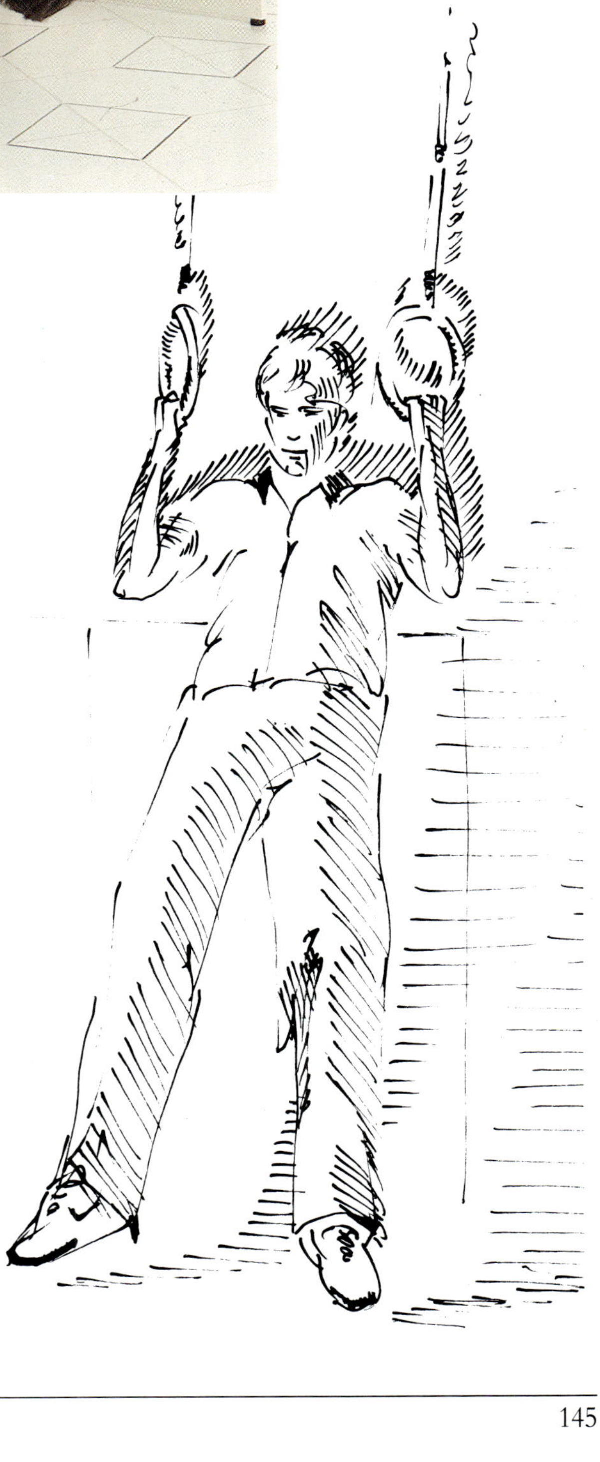

Golfer, die ihr Spiel wirklich verbessern wollen, sollten sich auf das in der Spalte Ausdauertraining enthaltene Programm konzentrieren, das heißt, viele Reps mit geringer Belastung durchführen. Absolvieren Sie dieses Programm in der toten Saison dreimal pro Woche und während der Spielzeit mindestens einmal pro Woche.

Besondere Anmerkung: Erst nachdem Sie das Ausdauertraining einen ganzen Winter lang durchgeführt haben, sollten Sie mit dem Schnelligkeitstraining beginnen!

Das Schnelligkeitstraining sollte genauso regelmäßig durchgeführt werden wie das Ausdauertraining.

Bei Krafttraining denkt man in erster Linie an Gewichtheben und Hantelübungen. Zur Entwicklung einer guten Allround-Kondition sollte man aber auch den eigenen Körper als »Gewicht« einsetzen. Besonders zu empfehlen ist das bei einem auf Golf ausgerichteten Krafttraining. Wir zeigen Ihnen hier verschiedene Möglichkeiten zur Stärkung der Bauch-, Rücken- und Armmuskeln. Bei Bauch und Rücken sollte man primär auf Ausdauer trainieren (also viele Reps). Beim Training der Armmuskeln kommt es darauf an, ob Sie mehr an Ausdauer, Schnelligkeit oder höchster Kraftentfaltung interessiert sind.

Training der Schultern

(Links) Heben Sie die Arme mit Hanteln in den Händen seitwärts so weit hoch wie möglich.

(Rechts) Knieen Sie zwischen zwei Stühlen, stützen Sie sich mit beiden Händen auf die Sitzflächen, und stemmen Sie sich langsam hoch.

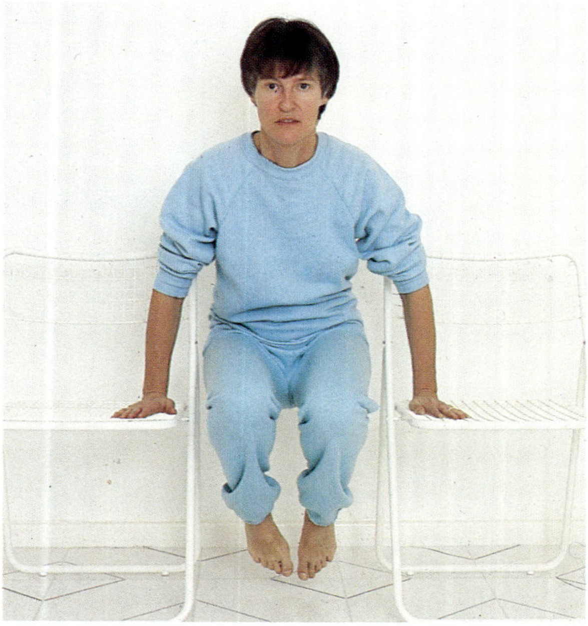

(Links) Stützen Sie sich, wie in der Abbildung, auf Hände und Füße, und heben Sie dann im Wechsel die linke und rechte Hand vom Boden ab.

Training der Beine

Statische Übungen. Rutschen Sie mit dem Rücken zur Wand an derselben herunter, bis Sie eine hockende Stellung erreichen und die Schenkel parallel zum Boden sind. Halten Sie diese Stellung so lange wie möglich.

Laufübungen

Beinmuskeln stärkt auch ein Golfer am besten durch Laufübungen. Sie erhöhen gleichzeitig seine allgemeine Fitneß. Der Spitzengolfer sollte in der toten Saison möglichst dreimal in der Woche 5 km laufen und während der Spielzeit ein- oder, wenn es geht, zweimal. In der dadurch generell verbesserten Kondition kann man sich bei jedem kommenden Wettspiel sehr viel leichter und intensiver konzentrieren. Ein körperlich untrainierter Spitzenspieler ist heutzutage undenkbar. Fitneßtraining und das Üben mit Schläger und Ball müssen Hand in Hand gehen. Die Leistungen der Spitzenspieler haben sich gerade in den letzten Jahren enorm gesteigert, und der Konkurrenzkampf ist dementsprechend härter geworden.

Hüpfen Sie im Wechsel auf dem linken und rechten Bein bis zur Ermüdung.

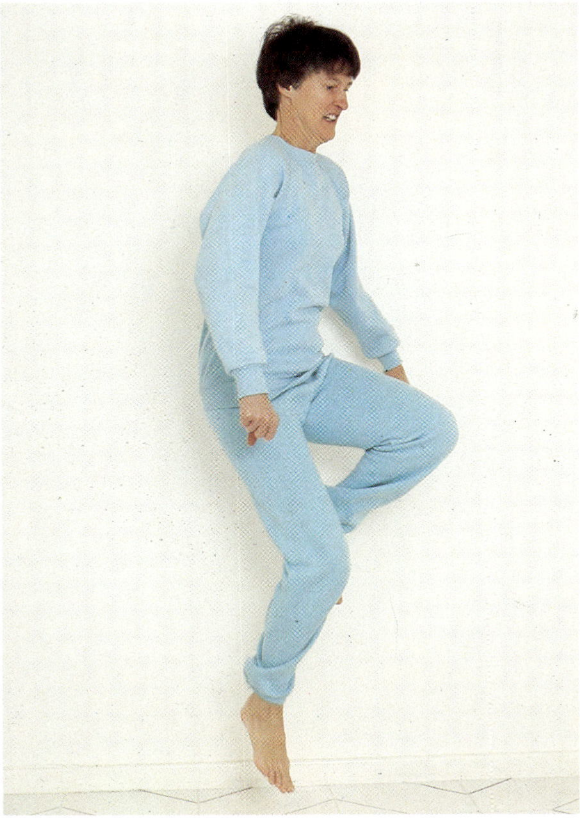

Machen Sie ein paar weite Ausfallschritte, und beugen Sie das vordere Knie dabei so weit wie möglich.

Weitere Übungen für die Beine

Stellen Sie sich im Wechsel mit dem rechten und linken Fuß auf die Zehen. Wenn nötig, halten Sie sich dabei an einer Wand oder an einem Baum fest.

Eine gute Kondition ist aber auch für den Wochenend-Golfer zu empfehlen. Sie sollten das Lauftraining zur Stärkung der allgemeinen Fitneß und der Beinmuskeln mit Krafttraining mischen.
Lauftraining auf dem Golfplatz ist für Golfer natürlich eine naheliegende Lösung. Der Boden ist gut für Füße und Knochenhaut, und die Länge der einzelnen Löcher gibt einen guten Anhalt dafür, wie weit man gelaufen ist. Sie finden sehr bald heraus, wann Sie über den Platz laufen können, ohne irgendwelche Spieler zu stören. Ein Lauf über 18 Löcher, unter Auslassung kritischer Stellen, entspricht etwa einer Länge von 5 km. Wenn Sie Ihren Lauf an jedem dritten Loch unterbrechen und ein kurzes Krafttraining für die Beine einschieben, so haben Sie ein nahezu perfektes Trainingsprogramm.
Ihre Bereitschaft zum Training, Ihre Freude am Spiel und Ihre Fähigkeit, in kritischen Situationen eines Wettspiels »einen Zahn zuzulegen«, werden im gleichen Maß zunehmen wie Ihre Kondition und Ihre physische Kraft.

Seitwärtshüpfen auf einem Bein.
Springen Sie aus dem Stand mit beiden Beinen in die Luft, und ziehen Sie dabei beide Knie so nahe an die Brust wie möglich (aber mehr als auf dem Bild!).

Das gilt für fast alle Sportarten, und warum sollte dieser Zustand für einen Golfer nicht ebenso erstrebenswert sein. Gute Kondition und kräftige Beine sind eine Voraussetzung dafür, ohne Ermüdungserscheinungen über 18 Löcher zu kommen. Beim Schwung eines Golfschlägers laufen fast alle Bewegungen von Armen und Schläger in einer vertikalen Ebene ab; und das um so mehr, je steiler der Schwung ist. Alle Kräfte zur Beschleunigung von Schultern und Schläger wirken auch auf die Beine. Würden Sie mit beiden Füßen auf je einer Badezimmerwaage stehen, so könnte man den Druck messen, dem die Beinmuskeln bei einem vollen Drive ausgesetzt sind. Die Messungen würden ergeben, daß im Moment der stärksten Belastung (im Treffmoment) der Druck auf dem linken Bein das 1,14fache des Körpergewichts des Spielers beträgt und auf dem rechten das 0,33fache. Können Sie nun diesem Druck nicht die gleiche Kraft entgegensetzen, so müssen Sie es durch Beugen oder Strecken in Knien und Hüfte ausgleichen. Dann werden Sie Ihren Ball aber sicherlich nicht mehr sauber treffen, im schlimmsten Fall ihn sogar toppen oder hacken. Kräftige Beine sind also wichtig!

Kräftigungsübungen für Unterarm und Handgelenke

Unterarme und Handgelenke sind natürlich die wichtigsten »Werkzeuge« für Geschwindigkeit und Präzision des Schlages im Treffmoment. Wenn Sie Ihre Hand bewegen oder etwas greifen, so treten dabei verschiedene Muskeln in Aktion: (a) Muskeln nur zum Beugen der Finger, (b) Muskeln zum Beugen von Fingern und Handgelenk, (c) Muskeln zum Steuern der Bewegungen des Handgelenkes und (d) Muskeln, die den Unterarm rotieren lassen, so daß die Handfläche auf Sie zu oder von Ihnen weg zeigt. Es mag Ihnen vielleicht merkwürdig erscheinen, aber alle diese Muskeln und ihre Kraft sind für gutes Golf von großer Bedeutung. So könnte mancher Wochenend-Golfer bald besser spielen, wenn er die Muskeln seiner Unterarme und Handgelenke regelmäßig trainieren würde. Das trifft besonders auf weibliche Golfer zu.

Als erstes würde Ihr kurzes Spiel davon profitieren sowie die Fähigkeit, aus schlechten Lagen herauszuschlagen.

Prüfen Sie die Ausdauer dieser Muskeln, indem Sie die Finger in schneller Folge gegen die Handfläche derselben Hand schlagen (einhändiges Klatschen).

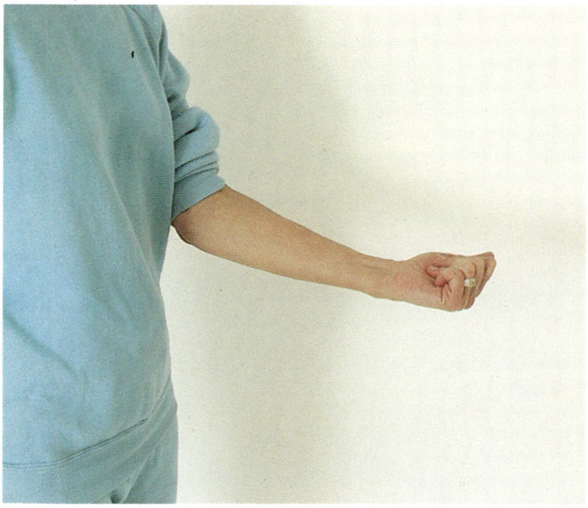

Beim Applaus mit einer Hand kommen die Muskeln zur Wirkung, die die Handgelenke und Finger beugen. Weibliche Golfer sollten besonders um eine Stärkung dieser Muskeln bemüht sein.

Sie werden sicher nicht sehr viel mehr als 30 oder 40 Anschläge schaffen. Die dabei betroffenen Muskeln gehören zu der Kategorie (b).

Wechseln Sie dann zu zwei weiteren Übungen, bei denen Sie den Schläger ganz normal greifen. Sind Sie erst einmal kräftiger geworden, so machen Sie es mit zwei Schlägern oder halten einen Schläger jeweils nur mit einer Hand.

Besondere Anmerkung: Wenn Sie sich an diese Übung wagen, so sollten Sie es ja nicht zu oft tun, also etwa dreimal in der Woche. Am Anfang der Woche eine Serie von jeder Übung mit nur einem Schläger. Achten Sie dabei auf mögliche Schmerzen in den Ellbogen und den Bändern des Handgelenkes. Sie wollen ja schließlich keinen Muskel schädigen. Nach ein paar Wochen haben Sie sich an diese Übungen gewöhnt und können dann jede Serie einoder zweimal wiederholen. Greifen Sie den Schläger anfangs etwas tiefer am Schaft, und erhöhen Sie die Zahl der Reps fortlaufend.

Pressen Sie nun die Ellbogen an den Körper. Spreizen Sie die Finger weit auseinander und drehen Sie die Handgelenke in schneller Folge nach links und rechts, so daß die Handflächen einmal nach oben und einmal nach unten zeigen. Sie werden bald spüren, wie die Muskeln der Kategorie (d) ermüden.

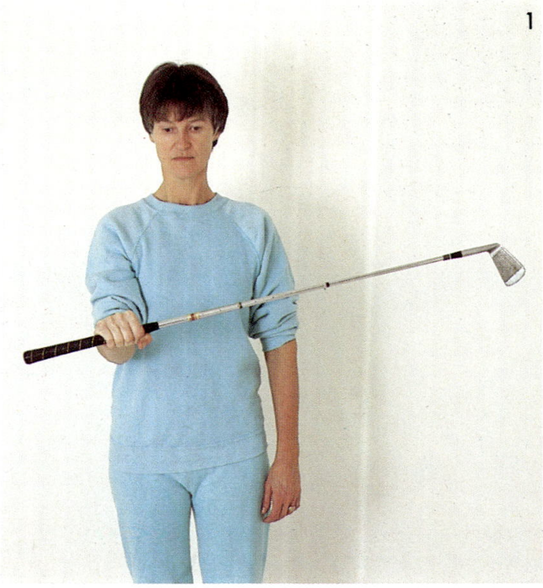

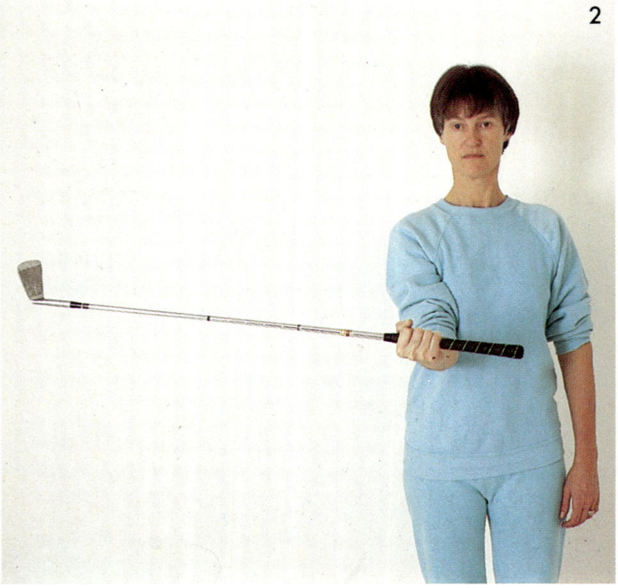

Pressen Sie den Ellbogen gegen den Körper und drehen Sie den Schläger so wie auf dem Bild.

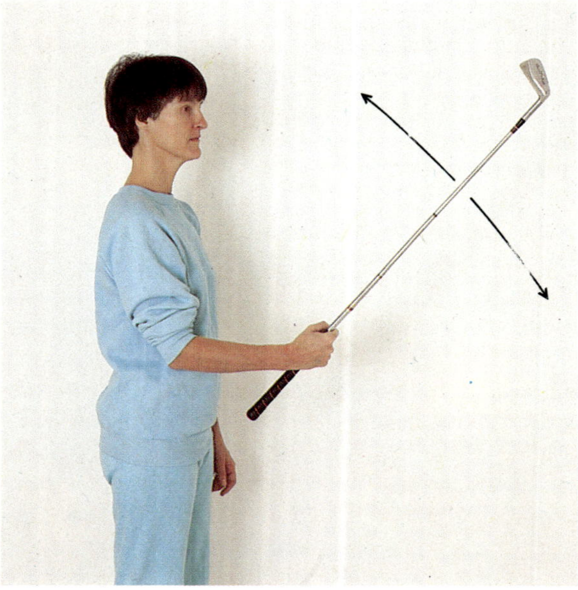

Halten Sie die Arme am Körper leicht gebeugt, so daß nur die Handgelenke sich bewegen können. Bewegen Sie dann den Schläger wie auf dem Bild.

Halten Sie die Arme gestreckt etwas hinter dem Rücken, während Sie die hier dargestellte Übung durchführen.

Pressen Sie Ihren Ellbogen an den Körper und »schreiben« Sie die Zahlen 1 bis 25 in die Luft, wobei Sie nur Handgelenk und Unterarm benutzen.

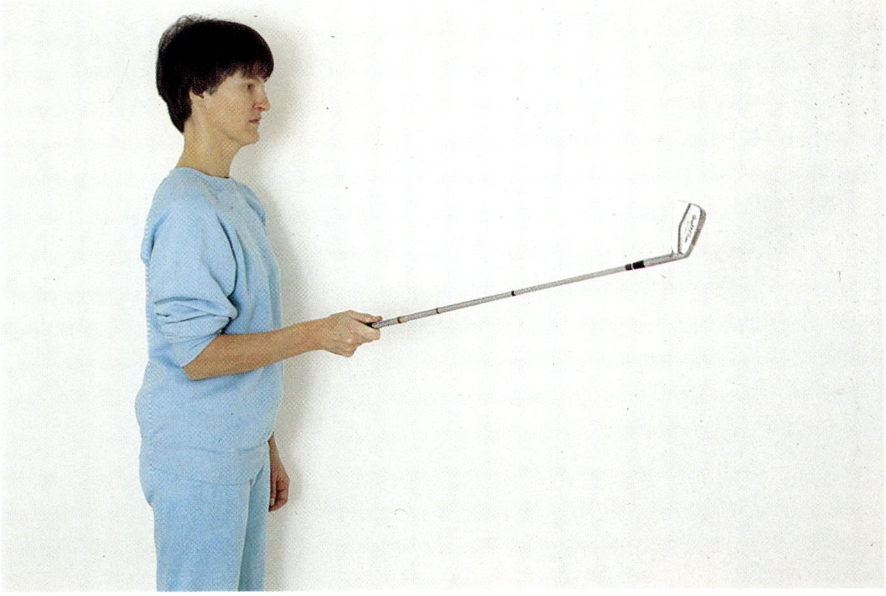

»Schreiben« Sie noch einmal 1–25 in die Luft, halten Sie diesmal aber die Arme gestreckt, so daß alle Bewegungen nur aus den Schultern und Handgelenken heraus erfolgen.

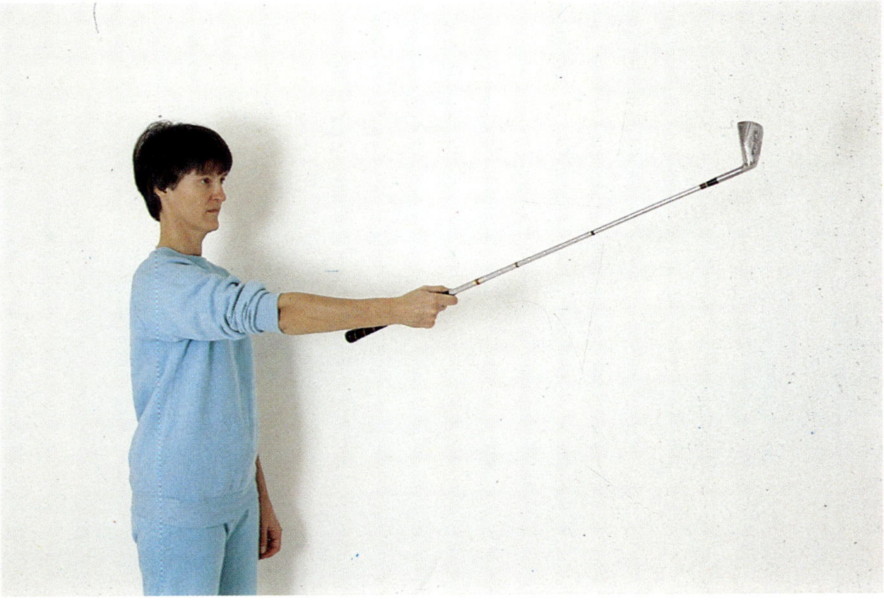

Die hier dargestellten Übungen dienen der Stärkung der Unterarme. Nehmen Sie zuerst einen Schläger und dann zwei, so zusammengebunden, wie auf den abgebildeten Photos gezeigt wird. Je tiefer Sie am Schaft greifen, desto leichter ist die Übung – je höher Sie greifen, desto schwerer. Greifen Sie den oder die Schläger am Anfang so, daß Sie nach etwa 25 Reps leicht ermüden. Führen Sie mit jeder Hand 25 Reps aus. Haben Sie alle drei Übungen hinter sich, so waren es 75 Reps mit jeder Hand.

Ihre Muskeln und Ihr Golfschwung

Zwischen Kraft, Flexibilität, Länge des Rückschwunges, Geschwindigkeit des Schwunges und der Präzision des Schlages besteht ein ursächlicher Zusammenhang. Streben Sie nach äußerster Präzision des Schlages, so sollte Ihr Rückschwung eher kurz sein, und zwar so kurz wie möglich, ohne daß Sie an der Wende dann zuviel Kraft einsetzen müssen. Gehen Sie mehr auf größte Länge, so verlangt das einen weiten Rückschwung, wird sich auf die Präzision des Schlages aber sicher negativ auswirken. Unser Schwung-Potential wird durch gewisse anatomische und physiologische Gegebenheiten bestimmt, von denen die wichtigsten hier erläutert werden.
Der Armmuskel von Golfer A hängt näher am Schultergelenk als bei Golfer B. Wenn also beide ihren Muskel in gleichem Maß zusammenziehen, so muß der Arm von A einen größeren Winkel beschreiben als der von B. Der Bewegungsablauf bei A ist demzufolge schneller und damit auch die Geschwindigkeit höher, mit der sein Schlägerkopf auf den Ball trifft. Verlangt eine Aktion aber primär physische Kraft, so ist B im Vorteil, weil sein weniger zentral angehängter Muskel eine größere Hebelwirkung erzeugt. B ist also stärker als A. Solche angeborenen Unterschiede muß man einfach akzeptieren. A kann also – auf Golf übertragen – im Zweifel einen längeren Ball schlagen.
Zieht ein Muskel sich zusammen, so kann das mit wechselndem Kräfteaufwand geschehen. Bei wenig Kraft wird der Bewegungsablauf langsam einsetzen. Je kürzer der »Weg« des Zusammenziehens ist, desto langsamer wird die Endgeschwindigkeit der ganzen Bewegung sein. Derselbe Muskel kann in verschiedenen Situationen unterschiedliche Kräfte einsetzen. Ein vollständig gestreckter Muskel kann sich immer mit größerer Kraft zusammenziehen als ein nur halb gestreckter. Untersuchungen haben gezeigt, daß ein Muskel dann die größte Kraft entfaltet, wenn er 20 % über seine Länge in Ruhelage gedehnt ist. Ist er unter 50 % seiner Länge in Ruhelage gedehnt, so kann er sich überhaupt nicht wirksam zusammenziehen.
Halten Sie den Rückschwung also zu früh an, so

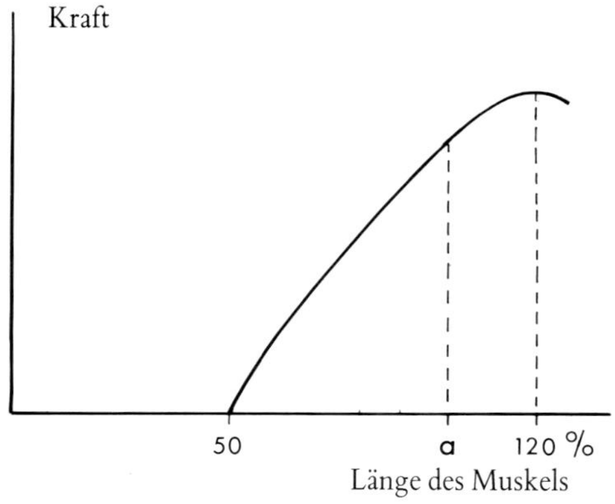

Das Diagramm zeigt den Zusammenhang zwischen der Kraft, die ein Muskel in einer bestimmten Situation produzieren kann, und der tatsächlichen Länge des Muskels zu diesem Zeitpunkt. Ist er unter 50 % seiner Länge in Ruhelage gestreckt (a), so kann er sich überhaupt nicht zusammenziehen. Das Zusammenziehen erfolgt mit der größten Kraft, und er produziert die größte Kraft, wenn er 20 % über seine Länge in Ruhelage gedehnt ist.

erreichen Sie nicht die für die optimale Kraftentfaltung der Muskeln nötige Position, und es bleibt Ihnen auch nur ein kürzerer Weg, um den Schlägerkopf bis zum Treffmoment zu beschleunigen.
Der Muskel kann übrigens auch mehr Kraft entwickeln, wenn man ihn dehnt, diesen Vorgang dann plötzlich abbricht und ihn sofort wieder zusammenzieht. So werden die Muskeln beim Rückschwung so lange gedehnt, bis der Schläger die höchste Position erreicht hat. Wenn der »Wechsel«, das heißt der Übergang von Rückschwung zu Abschwung, dann abrupt erfolgt, so kann der Muskel mehr Kraft entwickeln.
Sind Sie nun in Hüften, Rumpf und Schultern flexibel, so ist es für Sie einfacher, die ideale Position am Ende des Rückschwunges zu halten, in der Ihre Muskeln 20 % über ihre Länge in Ruhelage gedehnt sind. Und wenn Sie außerdem noch kräftig sind, so können Sie nicht nur weich zurückschwingen, sondern auch den »Wechsel« weich einsetzen lassen, weil Sie nicht auf die zusätzliche Kraft angewiesen sind, die ein abrupter Wechsel freisetzt. Ein langsameres Ausklingen des Rückschwunges läßt den Abschwung weicher und präziser einsetzen und hält den Schläger beim Abschwung leichter in der korrekten Schwungbahn.
Wenn Sie aber auf Grund mangelnder Flexibilität oder wegen irgendwelcher Hindernissen auf dem Platz Ihren Rückschwung absichtlich verkürzen müssen, so daß die Muskeln nicht optimal gedehnt werden können, und Sie außerdem noch zu nahe am Ball stehen, dann sind Sie gezwungen, den Rückschwung abrupt abzubrechen und den Abschwung entsprechend einsetzen zu lassen, um die für den Schlag notwendige Kraft freisetzen zu können. Je schneller der Rückschwung ist, desto gespannter sind die Muskeln nach dem »Wechsel«. Der gespannte Muskel kann nun den Schlägerkopf trotz der geringen zur Verfügung stehenden Strecke ausreichend beschleunigen. Das Ganze ist nicht ohne Risiko, weil Sie bei einem sehr schnellen Schwung den Wechsel eventuell nur in den Schultern und nicht in den Handgelenken schaffen. Dann aber sind Ihre Hände über dem Ball, bevor der Schlägerkopf ihn erreicht, und es wird ein Top oder Slice. Größere Flexibilität in Rücken und Schultern und stärkere Muskelkraft in den Unterarmen schaffen hier Abhilfe.

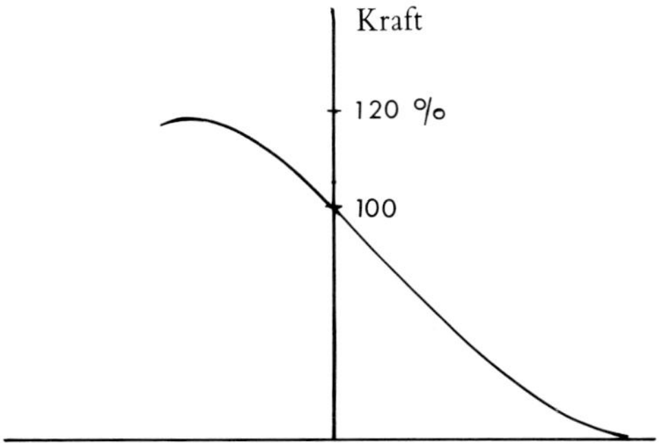

Die Geschwindigkeit, mit der der Muskel sich am Ende des Rückschwunges streckt.

Die Geschwindigkeit, mit der der Muskel sich zusammenzieht.

Ein Muskel wirkt dann am stärksten, wenn er 20 % über seine Länge in Ruhelage gedehnt, dann plötzlich »abgebremst« und in die entgegengesetzte Richtung gelenkt wird (zum Beispiel beim Wechsel von Rückschwung zu Abschwung).

Das Aufwärmen

Beim Aufwärmen sollten Sie mindestens fünf der hier beschriebenen Übungen durchführen.

Eine Minute Jogging.

Heben Sie ein Knie so hoch, wie Sie können, und halten Sie die Stellung 20 Sekunden lang. Dann das andere Knie.

»Ziehen« Sie 25 Sekunden lang kleine Kreise in der Luft, dann größere, im Uhrzeiger- und Gegenuhrzeigersinn.

Heben und senken Sie die Schultern 15 Sekunden lang in schneller Folge.

Halten sie den Driver mit ausgestreckten und gespreizten Armen, und führen Sie sie dann 20 Sekunden lang über den Kopf hin und zurück.

Ziehen Sie, wie auf der Abbildung gezeigt, den Ellbogen hinter den Kopf. Dann den anderen. Das ganze 15 Sekunden lang.

»Schwimmen« Sie 30 Sekunden lang Kraul- oder Brustschwimmen und beugen Sie dabei die Knie.

Beugen Sie den Oberkörper weit nach vorn und schwingen Sie ihn dann 20 Sekunden lang hin und her (Rumpfdrehbeugen).
Strecken Sie sich 10 Sekunden lang so weit wie möglich nach links und dann nach rechts.

Drehen Sie den Oberkörper 30 Sekunden lang nach rechts und links im Wechsel.

Literaturverzeichnis

Cochran, Alistair and Stobbs, John. Die Suche nach dem perfekten Schwung. London, William Heinemann Ltd., 1968

Getchell, Bud. Fit sein – ein Leitfaden. New York, John Wiley & Sons Inc., 1982

Jacobs, John. Golf ohne Fehler. London, Stanley Paul & Co. Ltd., 1979

Kostis, Peter. Eine Anleitung zu besserem Golf. New York, Simon & Schuster, Inc., 1982

Maltby, Ralph. Golfschläger Entwicklung – Anpassung – Änderung und Reparatur. Newark, Ohio, 1974

Nicklaus, Jack. Das Buch der tausend Tips. London, Pan Books Ltd., 1981

Railo, Willi. Das Beste, wenn es um Golf geht. Stockholm, Svenska Idrottsförbund, 1983.

Rotella, Robert J. und Bunker, Linda K. Konzentration und Selbstbeherrschung führen zum Erfolg. Englewood Cliffs, N. J., Prentice-Hall, Inc., 1981

Toski, Bob und Flick, Jim. Wie werde ich ein Allround-Golfer? New York, Simon & Schuster Inc., 1978

Wiren, Gary und Coop, Richard. Eine neue innere Einstellung zum Spiel. New York, Simon & Schuster, Inc., 1978

Wirhed, Rolf. Athletische Fähigkeiten und die Bewegungen des Körpers. London, Wolfe Medical, 1984

Originaltitel:

Cochran, Alistair and Stobbs, John. The Search for the Perfect Swing. London, William Heinemann Ltd., 1968.

Getchel, Bud. *Being Fit_a personal guide.* New York, John Wiley & Sons Inc., 1982.

Jacobs, John. *Golf Doctor.* London, Stanley Paul & Co. Ltd., 1979.

Kostis, Peter. *The Inside Path to Better Golf.* New York, Simon & Schuster, Inc., 1982.

Maltby, Ralph. *Golf Club Design, Fitting, Alteration, and repair.* Newark, Ohio, 1974.

Nicklaus, Jack. *Jack Nicklaus Playing Lessons.* London, Pan Books Ltd., 1981.

Railo, Willi. *Bäst när det gäller.* Stockholm, Svenska Idrottsförbund, 1983.

Rotella, Robert J. and Bunker, Linda K. *Mind Mastery for Winning golf.* Englewood Cliffs, N.J., Prentice-Hall, Inc., 1981.

Toski, Bob and Flick, Jim. *How to Become a Complete Golfer.* New York, Simon & Schuster, Inc., 1978.

Wiren, Gary and Coop, Richard. *The New Golf Mind.* New York, Simon & Schuster, Inc., 1978.

Wirhed, Rolf. *Athletic Ability & the Anatomy of Motion.* London, Wolfe Medical, 1984.

Text S. 62/63: Mit freundlicher Genehmigung von THE GOLF SOCIETY OF GREAT BRITAIN aus THE SEARCH FOR THE PERFECT SWING.